——天津师范大学马克思主义学院教学研究文库——

《马克思主义基本原理》
"三题三入"教学详案

董新春——主编　吴建永——副主编

知识产权出版社
全国百佳图书出版单位
——北京——

图书在版编目（CIP）数据

《马克思主义基本原理》"三题三入"教学详案/董新春主编；吴建永副主编. —北京：知识产权出版社，2022.2
ISBN 978-7-5130-7933-4

Ⅰ.①马… Ⅱ.①董…②吴… Ⅲ.①马克思主义理论—教学研究—高等学校 Ⅳ.①A81

中国版本图书馆 CIP 数据核字（2021）第 246574 号

责任编辑：刘　江　　　　　　　　责任校对：王　岩
封面设计：智兴设计室·张国仓　　责任印制：刘译文

《马克思主义基本原理》"三题三入"教学详案

董新春　主编
吴建永　副主编

出版发行：	知识产权出版社 有限责任公司	网　　址：	http://www.ipph.cn
社　　址：	北京市海淀区气象路50号院	邮　　编：	100081
责编电话：	010-82000860 转 8344	责编邮箱：	liujiang@cnipr.com
发行电话：	010-82000860 转 8101/8102	发行传真：	010-82000893/82005070/82000270
印　　刷：	三河市国英印务有限公司	经　　销：	各大网上书店、新华书店及相关专业书店
开　　本：	720mm×1000mm 1/16	印　　张：	22.25
版　　次：	2022年2月第1版	印　　次：	2022年2月第1次印刷
字　　数：	308千字	定　　价：	98.00元
ISBN 978-7-5130-7933-4			

出版权专有　侵权必究

如有印装质量问题，本社负责调换。

总 序

天津师范大学马克思主义学院着力推进习近平新时代中国特色社会主义思想进教材、进课堂、进头脑，不断提升思政课建设质量。经过长期实践探索，提炼形成"三入八讲"教学机制。

在专题教学上，坚持问题导向，开展"问题导入—课题深入—专题进入"式教学改革。关注学生的思想困惑点、社会热点和教材基本观点，寻找三者结合点，提炼成"问题"；将"问题"转化为教师研究的"课题"，再经集体备课，将课题成果转化为教学"专题"。这样，以问题为切入点，有针对性地讲深、讲透、讲活，在释疑解惑中吸引学生的"眼"，赢得学生的"心"。

在课堂教学中，优化"八讲法"："照着讲"，即照着教材基本观点、中央精神讲，突出政治性；"接着讲"，以学术讲好政治，突出科学性；"对着讲"，针对学生思想困惑、思想问题开展教学，突出针对性；"活着讲"，以鲜活案例讲活科学道理，突出吸引性；"顶着讲"，理气直壮地批驳社会上的错误观点，正本清源，突出战斗性；"引着讲"，引导学生积极参与课堂教学，以生为本，突出主体性；"精着讲"，围绕教学重点难点，突出深刻性；"特着讲"，每一名老师要形成自己的教学风格，突出特色性。

多年来，"三入八讲"教学机制获得多个国家级、省部级教学研究课题支持，荣获天津市高校教学成果一等奖，"中国近现代史纲要""马克思主义基本原理"成为国家或天津市一流课程。天津市委组织部专门下发简报推广"三入八讲"教学法。中组部、教育部、天津市委领导先后深入马克思主义学院调研工作，观摩以实践"三入八讲"教学机制为代表的思政课教师集体备课。基于该教学机制，全院教师在"思想道德与法治""中国近现代史纲要""马克思主义基本原理""毛泽东思想和中国特色社会主义理论体系概论"等思政课中，同时推开"三入八讲"教学实践。"三题三入"教学详案丛书的出版，就是实践的阶段性成果。

详案的设计和编写力争实现如下目标：第一，从形式到内容，推动习近平新时代中国特色社会主义思想"三进"工作。第二，突出问题意识和问题逻辑。各课程详案以专题为基本框架，专题以问题为呈现形式。问题的提炼、选择、讲解，坚持从学生中来、到学生中去的原则，环环相扣、有的放矢，形成基于教材、便于教师、服务学生的具有一定特色的教学体系。第三，实现政治性、学理性、生动性三者的有机结合。在专题设计、内容叙述上以2021年版教材为依据，保证内容的准确性和科学性；在问题讲授上，以研究服务教学，强调学理性分析，提升详案的深度；在案例选择上，突出吸引力和生动性。

"三题三入"教学详案丛书共四册，即《〈思想道德与法治〉"三题三入"教学详案》《〈中国近现代史纲要〉"三题三入"教学详案》《〈马克思主义基本原理〉"三题三入"教学详案》《〈毛泽东思想和中国特色社会主义理论体系概论〉"三题三入"教学详案》，总主编为李朝阳，各教研室骨干教师担任各分册的主编、副主编或编写人员。教学不易，将教学经验变成可以出版的教学详案同样面临诸多挑战。所有参与编写的思政课教师迎难而上，一步一个脚印，方有了"三题三入"教学详案丛书的问世。这套丛书，犹如我们的"孩子"，父母对于孩子，总是心生怜爱。但是孩子毕竟是孩子，定有诸多不足之处，还望各位专家、同人、读者多多批评指正，以帮助其更茁壮成长。

"三题三入"教学详案丛书得到国家重点马克思主义学院（天津师范大学）建设经费支持，并被列入"天津师范大学马克思主义学院教学研究文库"，在此特表谢意。

2021年9月

前 言

为了更好地帮助学生学习、理解和把握"马克思主义基本原理"这门课程，我们以教材《马克思主义基本原理》为蓝本和依据，特编定了一套"专题教案"。以"设问"的形式，整理了十六个专题用以辅助这门课的讲授与学习。所有专题围绕三个突出问题展开，即学好这门课应该重点把握的"三个一"。

第一，一个主题：什么是马克思主义？为什么要坚持马克思主义？怎样坚持和发展马克思主义？全部课程（教材）都是围绕这个主题展开的，故这门课程被称为"马克思主义基本原理"。其中，直接回答这一问题的，主要是专题一和专题二，在教材中属于导论部分。

第二，一个重点：马克思主义世界观和方法论。整个马克思主义理论大厦都是以马克思主义哲学，即辩证唯物主义和历史唯物主义为基础的，它是分析一切问题的世界观和方法论。在本教学详案中，集中讨论这一问题的是专题三至专题九，在教材中属于前三章的内容。

第三，一条主线：正确认识人类社会发展的基本规律。全部课程亦围绕这一问题展开，这也是马克思主义的科学性和魅力所在。具体讨论这一问题的是专题十至专题十六，即正确认识资本主义发展规律和社会主义向共产主义发展的基本规律，在教材中属于后四章的内容。

总之，学好这门课，我们不能不把握这"三个一"，此为帮助我们讲授和学习马克思主义基本原理的三个关键问题。

目录 | Contents

| 专 题 一 | 什么是马克思主义? /1
| 专 题 二 | 为什么说马克思主义没有过时? /22
| 专 题 三 | 世界的本质是什么? /43
| 专 题 四 | 世界是如何存在的? /63
| 专 题 五 | 怎样运用唯物辩证法认识世界和改造世界? /84
| 专 题 六 | 认识的本质和规律是怎样的? /108
| 专 题 七 | 如何把握真理与价值的关系? /130
| 专 题 八 | 社会基本矛盾及其运动规律是什么? /152
| 专 题 九 | 推动社会历史发展的力量是什么? /175
| 专 题 十 | 资本主义是一个怎样的社会? /198
| 专题十一 | 资本主义必然灭亡的原因是什么? /220
| 专题十二 | 为什么说垄断加速了资本主义的灭亡? /247
| 专题十三 | 当代资本主义新变化能改变资本主义必然灭亡的历史命运吗? /269
| 专题十四 | 社会主义经历了怎样的历史进程? /290
| 专题十五 | 为什么社会主义要在探索中开拓前进? /312
| 专题十六 | 为什么共产主义一定会实现? /327

专题一　什么是马克思主义？

一、教学目的与要求

（一）知识目标

1. 正确理解和把握马克思主义的科学内涵。
2. 认识和掌握马克思主义基本原理和理论价值。
3. 了解马克思主义产生的历史过程和发展阶段。

（二）能力目标

1. 提高辨别真假马克思主义的能力。
2. 增强运用马克思主义分析和解决问题的能力。

（三）情感和价值观目标

1. 不断提高对马克思主义的热情和认同感。
2. 增强接受马克思主义科学指导的自觉性。
3. 坚定对马克思主义的信念和对实践的指导。

二、针对的学生主要思想困惑

1. 为什么马克思被称为"千年第一思想家"？
2. 为什么说马克思主义是科学真理？

三、针对的错误思潮与模糊认识

1. 马克思主义已经与我们"渐行渐远"。
2. 马克思主义是一种枯燥的教条。

四、教学难点重点

1. 马克思主义的科学内涵和基本原理。
2. 马克思主义的创立和发展。

五、教学时数

3 课时

教 学 正 文

授课导入

对于大多数中国人来说,马克思是我们从小到大"最熟悉的陌生人"。为什么这么讲?因为对中国人来说,他的名字无人不知、无人不晓,但你真的静下心来读过他的著作吗?了解他的经历吗?理解他的思想吗?真的明白他对当代中国甚至全人类所具有的重要意义吗?

早在1999年,英国剑桥大学文理学院和BBC电台先后发起了评选"千年第一思想家"的活动,汇聚全球投票后结果显示,位居第一的是马克思。在随后十年左右的时间内,类似的投票活动层出不穷,而榜首却几乎从未易主。2018年5月4日,中共中央在人民大会堂举行"纪念马克思诞辰200周年大会",习近平在大会上发表了重要讲话。为什么一个200年前的德国人,他和他的思想跨越时空在古老的东方受到如此推崇呢?

就让我们一起带着这些问题开启这段美妙的旅程,去遇见马克思和以他的名字命名的科学理论——马克思主义。

专题一 什么是马克思主义？

一、马克思主义的科学内涵

习近平指出：

> 马克思给我们留下的最有价值、最具影响力的精神财富，就是以他名字命名的科学理论——马克思主义。这一理论犹如壮丽的日出，照亮了人类探索历史规律和寻求自身解放的道路。①

那么，什么是马克思主义？这个主义跟其他主义到底不同在哪里呢？很显然，如果不了解这个问题，就不能正确对待马克思主义，就不能反对教条主义和修正主义，反对一切打着马克思主义旗号的"非马克思主义"和"伪马克思主义"。只有搞清楚这个问题，才能以创造性的、发展的、与时俱进的态度对待马克思主义，才能把握马克思主义的本质。

(一) 马克思主义的定义

马克思主义是由马克思和恩格斯创立并为后继者所不断发展的科学理论体系，是关于自然、社会和人类思维发展一般规律的学说，是关于社会主义必然代替资本主义、最终实现共产主义的学说，是关于无产阶级解放、全人类解放和每个人自由而全面发展的学说，是无产阶级政党和社会主义国家的指导思想，是指引人民创造美好生活的行动指南。

在把握马克思主义的科学内涵时，需要重点理解以下几个问题。

1. 马克思主义不仅仅是马克思和恩格斯个人的学说

我们所说的马克思主义，是从广义上理解的马克思主义，它既包括由马克思、恩格斯创立的马克思主义的基本理论、基本观点和基本学说的体系，也包括其后各个时代、各个民族的马克思主义者不断丰富和发展的观点和学说。从这个意义上说，马克思主义是一个开放的、发展的理论体系，不仅包括它的创立者，还包括其继承者和发展者。每个时代的马克思主义者都在自己的时代把马克思主义推向可能的高度。列宁主义、毛泽东

---

① 习近平. 在纪念马克思诞辰 200 周年大会上的讲话 [N]. 人民日报, 2018 – 05 – 05.

思想和中国特色社会主义理论体系就是继承和发展马克思主义的典范。它们都是在坚持马克思主义的基本观点、方法和立场的基础上活学活用的产物，也是在遵循和坚持马克思主义的客观内容和科学本性的基础上与时俱进的产物。

从时间跨度来看，马克思主义讲述的是昨天、今天和明天的故事。它不仅是对170多年无产阶级革命实践经验的概括和总结，而且是认识、分析和改造现实世界的公认的较好的理论武器，还为人类指明了未来的发展方向和道路，勾画了美好生活的希望和愿景。

从马克思主义所要概括的理论内容来看，作为关于世界一般规律的学说，马克思主义既揭示了人与自然的本质关系，也揭示了处理人与人之间关系的人类社会历史的本质，同时还对人类的意识和思维的产生和发展做出了科学的解释。马克思主义具有鲜明的阶级性，其最终目的是通过解放无产阶级从而进一步解放全人类，建立一个没有压迫、没有剥削、人人平等、人人自由的理想社会。

2. "马克思主义"名称的由来

今天，我们所说的"马克思主义"的提法是在马克思去世后开始使用和传播的。此前，"马克思主义"的提法却是由马克思的"敌人"最早提出并使用的。19世纪70年代早期，"法国社会党人中的一部分反对派，为了反对马克思及其学说的影响，别有用心地造出了'Marxides'、'Marxistes'、'Marxiens'这样的名词来肆意歪曲科学社会主义学说，以便搞乱工人协会，搞乱革命阵营。"① 所以，当"马克思主义者"这个词刚提出时，马克思是坚决反对的。他曾不止一次地断然宣称："我只知道，我自己不是马克思主义者。"这句话就是针对法国和德国的一些反对派的歪曲和别有用意而讲的。

1883年3月14日，马克思逝世后，一些国家的工人党、社会主义者为了肯定马克思在理论上的伟大贡献，才开始从褒义上使用"马克思主

---

① 李怀录."马克思主义"提法的由来［J］.党政论坛，2006（1）：14.

义"的提法。这要归功于恩格斯。在 1886 年所写的《路德维希·费尔巴哈和德国古典哲学的终结》一书中,恩格斯正式用马克思的名字为无产阶级革命学说命名。恩格斯在脚注中说道:

> 请允许我在这里作一点个人的说明。近来人们不止一次地提到我参加了制定这一理论的工作,因此,我在这里不得不说几句话,把这个问题澄清。我不能否认,我和马克思共同工作 40 年,在这以前和这个期间,我在一定程度上独立地参加了这一理论的创立,特别是对这一理论的阐发。但是,绝大部分基本指导思想(特别是在经济和历史领域内),尤其是对这些指导思想的最后的明确的表述,都是属于马克思的。我所提供的,马克思没有我也能够做到,至多有几个专门的领域除外。至于马克思所做到的,我却做不到。马克思比我们大家都站得高些,看得远些,观察得多些和快些。马克思是天才,我们至多是能手。没有马克思,我们的理论远不会是现在这个样子。所以,这个理论用他的名字命名是理所当然的。①

就这样,"马克思主义"的提法正式成为科学名称,被马克思主义的继承者在全世界广泛传播,成为指导无产阶级革命的思想武器。

(二) 马克思主义的科学体系

马克思主义是一个博大精深的理论体系。马克思主义哲学、马克思主义政治经济学和科学社会主义是其三个基本组成部分,它们有机统一并共同构成了马克思主义理论的主体内容。

1. 马克思主义哲学

列宁说:

> 马克思主义的哲学就是唯物主义。……马克思的哲学是完备的哲学唯物主义,它把伟大的认识工具给了人类,特别是给了工人阶级。②

---

① 马克思恩格斯文集(第 4 卷)[M]. 北京: 人民出版社, 2009: 296 - 297.
② 列宁专题文集: 论马克思主义[M]. 北京: 人民出版社, 2009: 67 - 68.

马克思主义哲学也就是辩证唯物主义和历史唯物主义，是建立在实践基础上的彻底而完备的唯物主义，是完整深刻地反映世界的本质及其发展规律的学说，它把唯物主义和辩证法有机地结合起来，并使之贯彻到底，实现自然观、历史观、认识论的辩证统一，是科学的世界观和方法论的体系，是人们认识世界过程中的明察秋毫的显微镜、洞察隐秘的透视镜和展示前景的望远镜。

2. 马克思主义政治经济学

马克思主义政治经济学以生产关系为研究对象，是研究生产的方式及其运动规律的科学，它运用马克思主义哲学的科学理论和方法，研究人们的社会生产关系，即经济关系，阐明人类社会的生产和分配规律，论证各种社会经济形态，特别是资本主义生产方式的产生、发展和转变为更高社会形态的客观必然性。近代资本主义制度虽然创造了比以往任何时代都高得多的物质文明和精神文明，但也造成空前尖锐的社会矛盾和社会危机。列宁说：

> 资本打击小生产，同时使劳动生产率不断提高，并且造成大资本家同盟的垄断地位。生产本身日益社会化，使几十万以至几百万工人联结成一个有条不紊的经济机体，而共同劳动的产品却被一小撮资本家所占有。生产的无政府状态愈来愈严重，危机日益加深，争夺市场的斗争愈来愈疯狂，人民群众的生活愈来愈没有保障。①

马克思主义在肯定资本主义生产方式的历史进步性的同时，也论证了资本主义制度的历史暂时性，从而深刻地阐明了资本主义制度被社会主义制度代替的客观规律。

3. 科学社会主义

科学社会主义是关于无产阶级解放运动的性质、条件、目的和发展规律的科学，它是在唯物史观和剩余价值学说的基础上建立起来的，它系统

---

① 列宁专题文集：论马克思主义 [M]. 北京：人民出版社，2009：70.

专题一 什么是马克思主义？

阐明了无产阶级政党、无产阶级革命和无产阶级专政、社会主义和共产主义等一系列重大的理论问题，是马克思主义指导无产阶级革命实践的核心内容，是无产阶级解放运动的旗帜，给工人阶级和一切被压迫人民的彻底解放提供了科学的思想武器。

马克思主义作为完整的理论体系，上述三个部分不是孤立的，而是相互联系不可分割的统一整体，尽管这三方面各有侧重。其中，马克思主义哲学是全部马克思主义科学体系的理论基础。马克思主义政治经济学是马克思主义的主要内容，是运用辩证唯物主义和历史唯物主义研究人们的社会生产关系，即经济关系，论证了各种社会形态，特别是资本主义社会发展的一般规律，是马克思主义理论最深刻、最全面、最详尽的证明和运用。科学社会主义，是以马克思主义哲学和马克思主义政治经济学为理论依据，论证了无产阶级解放斗争的一般规律，是整个马克思主义的理论结论和最终归宿。马克思主义哲学、马克思主义政治经济学、科学社会主义三个部分互相支撑、有机统一，共同构成了马克思主义理论的主体内容，成为科学而革命的理论。列宁说：

> 马克思学说具有无限力量，就是因为它正确。它完备而严密，它给人们提供了决不同任何迷信、任何反动势力、任何为资产阶级压迫所作的辩护相妥协的完整的世界观。①

不仅如此，马克思主义还包含其他许多知识领域，如历史学、政治学、法学、文化学、新闻学、军事学等，并随着实践和科学的发展而不断丰富自身的内容。正是在这个意义上，习近平指出：

> 马克思主义理论体系和知识体系博大精深，涉及自然界、人类社会、人类思维各个领域，涉及历史、经济、政治、文化、社会、生态、科技、军事、党建等各个方面，不下大气力、不下苦功夫是难以掌握真理、融会贯通的。②

---

① 列宁专题文集：论马克思主义 [M]. 北京：人民出版社，2009：67.
② 习近平. 在哲学社会科学工作座谈会上的讲话 [M]. 北京：人民出版社，2016：11.

（三）马克思主义基本原理

一个理论之所以具有普遍真理性，首先，它必须是在实践基础上形成的，是为了解决重大实践问题而出现的；其次，它必须是经过实践反复验证是正确的理论；最后，这个理论已经被广大人民群众所掌握，转化为巨大"物质力量"，或者说是能够为人民群众服务的理论。马克思主义基本原理就是这样一种具有普遍真理性的理论。没有它，马克思主义就会成为空中楼阁，马克思主义基本原理与各国实际相结合也就会成为一句空话。①

1. 马克思主义基本原理的内涵

马克思主义基本原理就是对马克思主义立场、观点和方法的集中概括，是马克思主义在其形成、发展和运用过程中经过实践反复检验而确立起来的具有普遍真理性的理论。

马克思主义基本立场，就是站在人民的立场上，以人民为中心，把无产阶级和人类的解放作为分析和解决问题的根本立足点和出发点。例如，"一切为了人民、一切依靠人民"的群众路线，就是马克思主义基本立场的体现。

马克思主义基本观点，是关于自然、社会和人类思维发展一般规律的科学认识，是对人类思想成果和社会实践经验的科学总结，包括关于世界统一于物质的观点、关于事物联系发展和矛盾运动规律的观点、关于实践和认识辩证关系的观点、关于社会存在决定社会意识的观点、关于人民群众创造历史的观点、关于人与自然和谐共生的观点、关于世界历史的观点，等等。

马克思主义基本方法，是在马克思主义基本观点的基础上形成的工作方法和思想方法，是辩证唯物主义和历史唯物主义世界观和方法论的重要体现，渗透于马克思主义基本原理之中。

马克思主义的基本立场、基本观点和基本方法是相互联系的统一整

---

① 陈先达. 马克思主义十五讲 [M]. 北京：人民出版社，2017：60.

体。它们体现了马克思主义的根本性质和整体特征,体现了马克思主义科学性和革命性的统一,具有普遍的、根本的和长远的指导意义,因而是学习的重点。

2. 理解马克思主义基本原理时需要注意的两个问题

任何一个学科、任何一种思想体系,都有属于自己的基本原理或基本思想,它决定了该学科的本质和性质。我们在理解马克思主义基本原理时需要注意以下两点。

第一,马克思主义的基本原理并不等同于马克思主义的经典著作。虽然基本原理一定来源于经典著作,并且在其中反复出现,但并非马克思主义经典作家的每一句话都会成为基本原理。同样,一个真正的马克思主义者,决不会把马克思和恩格斯文本中的每句话都奉为金科玉律,也不会仅仅抓住马克思主义经典作家的个别论断就指鹿为马、以偏概全,更不会期望马克思主义经典作家为他们逝世后的一切新问题留下锦囊妙计。基本原理是马克思主义的思想框架和核心观点,它不限于某一本著作,而是贯穿全部著作的基本原则。

第二,马克思主义基本原理不等于特定历史条件下所作的个别论断和具体结论。一直以来,马克思主义"过时论"或隐或显地存在着。这种观点以马克思主义诞生于19世纪、距今已100多年为借口攻击马克思主义存在的合理性、否定马克思主义的当代价值。我们必须坚决反对这一观点。因为,任何理论判断和具体结论都是在特定条件下作出的,它们可能随着时代和历史的变迁而失效,但是作为马克思主义基本原理的基本立场观点方法是颠扑不破、永远不会过时的。它们既属于马克思主义经典作家所处的那个时代,也属于当今时代,具有当代价值。正如马克思和恩格斯在1872年为《共产党宣言》德文版所写的序言中说的那样:

> 不管最近25年来的情况发生了多大的变化,这个《宣言》中所阐述的一般原理整个说来直到现在还是完全正确的。某些地方本来可以作一些修改。这些原理的实际运用,正如《宣言》中所说的,随时

随地都要以当时的历史条件为转移,所以第二章末尾提出的那些革命措施根本没有特别的意义。①

毛泽东指出:

马克思主义一定要向前发展,要随着实践的发展而发展,不能停滞不前。停止了,老是那么一套,它就没有生命了。但是,马克思主义的基本原则又是不能违背的,违背了就要犯错误。②

习近平同样指出:

从《共产党宣言》发表到今天,170年过去了,人类社会发生了翻天覆地的变化,但马克思主义所阐述的一般原理整个来说仍然是完全正确的。③

的确,纵观人类整个思想史,还真的没有哪一个名字,能像马克思那样,在不同时代、不同国家、不同地区都如雷贯耳;没有哪一种理论和学说,能像马克思主义那样,对人类的思想、文化、行动以及整个社会发展产生了如此深远的影响。当代中国马克思主义之所以属于马克思主义,就是因为它是马克思主义的基本原理与中国革命、建设、改革的具体实际相结合的产物。

二、马克思主义的创立

任何一种思想理论都不是像孙悟空那样从石头里蹦出来的,它们的产生都有其主客观原因。同样,马克思主义的创立也是由客观条件和主观条件两个方面的因素共同促成的,客观条件是指当时的社会背景、阶级状况、思想渊源和科学条件等,主观条件是指马克思、恩格斯个人的辛勤努力。

---

① 马克思恩格斯文集(第2卷)[M]. 北京:人民出版社,2009:5.
② 毛泽东文集(第7卷)[M]. 北京:人民出版社,1999:281.
③ 习近平. 在纪念马克思诞辰200周年大会上的讲话[N]. 人民日报,2018-05-05.

专题一　什么是马克思主义？

（一）马克思主义创立的客观条件

1. 社会根源

马克思、恩格斯生活的时代，西欧资本主义社会有了相当的发展。资本主义生产方式一方面带来了社会化大生产的迅猛发展，另一方面又造成了深重的社会灾难。有两个突出的灾难特别明显：首先是社会的两极分化。资产阶级越来越富有，无产阶级越来越贫困，无产阶级和资产阶级的矛盾和对立越来越带有无法调和的性质。其次是周期性的经济危机频繁爆发。英国完成工业革命后，不断出现经济危机，后来危机弥漫了整个欧洲甚至世界。马克思主义理论的产生，很重要的正是为了解决"两极分化"和"经济危机"而出现的，这是马克思主义产生的重要社会根源。

2. 阶级根源

无产阶级成为一支独立的政治力量。由于两极分化造成无产阶级反对资产阶级的斗争日益激烈，19世纪30～40年代出现了法国里昂工人起义、英国宪章运动、德国西里西亚纺织工人起义，三大工人运动标志着无产阶级形成了一支独立的政治力量。无产阶级的斗争需要科学理论的指导，马克思主义应运而生，这是马克思主义产生的阶级根源。

3. 思想渊源

马克思主义之所以能够创立，是与马克思、恩格斯吸收继承几千年人类思想文明成果分不开的，特别是，他们批判地继承和吸收了德国古典哲学、英国古典政治经济学和法国、英国的空想社会主义的合理成分。在此基础上，在深刻分析资本主义社会的发展趋势和科学总结工人阶级斗争实践基础上，创立了马克思主义。

这三大理论成果都在各自领域达到了前所未有的高度，但没有人把三者统一起来，马克思主义完成了这项工作，它们也因而成为马克思主义的三大直接理论来源。正如列宁所指出的：

> 马克思主义这一革命无产阶级的思想体系赢得了世界历史性的意

义，是因为它并没有抛弃资产阶级时代最宝贵的成就，相反却吸收和改造了两千多年来人类思想和文化中一切有价值的东西。①

 知识链接

德国古典哲学。18世纪末至19世纪上半叶的德国资产阶级哲学。创始人为康德，黑格尔为集大成者，费尔巴哈为最后的代表。德国古典哲学的主要成就是黑格尔辩证法中的"合理内核"与费尔巴哈唯物主义的"基本内核"。德国古典哲学是马克思主义的三个来源之一。德国古典哲学是工业革命时期欧洲哲学舞台上的主角。在马克思主义产生前，辩证法在德国古典哲学中得到了最详尽而全面的探究，虽然这种辩证法是建立在唯心主义基础上的。德国古典哲学的最大成就，是从世界观的高度用辩证法代替了形而上学。德国古典唯心主义哲学家反对把世界看作固定不变、没有矛盾的东西，而把它理解为具有矛盾发展的不断变化的运动过程，这就从根本上推翻了长期以来统治人们头脑的形而上学地看待世界的思维方式。

英国古典政治经济学。马克思首创古典政治经济学概念，并对它作出了明确的规定。在《哲学的贫困》（1847）中，他第一次提出了"古典派"一词。在《政治经济学批判》（1859）中，他明确地指出："古典政治经济学在英国从威廉·配第开始，到李嘉图结束，在法国从布阿吉尔贝尔开始，到西斯蒙第结束。"② 在《资本论》第一卷（1867）和其第二版跋，及《反杜林论》（1877～1878）"批判史"章中，他又对古典政治经济学的产生过程，其存在的特殊时代条件，和其区别于继起的庸俗政治经济学的本质作了重要论述。英国古典经济学杰出的代表斯密和李嘉图，都认为新的科学不是他们那个时代的关系和需要的表现，而是永恒的

---

① 列宁全集（第36卷）[M]．北京：人民出版社，1985：48．
② 马克思恩格斯全集（第13卷）[M]．北京：人民出版社，1962：41．

理性的表现，新的科学所发现的生产和交换的规律，不是历史地规定的经济活动的形式的规律，而是永恒的自然规律，而这些自然规律是从人的本性中引申出来的。斯密和李嘉图都把自然规律归结为作为人类社会基础的个人人性的表达。他们所谓的个人是当时正在向资产者转变的一般市民，而他们的人性就是利己主义。英国古典政治经济学的学说含有不少科学成分，成为马克思主义的来源之一。但庸俗的因素从一开始就孕育在它的体系里，在斯密之后，那些庸俗因素就开始分离出来，成为庸俗经济学。而到了英国资产阶级完全夺得政权之后，庸俗经济学就完全代替了古典经济学成为英国经济学的统治思想。

英法空想社会主义。19世纪早期，出现了空想社会主义著名代表人物，他们是法国的圣西门、傅立叶和英国的欧文。他们深刻揭露了资本主义的罪恶，对未来的理想社会提出许多美妙的天才设想。他们企图建立"人人平等，个个幸福"的新社会。这些思想对启发和提高工人觉悟起了重要的作用。但是空想社会主义只是一种不成熟的理论，反映了正在成长中的无产阶级最初的、还不明确的愿望。他们不能揭示资本主义的根本矛盾和发展规律，不懂得阶级斗争，不认识无产阶级的历史使命，所以他们的社会主义只能是一种无法实现的空想。当无产阶级成长为独立的政治力量时，就需要有一个建立在科学基础上的革命理论来代替它。

4. 自然科学前提

马克思主义的产生也是自然科学发展的产物。19世纪的三大科学发现，即细胞学说、能量守恒和转化定律、生物进化论，对马克思主义的创立产生了重要的影响。这些学说使人们看到了物质世界的普遍联系和运动变化，看到了矛盾对事物发展的推动作用，等等。它们为辩证唯物主义和历史唯物主义的产生，为分析资本主义向社会主义的过渡等问题，提供了自然科学条件。

总之，马克思主义的产生具有必然性，是历史发展的需要和产物。然而，以上只是为马克思主义的产生提供了可能，要想使马克思主义的产生由可能变为现实，离不开马克思主义产生的主观条件。

（二）马克思主义创立的主观条件

《学记》有云，亲其师才能信其道。

【课堂提问】关于马克思这个人，同学们了解多少？

【学习视频】《习近平总书记眼里的马克思》①

不了解马克思，肯定也不会爱上他的思想。让我们首先来认识一下马克思和他的战友恩格斯。

1. 马克思和恩格斯的简要生平

1818年5月5日，马克思出生在德国特里尔城的一个律师家庭。中学毕业后，马克思进入波恩大学法律系，一年后转学到柏林大学法律系，1841年大学毕业，1842年10月主编《莱茵报》。报纸遭遇查封后，马克思于1843年10月底，偕同燕妮迁居巴黎，与卢格创办《德法年鉴》。由于法国反动政府的迫害，马克思1845年2月移居布鲁塞尔。1846年，在布鲁塞尔建立共产主义通讯委员会，随后又把"正义者同盟"改造为"共产主义者同盟"，与恩格斯共同撰写《共产党宣言》，制定了无产阶级政党的第一个纲领。马克思参加了1848年革命，革命失败后定居伦敦，继续开展革命活动，建立和领导了第一国际的工作，并以巨大精力撰写《资本论》。1883年3月14日，马克思病逝于伦敦，安葬在海格特公墓。马克思是顶天立地的伟人，也是有血有肉的常人。他热爱生活，真诚朴实，重情重义。马克思的一生，是胸怀崇高理想、为人类解放不懈奋斗的一生。马克思的一生，是不畏艰难险阻、为追求真理而勇攀思想高峰的一生。马克思的一生，是为推翻旧世界、建立新世界而不息战斗的一生。

恩格斯于1820年11月28日出生于巴门的一个工厂主家庭。1837年辍学经商，1844年8月末，在巴黎会见了马克思，共同写作了《神圣家族》，从此开始了长达40年的共同战斗的历程。和马克思一道，恩格斯参

---

① http：//news.cctv.com/2018/05/04/ARTIwUA4sRNHgRQgFxM2LJwy180504.shtml? ad = 1.

专题一　什么是马克思主义？

加建立共产主义通讯委员会，改组正义者同盟，写作《共产党宣言》，参加1848年革命，以及建立和领导第一国际的活动。在马克思逝世后，恩格斯独自承担起领导国际工人运动的繁重工作，建立了第二国际，整理出版了马克思《资本论》的第二、第三卷，并写了大量著作，保卫和发展了马克思主义。1895年8月5日，恩格斯去世。

马克思和恩格斯发表在1844年2月《德法年鉴》上的论文表明，他们完成了从唯心主义向唯物主义、从革命民主主义向共产主义的转变，为创立马克思主义奠定了思想基础。马克思和恩格斯共同撰写的《德意志意识形态》，首次系统阐述了历史唯物主义的基本观点，实现了历史观上的伟大变革。1848年2月，《共产党宣言》发表，标志着马克思主义的公开问世。唯物史观和剩余价值学说是马克思一生的两个伟大发现。1876～1878年，恩格斯写出了《反杜林论》，全面阐述了马克思主义理论体系。

2. 马克思恩格斯为创立理论所作的努力

【课堂讨论】马克思恩格斯为创立马克思主义作了怎样的努力？

【教师讲解】"资本主义向何处去、人类向何处去"的时代课题吸引着马克思和恩格斯，工人运动的革命形势召唤着马克思和恩格斯。在马克思和恩格斯身上，存在三个最重要的共同点，即"他们都具有对剥削制度的憎恨和对劳动者的热爱；他们各自或共同进行了艰苦的科学研究；他们都积极投身实际斗争"[①]。与工人活动家相比，他们具有深湛而广阔的理论素养；与形形色色所谓的社会主义理论家相比，他们与工人运动相结合并具有丰富的实践经验。两位胸怀伟大理想的年轻思想家以自觉的历史担当，迎接时代的挑战，成为新理论的创立者。

马克思和恩格斯并不是天生的共产主义者。他们之所以成为马克思主义的创始人，是因为他们在改造客观世界的同时改造了自己的主观世界。他们审视人类文明的一切成果，并重新一一加以探讨和开发；他们在理论创造中历经千难万险，一生备受迫害、累遭驱逐，却从不"卖论求官"；

---

① 陈先达. 马克思主义十五讲［M］. 北京：人民出版社，2017：10-11.

他们勤奋好学,博览群书,认真严谨;他们眼光向下,关心劳苦大众,积极投身实践,为无产阶级及全人类解放而不懈奋斗。正因为这些,马克思主义才成为无数被压迫阶级和民族解放的理论武器和精神旗帜,成为后世思想家探讨现实世界时"不可逾越的视界"。

总之,马克思主义的产生是同马克思、恩格斯的主观努力密不可分的,正是出于他们的主观努力,才使马克思主义的产生从可能变成了现实。

三、马克思主义的发展

马克思主义的创立是人类历史上的大事件,它开启了世界历史的新纪元。在它的引领下,爆发了十月革命,诞生了第一个社会主义国家苏联,其后,亚非拉等许多社会主义国家先后问世,极大地改变了世界力量对比。在所有的社会主义国家中,最具代表性、也最具影响力的就是马克思主义在俄国和中国的运用和发展。习近平指出:

> 在马克思亲自领导下,在马克思主义指导下,"第一国际"等国际工人组织相继创立和发展,在不同时期指导和推动了国际工人运动的联合和斗争。在马克思主义影响下,马克思主义政党在世界范围内如雨后春笋般建立和发展起来,人民第一次成为自己命运的主人,成为实现自身解放和全人类解放的根本政治力量。①

(一) 马克思主义在俄国的运用和发展

19 世纪 70 年代到 20 世纪初,是西方科学技术取得重要成果的时期。科学技术的发展有力地推动了生产规模的扩大,使生产和资本日益集中,从而出现资本垄断的局面,资本主义从自由竞争阶段进入垄断阶段。垄断组织的迅速发展,加剧了资本主义各国之间经济政治发展的不平衡,并导致第一次世界大战的爆发。战争加剧了帝国主义国家内部的矛盾,客观上

---

① 习近平. 在纪念马克思诞辰 200 周年大会上的讲话 [N]. 人民日报,2018 - 05 - 05.

专题一　什么是马克思主义？

造成了社会主义革命的有利形势。

在社会主义革命的客观条件已经成熟，迫切需要马克思主义加强指导的时候，资产阶级思想家和钻进工人运动内部的机会主义者却逆势而动，对马克思主义进行攻击和篡改，企图阻止科学真理与改造资本主义旧世界社会力量的结合。面对挑战，列宁勇敢担负起一个马克思主义者的使命和责任，以做好无产阶级革命运动经验、民族解放与民主运动经验、最新科学技术成就这"三个总结"为基础，揭露、批判种种反马克思主义思潮，击退它们的进攻，创造性地捍卫、坚持和发展马克思主义，创立了列宁主义，把马克思主义发展到一个新的历史阶段。

列宁进一步阐明了马克思主义的物质概念、阶级概念、哲学的党性原则、认识的两条路线、认识论的三个重要结论、实践的品格、实践标准的确定性和不确定性、辩证唯物主义认识论之首要的观点等一系列重要观点和思想。列宁阐明了马克思主义的本质特征以及对待马克思主义的科学态度，强调指出要坚决反对和彻底批驳所谓马克思主义"已经过时"的论调，要准确掌握和始终坚持马克思主义的基本原理。列宁强调了马克思主义的精髓、马克思主义的活的灵魂，就是对具体情况作具体分析，我们决不把马克思主义理论看作一成不变的东西，必须把马克思主义基本原理与本国具体实践相结合，并在实践中不断发展马克思主义的科学理论。

列宁以一个真正马克思主义者的态度，继马克思《资本论》之后，写下了《帝国主义是资本主义发展的最高阶段》等重要著作，创立了马克思主义的帝国主义理论，丰富和发展了马克思主义。

20世纪初，俄国成为帝国主义链条上的薄弱环节。此时，是教条式地对待马克思主义，等待社会主义革命在西欧诸国"同时发生"，还是以马克思主义的基本原理为指导，具体分析具体情况，不失时机向社会主义革命转变，这考验着俄国共产党人的智慧和勇气。列宁根据对俄国国内革命形势和国际状况的科学分析，率先作出了社会主义可能在经济文化相对落后的俄国首先取得胜利的结论，并且将这一理论付诸实践，领导了俄国十月革命。十月革命的胜利实现了社会主义从理论到现实的伟大飞跃，开辟了人类历史的新纪元。此后，社会主义作为一种崭新的社会形态和社会制度登上历史舞台，引领着人类社会的发展方向。十月革命胜利后，对于经济文化相对落后的国家如何向社会主义过渡和建设社会主义，列宁和布尔什维克党又作了有益的探索。列宁在领导俄国革命和建设的过程中，把马克思主义基本原理与俄国实际相结合，创立了列宁主义。

（二）马克思主义在中国的运用和发展

马克思主义不仅深刻改变了世界，也深刻改变了中国。十月革命一声炮响，给中国送来了马克思列宁主义，中国革命面貌为之焕然一新。

毛泽东同志指出："十月革命帮助了全世界的也帮助了中国的先进分子，用无产阶级的宇宙观作为观察国家命运的工具，重新考虑自己的问题。"①

中国共产党自成立之日起，就把马克思列宁主义确立为指导思想，并在不断探索中把马克思主义基本原理同中国具体实际相结合，领导全国各族人民取得了革命、建设、改革的伟大胜利，并不断推进马克思主义中国化，产生了毛泽东思想、邓小平理论、"三个代表"重要思想、科学发展观、习近平新时代中国特色社会主义思想，它们在不同的时代、从不同的角度丰富和发展了马克思主义。

具体地说，如果说马克思、恩格斯生活在自由资本主义时代，他们要回答的是资本主义向何处去的问题，诞生了马克思主义，那么，列宁所面对的就是帝国主义时代、在经济政治发展不平衡的条件下，社会主义如何在一国或少数国家率先胜利的问题，诞生了列宁主义。如果说毛泽东所面对的是在世界无产阶级革命时代，在一个落后的半殖民地半封建的东方大国如何进行社会主义革命的问题，诞生了毛泽东思想，实现了马克思主义中国化的第一次历史性飞跃，那么，邓小平面对的就是在以和平与发展为主题的时代，在中国这样的经济文化比较落后的国家思考和回答什么是社会主义、怎样建设社会主义的问题，诞生了邓小平理论。其后，"三个代

---

① 毛泽东选集（第4卷）[M]. 北京：人民出版社，1999：1471.

专题一　什么是马克思主义？

表"重要思想加深了对什么是社会主义、怎样建设社会主义和建设什么样的党、怎样建设党的认识；"科学发展观"则回答了新形势下实现什么样的发展、怎样发展的重大问题。邓小平理论、"三个代表"重要思想和科学发展观共同构成了中国特色社会主义理论体系，实现了马克思主义中国化新的飞跃。党的十八大以来，中国特色社会主义进入新时代，形成了习近平新时代中国特色社会主义理论，进一步回答了新时代坚持和发展什么样的中国特色社会主义、怎样坚持和发展中国特色社会主义，建设什么样的社会主义现代化强国、怎样建设社会主义现代化强国，建设什么样的长期执政的马克思主义政党、怎样建设长期执政的马克思主义政党等重大时代课题。习近平新时代中国特色社会主义思想是当代中国马克思主义、21世纪马克思主义，是中华文化和中国精神的时代精华，实现了马克思主义中国化新的飞跃。

这些马克思主义理论形态的产生和发展充分体现了马克思主义的阶段性和连续性的统一。马克思主义的基本原理犹如一条红线贯穿于世界无产阶级运动始终，但每个时代、具体国家又都根据实际情况对马克思主义进行了及时的补充、丰富和完善。正因为如此，马克思主义才始终保持旺盛的生命力，才始终成为人们认识和改造世界的精神旗帜和理论武器。习近平指出：

> 马克思主义为中国革命、建设、改革提供了强大思想武器，使中国这个古老的东方大国创造了人类历史上前所未有的发展奇迹。历史和人民选择马克思主义是完全正确的，中国共产党把马克思主义写在自己的旗帜上是完全正确的，坚持马克思主义基本原理同中国具体实际相结合、不断推进马克思主义中国化时代化是完全正确的！①

习近平新时代中国特色社会主义思想是马克思主义中国化最新理论成果，是党和人民实践经验和集体智慧的结晶，是中国特色社会主义理论体系的重要组成部分，是全党全国人民为实现中华民族伟大复兴而奋斗的行

---

① 习近平. 在纪念马克思诞辰 200 周年大会上的讲话 [N]. 人民日报，2018-05-05.

动指南。这一思想是 21 世纪的马克思主义、当代中国的马克思主义，为马克思主义的发展做出了时代性、原创性贡献。

专题小结

马克思主义是由马克思和恩格斯创立并为后继者所不断发展的科学理论体系，是关于自然、社会和人类思维发展一般规律的学说，是关于社会主义必然代替资本主义、最终实现共产主义的学说，是关于无产阶级解放、全人类解放和每个人自由而全面发展的学说，是指引人民创造美好生活的行动指南。马克思主义有三个基本组成部分，即马克思主义哲学、马克思主义政治经济和科学社会主义，其中，科学社会主义是核心。然而，就马克思主义的丰富性来看，马克思主义还包括许多其他领域，如政治、法律、历史、文艺、军事等。马克思主义是在实践的基础上产生，并随着实践的发展而不断发展的。

马克思主义基本原理是对马克思主义立场、观点、方法的集中概括，是马克思主义在其形成、发展和运用过程中经过实践反复检验而确立起来的具有普遍真理性的理论。它体现马克思主义的根本性质和整体特征，体现马克思主义科学性和革命性的统一。相对于特定历史条件下所作的个别理论判断和具体结论，马克思主义基本原理具有普遍的、根本的和长远的指导意义。

马克思主义的创立离不开主客观两个条件。除了社会根源、阶级基础、思想渊源等客观条件以外，马克思、恩格斯的主观努力和亲自实践也是不可或缺的主观条件。马克思主义创立以后在实践中不断发展，先后形成了列宁主义和马克思主义中国化的理论成果。习近平新时代中国特色社会主义思想是马克思主义中国化最新理论成果。这一思想是 21 世纪的马克思主义、当代中国的马克思主义，为马克思主义的发展做出了时代性、原创性贡献。

专题一 什么是马克思主义？

延伸阅读

1. 列宁. 卡尔·马克思［M］//列宁专题文集：论马克思主义. 北京：人民出版社，2009.

2. 列宁. 马克思主义的三个来源和三个组成部分［M］//列宁专题文集：论马克思主义. 北京：人民出版社，2009.

3. 习近平. 在纪念马克思诞辰200周年大会上的讲话［N］. 人民日报，2018－05－05.

4. 中国共产党第十九届中央委员会第六次全体会议文件汇编［M］. 北京：人民出版社，2021.

思考题

1. 简述马克思主义的科学内涵。
2. 怎样理解马克思主义的基本原理？
3. 怎样理解马克思主义创立的历史必然性？
4. 请谈谈马克思、恩格斯的主观努力给我们提供了哪些启示？

（撰写人：吴建永）

专题二　为什么说马克思主义没有过时？

一、教学目的与要求

（一）知识目标

1. 认识和理解马克思主义的鲜明特征。
2. 了解和掌握坚持马克思主义的必要性。
3. 把握马克思主义的当代价值。

（二）能力目标

1. 提高运用马克思主义方法分析和解决问题的能力。
2. 提高正确对待和发展马克思主义的能力。
3. 提高同反马克思主义观点作斗争的能力。

（三）情感和价值观目标

1. 深化对马克思主义的普遍认同和自觉接受。
2. 提高学习和实践马克思主义指导的积极性和主动性。

二、针对的学生主要思想困惑

1. 为什么说马克思主义没有过时？
2. 我们现在为什么还要学习马克思主义？

专题二　为什么说马克思主义没有过时？

三、针对的错误思潮与模糊认识

1. 马克思主义"过时论"。
2. 马克思主义"无用论"。

四、教学难点重点

1. 马克思主义的鲜明特征和当代价值。
2. 坚持马克思主义的必要性和正确态度。

五、教学时数

3 课时

授课导入

【学习视频】《不朽的马克思：〈资本论〉诞生 150 余年影响世界》①

【案例点击】马克思《资本论》的畅销

2008 年，肇始于美国华尔街的金融危机迅速蔓延到欧洲，让整个西方资本主义世界陷入一片混乱和绝望中。10 月 17 日，德国法兰克福的卡尔·马克思书店门口挂出了"《资本论》已售罄"的告示牌，引来多家媒体争相报道。受金融危机影响，马克思的著作《资本论》在德国、英国、法国等许多国家重新畅销。②

【案例评析】同学们，通过以上材料我们了解到《资本论》产生的历史背景和在西方社会的当代境遇。马克思耗费毕生心血完成了《资本论》

---

① https://tv.cctv.com/2018/05/04/VIDEHCaWUms9Qf54gfOXc2L6180504.shtml.
② 胡孝文. 欧洲：今年流行"马克思"[J]. 世界知识，2008 (21).

这部鸿篇巨制,揭示了资本家剥削工人的秘密,科学地阐明了人类社会发展的规律,尤其对资本主义社会自身不可克服的矛盾进行了全面深入的剖析,指出资本主义的灭亡和共产主义的胜利同样都是不可避免的。《资本论》诞生于100多年前,虽然当今世界已经发生了巨大变化,与马克思所处的时代相比有了许多不同,但资本主义还存在着,资本主义自身矛盾依然没有消失,因此,马克思的理论仍然适用于分析当前的社会,具有巨大的理论参考价值和实践指导意义,仍然是当今人类社会宝贵的精神财富。

在专题一中,我们已经了解了什么是马克思主义以及它的产生和发展。在本专题中,我们要对马克思主义的时代价值进行分析,解析"为什么说马克思主义没有过时"的问题,此外,我们还要探讨马克思主义自从诞生以来它是怎样改变了世界,又如何改变了中国。首先,为什么说马克思主义没有过时呢?这要从马克思主义的鲜明特征和坚持马克思主义的必要性谈起。

一、马克思主义的鲜明特征

马克思主义具有科学性、人民性、实践性和发展性等鲜明特征。马克思主义的理论形象通过这些特征得以体现,马克思主义的本质和使命也在这些特征中表现出来。马克思主义的科学内涵和基本原理也通过这些特征充分地体现出来,正因为有了它们,马克思主义才具有蓬勃的生命力,长盛而不衰。

(一) 科学性

科学性是指马克思主义是对自然、社会和人类思维发展本质和规律的正确反应。在马克思主义发展历程中,始终存在对其进行否定和诋毁的声音,其中,马克思主义"过时论"是一种代表性观点。这种观点并不否认马克思主义在产生之初是科学真理,但真理总是相对的,随着时代的发展和变化,这一真理就会落后于时代,不能合理地解释现实,就会变为失效理论,丧失其科学性。早在19世纪末,恩格斯刚逝世不久,第二国际右派代表人物伯恩斯坦就提出,马克思主义已经过时,需要进行"修正",提

专题二　为什么说马克思主义没有过时？

出了所谓修正主义的马克思主义。事实上，只要资本主义社会出现了平稳发展迹象，或者社会主义运动遭受到了挫折，发展遇到了暂时困难，"马克思主义过时论"就会冒出来。"例如有的认为，马克思主义的各种理论打着'维多利亚时代资本主义的烙印'；有的认为，马克思主义是第二次浪潮，即工业革命的产物，今天仍然坚持马克思主义，正如同在电子显微镜时代仍然使用放大镜一样落后。"①

【课堂提问】 同学们，在你们看来，马克思主义真的过时了吗？你认同上面所列举的几位西方学者的论点吗？如果不认同，你打算怎样来反驳这种观点？

【教师讲解】 马克思主义是科学的理论，科学性是马克思主义的鲜明特征之一。一种思想和理论是否过时，并非取决于它产生于什么时代和什么历史背景，而在于看它是否能够反映事物的本质及其发展规律，看它是否能够指导当代人的实践取得成功。用时代变迁和历史条件发生变化来推断马克思主义已经过时，这种观点从立论上来说就是站不住脚的。儒家文化和道家思想虽然已经有两千多年的历史，但依然影响着中国人的精神生活和道德实践；古希腊哲学虽然产生于久远的时代，但至今仍然对西方人的思想具有启迪作用，成为其永恒的精神家园。理论的合法性及其价值在于其真理性，任何真正有价值的思想都是不会过时的。

马克思主义的科学性主要表现在：第一，其产生是建立在一定的科学基础之上的；第二，正确地反映了自然、社会、思维发展的一般规律；第三，其理论具有内在的逻辑统一性；第四，基本原理经过实践反复证明是正确的；第五，随着社会和时代变化，其理论本身也不断发展变化。习近平指出：

> 马克思主义是科学的理论，创造性地揭示了人类社会发展规律。在马克思提出科学社会主义之前，空想社会主义者早已存在，他们怀着悲天悯人的情感，对理想社会有很多美好的设想，但由于没有揭示

---

① 陈先达. 马克思和马克思主义 [M]. 北京：中国人民大学出版社，2016：73.

社会发展规律,没有找到实现理想的有效途径,因而也就难以真正对社会发展发生作用。马克思创建了唯物史观和剩余价值学说,揭示了人类社会发展的一般规律,揭示了资本主义运行的特殊规律,为人类指明了从必然王国向自由王国飞跃的途径,为人民指明了实现自由和解放的道路。①

(二) 人民性

人民性是指马克思主义始终坚持人民至上的原则,始终以促进人的自由和全面发展作为理论依归。马克思主义政党始终以维护人民群众的根本利益作为行动指南。马克思主义的人民性是建立在其鲜明的阶级性这一政治立场基础上的。无产阶级的解放乃至全人类的解放,反对资产阶级的经济剥削和政治压迫,推翻资本主义,朝着一个更加合理更加美好的社会前进,建立社会主义,最终实现共产主义是一个长期而艰巨的任务,也是人类有史以来一项最伟大最壮丽的事业。

马克思主义经典作家和中国共产党领导人对于马克思主义的"人民性"有过许多精彩论述。

在《共产党宣言》中,马克思、恩格斯庄严宣布:"过去的一切运动都是少数人的,或者为少数人谋利益的运动。无产阶级的运动是绝大多数人的,为绝大多数人谋利益的独立的运动。"②

在《论联合政府》一文中,毛泽东指出:"人民,只有人民,才是创造世界历史的动力。"③

毛泽东曾经以"种子"和"土地"比喻党员和群众的关系,他说:"我们共产党人好比种子,人民好比土地。我们到了一个地方,就要同那里的人民结合起来,在人民中间生根、开花。"④

---

① 习近平. 在纪念马克思诞辰200周年大会上的讲话 [N]. 人民日报, 2018-05-05.
② 马克思恩格斯文集 (第2卷) [M]. 北京: 人民出版社, 2009: 42.
③ 毛泽东选集 (第3卷) [M]. 北京: 人民出版社, 1991: 1031.
④ 毛泽东选集 (第4卷) [M]. 北京: 人民出版社, 1991: 1162.

专题二　为什么说马克思主义没有过时？

邓小平指出："群众是我们的力量源泉，群众路线和群众观点是我们的传家宝。党的组织、党员和党的干部，必须群众打成一片，绝对不能同群众相对立。如果哪个党组织严重脱离群众而不能坚决改正，那就丧失了力量的源泉，就一定要失败，就会被人民抛弃。"①

习近平指出："人民是创造历史的动力，我们共产党人任何时候都不要忘记这个历史唯物主义最基本的道理。"②

在纪念马克思诞辰 200 周年大会上的讲话中，习近平指出："学习马克思，就要学习和实践马克思主义关于坚守人民立场的思想。人民性是马克思主义最鲜明的品格。"③

在第十三届全国人民代表大会第一次会议上的讲话中，习近平指出："一切国家机关工作人员，无论身居多高的职位，都必须牢记我们的共和国是中华人民共和国，始终要把人民放在心中最高的位置，始终全心全意为人民服务，始终为人民利益和幸福而努力工作。"④

共产党是马克思主义的执政党，是无产阶级的先锋队，是广大人民利益忠实的代表者。共产党和人民是鱼和水的关系，共产党离不开人民；一旦脱离了人民，党的一切理论就会成为无源之水、无本之木；离开了人民，党的事业就会失去了奋斗的目标和方向，就会变成缘木求鱼，奋斗就会落空，会变得毫无意义。中国共产党从成立之日起，就把为中国最广大人民谋利益作为自己的奋斗目标，始终把全心全意为人民服务作为自己的根本宗旨和价值追求，始终以是否满足最广大人民群众的根本利益、是否被最广大人民群众所拥护作为衡量党的工作的根本标准。党的十九大再次确认了马克思主义人民性的根本原则，明确提出必须坚持"以人民为中心"的发展思想。

---

① 邓小平文选（第 2 卷）[M]. 北京：人民出版社，1994：368.
② 中共中央宣传部. 习近平总书记系列重要讲话读本 [M]. 北京：人民出版社，2016：128.
③ 习近平. 在纪念马克思诞辰 200 周年大会上的讲话 [N]. 人民日报，2018-05-05.
④ 新华网. 图解 2018 全国两会 [M]. 北京：人民出版社，2018：153.

(三) 实践性

实践性是指马克思主义是从实践中来、到实践中去、在实践中接受检验，并随实践不断发展的学说。从马克思主义诞生之日起，马克思、恩格斯就强调他们的理论与唯心主义者以及旧唯物主义者的理论根本不同，不再是用不同的方式解释世界，而是要改变世界。因此，实践观点是马克思主义首要的、基本的观点，马克思和恩格斯也自称为"实践的唯物主义者"，以此与脱离实际、只是用理论来解释世界的旧唯物主义者和唯心主义者划清界限。马克思和恩格斯也曾多次申明，他们的理论不是教条，而是行动的指南。在这一问题上，习近平指出：

> 马克思主义是实践的理论，指引着人民改造世界的行动。马克思说："全部社会生活在本质上是实践的"，"哲学家们只是用不同的方式解释世界，问题在于改变世界"。实践的观点、生活的观点是马克思主义认识论的基本观点，实践性是马克思主义理论区别于其他理论的显著特征。马克思主义不是书斋里的学问，而是为了改变人民历史命运而创立的，是在人民求解放的实践中形成的，也是在人民求解放的实践中丰富和发展的，为人民认识世界、改造世界提供了强大精神力量。①

正是由于实践性，马克思主义从来都是与社会现实生活密不可分，与人民群众血脉相连。正是由于马克思主义的实践品性决定了马克思主义的无限的创造性和彻底的革命性。

实践是不断变化和发展的，理论源于实践，转而又回到实践，指导实践的同时在实践中接受检验，在实践中又不断地发展和完善，这就从根本上避免了理论脱离实践后变为空洞的说教，避免了封闭和僵化，失去生机和活力从而成为理论教条。

实践意味着改变不合理的现实，打破旧世界建立新世界。实践意味着

---

① 习近平. 在纪念马克思诞辰 200 周年大会上的讲话 [N]. 人民日报, 2018 - 05 - 05.

革命，它要求变革阻碍生产力发展的体制和框架，革除不利于人的自由和全面发展的因素。因此，能够代表先进生产力发展方向，能够满足最广大人民的根本利益的理论才具有强大生命力，握有这一理论武器的政党才会被历史和人民选择。

（四）发展性

发展性是指马克思主义是一个不断发展的学说，具有与时俱进的理论品质。从马克思主义诞生之日起，马克思主义从来就不是固定不变的，始终处于不断发展和完善的过程中。与时俱进是马克思主义一个重要理论品质。在马克思主义创立过程中，马克思和恩格斯就把他们的理论当作开放的体系，不断地借鉴和吸收当时人类文明的最新成果。马克思主义在后来的发展历程中，不断地与各种形形色色的错误理论和观点进行斗争，不断地向现实靠拢，不断地适应时代发展的要求和各国发展的具体实际，不断地得到丰富和发展，并形成了打上时代烙印并具有不同民族和地域特征的新的马克思主义理论成果。

在马克思主义传入中国后，在中国共产党的宣传和推动下，马克思主义在中国社会发展的不同历史阶段均发挥了强有力的指导作用。马克思主义在指导中国革命、建设和改革的过程中，形成了毛泽东思想、邓小平理论、"三个代表"重要思想、科学发展观、习近平新时代中国特色社会主义思想等一系列马克思主义中国化的理论成果，充分体现出马克思主义的发展特性和创新品格。时代在发展，世界在变化，以后我们还会不断地遇到新情况，还需要不断地解决新问题，这就要求我们要与时俱进，用新的发展理论契合不断变化的现实。

【课堂讨论】如何坚持和发展马克思主义？坚持和发展之间是什么关系？

【教师讲解】马克思主义的鲜明特征，如果用一句话来概括，那就是科学性与革命性的统一，或者说，它既是科学的，又是革命的。革命性就蕴含在人民性、实践性和发展性之中。革命性以科学性为基础，科学性以革命性为旨归。二者的统一使得马克思主义发展成为震撼世界的伟大理论。正如列宁在《论马克思主义》一文中所指出的那样：马克思主义理论

"对世界各国社会主义者所具有的不可遏止的吸引力,就在于它把严格的和高度的科学性(它是社会科学的最新成就)同革命性结合起来,并且不仅仅是因为学说的创始人兼有学者和革命家的品质而偶然地结合起来,而是把二者内在地和不可分割地结合在这个理论本身中"。①

二、马克思主义深刻改变了世界

在纪念马克思诞辰200周年大会上,习近平指出,我们之所以要始终坚持马克思主义的指导,是因为"马克思主义不仅深刻改变了世界,也深刻改变了中国"。② 马克思主义没有过时,因为它还具有当代价值,对世界和中国发生着重要的影响。这种价值和影响没有因创始人的去世而削弱,反而随着后继者对马克思主义理论的坚持和发展而有所增强,马克思主义理论更加灿烂辉煌。所以,问题不在于马克思主义是否有用、是否已经过时,而在于应该如何坚持和发展马克思主义。

(一)马克思主义是认识世界的工具

近代以来,世界局势风云激荡,变幻万千。如何拨开迷雾看清世界的真相?如何透过现象抓住事物的本质?如何在纷乱中厘清社会历史发展的脉络?如何应对已经开始的百年未有之大变局?马克思主义是观察当代世界变化绝好的认识工具。

第一,马克思主义是把握社会历史发展的工具。

马克思主义是一架望远镜,它能帮助我们穿过历史浮云,瞻望漫漫前路,指引我们走向正确的道路和方向,让我们前进的每一步都踏在理想向现实转变的道路之上,让我们的每一次努力都更接近于未来的美好社会。马克思主义是一部显微镜,它能帮助我们看清社会问题的症结,找到化解问题的根源,从而能够对症下药、精准施策,达到事半功倍的社会治理成效。马克思主义作为科学的世界观和方法论,能够让我们看得远、看得

---

① 列宁全集(第一卷)[M]. 北京:人民出版社,2012:83.
② 习近平. 在纪念马克思诞辰200周年大会上的讲话[N]. 人民日报,2018-05-05.

专题二 为什么说马克思主义没有过时?

细、看得清,能够使我们摆脱自身狭隘眼界,把握事物的多样性联系和本质性规律,从而找到正确解决问题的思路和方法。马克思主义给予我们透视时代风云的锐利目光。身处风云变幻的时代和加速演变的世界格局进程之中,我们要面对大量深刻复杂的现实问题,也有许多重大的理论课题亟须回答。没有马克思主义这一锐利武器,要把握和澄清这些问题是不可能的,因此,掌握马克思主义基本原理,遵循马克思主义基本原则,学会运用马克思主义基本方法,对于观察和分析复杂的社会问题至关重要。习近平指出:"我们看世界,不能被乱花迷眼,也不能被浮云遮眼,而要端起历史规律的望远镜去细心观望。"①

在对人类社会发展规律准确把握的基础上,马克思主义能够运用唯物辩证的科学方法,从纷繁复杂的现象中抓住事物的本质,找到运动变化的主流,把握发展的总体和大局。马克思主义能够运用矛盾分析方法来应对复杂多变的世界形势,找出具有决定性作用的主要矛盾,抓住问题的症结,善于利用矛盾斗争转化规律,变不利有为利。马克思主义能够帮助我们看到,在变幻莫测的国际政治风云背后是国家间的利益博弈。我们要善于运用利益分析的方法,坚持正确的义利原则,坚定地维护国家主权和人民利益。

运动、发展、变化是唯物辩证法的基本观点之一。在变化和发展中找到事物运动的规律,对社会发展规律的掌握能够让我们对当今世界局势有一个清醒的认识,我们不仅要看到社会的现状,更要看到社会发展的未来;只有把握社会发展的脉络,才能够客观准确地预测社会演化的趋势,在变化中冷静观察,理性分析,才能够做到未雨绸缪,以不变应万变,掌握主动,立于不败。马克思主义的辩证法思想是我们认识世界的有力工具,它将世界的变化和发展尽收眼底,从中发现其运行和演化的趋势和方向,指导我们进行正确的实践,按照我们的理想来改造世界。马克思主义增强了我们处变不惊的战略定力,增加了我们分析和解决问题的能力和信心,使我们在面对纷繁复杂的当代世界情势时,能够不为流言所惑、不为

---

① 习近平谈治国理政(第2卷)[M]. 北京:外文出版社,2017:442.

现象所迷，看到事物的本质，找到最佳的应对之策。

第二，马克思主义是科学预测未来的工具。

资本的全球扩张，世界历史的形成，经济全球化的到来在今天都已经变成了现实。这些变化是社会历史发展的必然结果，是马克思主义对人类社会发展规律的准确把握，尤其是对资本主义社会发展进程的精准预测。

在《共产党宣言》中，马克思、恩格斯论述了世界历史和经济全球化："资产阶级，由于开拓了世界市场，使一切国家的生产和消费都成为世界性的了。……过去那种地方的和民族的自给自足和闭关自守状态，被各民族的各方面的互相往来和各方面的互相依赖所代替了。"①

在《德意志意识形态》中，马克思、恩格斯指出："各民族的原始封闭状态由于日益完善的生产方式、交往以及因交往而自然形成的不同民族之间的分工消灭得越是彻底，历史也就越是成为世界历史。"②

2012年11月党的十八大明确提出要倡导"人类命运共同体"意识。2017年10月18日，习近平在党的十九大报告中提出要坚持和平发展道路，推动构建人类命运共同体。习近平指出："各国人民同心协力，构建人类命运共同体，建设持久和平、普遍安全、共同繁荣、开放包容、清洁美丽的世界。"③

2017年12月，习近平对人类命运共同体这一范畴进一步进行了阐释，他指出："人类命运共同体，顾名思义，就是每个民族、每个国家的前途命运都紧紧联系在一起，应该风雨同舟，荣辱与共，努力把我们生于斯、长于斯的这个星球建成一个和睦的大家庭，把世界各国人民对美好生活的向往变成现实。"④

上述马克思主义有关世界历史和经济全球化的理论对于今天推动构建"人类命运共同体"具有重要的理论意义和实践价值。

---

① 马克思恩格斯选集（第1卷）[M]．北京：人民出版社，2012：404．
② 马克思恩格斯选集（第1卷）[M]．北京：人民出版社，2012：168．
③ 中国共产党第十九次全国代表大会文件汇编[M]．北京：人民出版社，2017：47．
④ 习近平．携手建设更加美好的世界——在中国共产党与世界政党高层对话会上的主旨讲话[M]．北京：人民出版社，2017：4．

专题二　为什么说马克思主义没有过时？

（二）世界因马克思主义而改变

马克思、恩格斯在《共产党宣言》中指出："全世界无产者，联合起来！"①

在《关于费尔巴哈的提纲》中，马克思指出："哲学家们只是用不同的方式解释世界，而问题在于改变世界。"②

这也是镌刻在马克思墓碑上的两句话，它生动地诠释了马克思主义的阶级性和革命性，为马克思主义的历史使命做了一个有力的注脚。

习近平指出："《共产党宣言》发表170年来，马克思主义在世界上得到广泛传播。在人类思想史上，没有一种思想理论像马克思主义那样对人类产生了如此广泛而深刻的影响。"③

【学习视频】《不朽的马克思：全世界无产者，联合起来！》④

自从诞生170多年来，马克思主义作为服务于无产阶级的强大的理论和思想武器，深刻地改变了资本主义世界以及整个世界的面貌。这是其他任何理论都不曾达到的伟大成就。在马克思主义理论影响下，诞生于19世纪后半叶的巴黎公社是人类历史上第一次无产阶级革命政权的伟大尝试，20世纪初又诞生了世界上第一个无产阶级专政的社会主义国家俄罗斯苏维埃联邦社会主义共和国。在"二战"后期及"二战"后又相继诞生了一系列的社会主义国家，社会主义从一国发展到多国。在世界范围内，曾经在地球1/4的陆地上建立了社会主义红色政权，1/3的人口一度生活在社会主义制度中。

人类历史发展到今天，与马克思和恩格斯所处的时代相比已经发生了巨大而深刻的变化，但从人类历史发展的大视野来看，世界仍然处于马克思主义所指明的从资本主义向社会主义转变的大时代。马克思主义所揭示的资本主义基本矛盾仍然存在，而且在近年来西方的金融危机和社会危机

---

① 马克思恩格斯选集（第1卷）[M]．北京：人民出版社，2012：435．
② 马克思恩格斯选集（第1卷）[M]．北京：人民出版社，2012：136．
③ 习近平．在纪念马克思诞辰200周年大会上的讲话[N]．人民日报，2018-05-05．
④ http://tv.cctv.com/2018/05/03/VIDEvsBTte4Xz8rX283iSU3p180503.shtml．

中呈现出某种激化的趋势。西方一些有识之士重新回到马克思的著作中寻求答案，马克思的《资本论》等著作在一些西方发达国家出现热销，关于马克思主义的研究和讨论也出现热潮。联系当代资本主义的变化和社会主义的发展，透过纷繁复杂的社会现象，我们看到：马克思主义所揭示的人类社会发展规律，所揭示的社会主义代替资本主义的历史趋势，依然存在并发生作用。马克思主义仍然是当今时代的真理。

人类的未来仍然需要马克思主义的启迪和指引。社会是在矛盾中进步的，每一个时代的社会进步总是伴随着相应的社会问题，而不同时代的人们都面临着人类社会向何处去的困惑。当今世界科技发展日新月异，人类文明加速进步，但同时社会面临着贫困、生态恶化、恐怖主义等尖锐复杂的问题。人类社会怎样面对和处理这些问题，怎样才能走向更加美好的明天？回答和解决这样的根本性问题，还是需要到马克思主义中寻找智慧。马克思主义致力于探寻人类社会的奥秘，揭示人类历史的规律，指明人类前进的方向，它的基本结论和方法中所蕴含的历史洞见和智慧，所展现的真理魅力和光芒，对于人类走向未来具有不可缺少的启示和引领价值。

时代在变化，社会在发展，马克思主义基本原理依然是科学真理。马克思主义在当今世界不但没有过时，而且日益焕发出旺盛的生命力。

三、马克思主义深刻改变了中国

自鸦片战争以来，中国饱受屈辱，无数仁人志士多方寻找救世良药，试图救民于水火，但都纷纷失败。20世纪初，马克思主义随着十月革命的隆隆炮声传入中国，中华民族才真正找到了一改中华民族积贫积弱现状的科学理论。中国革命从此焕然一新，中国人民从此迎来了"站起来""富起来"到"强起来"的一次次飞跃。

（一）马克思主义是指引中国发展的精神旗帜

中国作为世界的重要一极，在政治、经济、文化等多个领域越来越发挥出重要的影响力，为世界和平和发展做出了重要贡献。自新中国成立以来，中国从贫穷落后一步一步走向民主富强，从世界舞台的边缘逐渐重新

专题二　为什么说马克思主义没有过时？

回到舞台的中央。自 1840 年鸦片战争以来，中华民族伟大复兴的梦想从来没有像现在这样接近，如此清晰。国家和民族命运的这一伟大转折肇始于马克思主义传入中国，发端于中国共产党的成立，得益于亿万人民群众的伟大斗争和实践。正是中国共产党带领全国各族人民在马克思主义理论的指导下，在中国社会革命、建设和改革的各项进程中取得了一个又一个伟大胜利。离开马克思主义这一科学指南，没有马克思主义提供给我们的宏大开阔的视野，缺少马克思主义这一观察社会的锐利武器，就没有中国社会发展的成就。

在回顾马克思主义对中国社会的巨大影响时，习近平指出：

> 实践证明，马克思主义的命运早已同中国共产党的命运、中国人民的命运、中华民族的命运紧紧连在一起，它的科学性和真理性在中国得到了充分检验，它的人民性和实践性在中国得到了充分贯彻，它的开放性和时代性在中国得到了充分彰显！
>
> 实践还证明，马克思主义为中国革命、建设、改革提供了强大思想武器，使中国这个古老的东方大国创造了人类历史上前所未有的发展奇迹。历史和人民选择马克思主义是完全正确的，中国共产党把马克思主义写在自己的旗帜上是完全正确的，坚持马克思主义基本原理同中国具体实际相结合、不断推进马克思主义中国化时代化是完全正确的！[①]

自鸦片战争以来，西方列强用坚船利炮打开了中国的大门，中国从此沦为半殖民地半封建制国家，中国人民也陷入了更加深重的灾难之中。此后，无数志士仁人前仆后继投入到反帝反封建，挽救民族危亡和实现民族复兴的运动之中，但一次次地以失败而告终，中国人民仍然生活在帝国主义和封建主义的双重压迫之中，仍然无法摆脱苦难的生活和悲惨的命运。随着俄国十月革命的胜利，马克思主义传入中国，中国共产党随之成立，中国的民族解放运动和民主革命运动面貌从此焕然一新。一百年来，一代又一代的中国共产党人不畏牺牲，不怕艰险，在马克思主义的指引下，团

---

① 习近平. 在纪念马克思诞辰 200 周年大会上的讲话 [N]. 人民日报，2018 - 05 - 05.

结全国各族人民，取得了社会主义革命、建设、改革的伟大胜利。中国社会发生了巨大变化，中国人民真切地感受到从站起来到富起来再到强起来的伟大转变历程。这些举世瞩目的伟大成就的取得，离不开马克思主义的指导，离不开中国共产党的领导，离不开全国各族人民的团结奋斗。在今天的中国，要取得更大的发展成就，要实现中华民族的伟大复兴仍然需要马克思主义的指引。不论遇到怎样的困难和挑战，只要我们高举马克思主义这面旗帜，沿着中国特色社会主义道路不断探索前行，就不会失去信仰，就不会迷失方向，就一定能够到达胜利的彼岸。

（二）马克思主义是推动中国发展的精神动力

人民是否有信仰，直接关系到民族希望以及国家力量。无数历史事实证明，在中国，正是由于广大人民群众有信仰，相信中国共产党，坚定地跟党走，凭借马克思主义这一强大的精神动力，中国革命、建设和改革事业相继取得成功。2015年1月23日，习近平在十八届中央政治局第二十次集体学习时的讲话中指出：''广大党员、干部理想信念坚定、干事创业精气神足，人民群众精神振奋、发愤图强，就可以创造出很多人间奇迹。''①

党的十九大强调了''不忘初心、牢记使命''的意义，习近平在大会报告中指出：''中国共产党人的初心和使命，就是为中国人民谋幸福，为中华民族谋复兴。这个初心和使命是激励中国共产党人不断前进的根本动力。全党同志一定要永远与人民同呼吸、共命运、心连心，永远把人民对美好生活的向往作为奋斗目标，以永不懈怠的精神状态和一往无前的奋斗姿态，继续朝着实现中华民族伟大复兴的宏伟目标奋勇前进。''②

（三）马克思主义是引领中国实践的行动指南

马克思主义理论从它诞生之日起就成为各国无产阶级在社会主义运动中的行动指南，它已经在一次次的斗争实践中被证明是正确的，是真理，也是强大的思想武器。这一思想武器一旦被群众所掌握，就会转化为物质

---

① 习近平. 辩证唯物主义是中国共产党人的世界观和方法论 [J]. 求是，2019 (1).
② 中国共产党第十九次全国代表大会文件汇编 [M]. 北京：人民出版社，2017：1-2.

专题二　为什么说马克思主义没有过时？

力量，在面对腐朽、没落和反动势力时，就能够迸发出无穷的力量，以摧枯拉朽之势扫荡一切。马克思主义传到中国，并被中国共产党人掌握之后，就成为全党必备的"看家本领"。有了马克思主义这一强大的思想武器，中国共产党从弱到强，从小到大，不断发展壮大。正是因为有马克思主义，中国共产党人能够以宽广的视野和长远的眼光来审视所遇到的重大问题，能够从容应对各种挑战，抵御各种风险，克服重重困难，解决各种矛盾。没有马克思主义，就不会存在拥有坚强领导力的中国共产党，就没有中国的繁荣富强；没有马克思主义，中国或许还处于积贫积弱、任人欺凌、任人宰割的状态，中国人民或许还处于各种反动势力的重重压迫之下；没有马克思主义，就不会有中国革命的成功，也不会有改革开放和社会主义现代化建设的成功。马克思主义改变了中国，拯救了中国人民，这是已经被证明了的事实，它也必将能够继续指引中国人民走向更加光明美好的未来。

【课堂讨论】马克思主义理论中关于人与自然关系的论述如何指导中国的生态文明建设实践？

马克思在《1844年经济学哲学手稿》中指出：

> 人靠自然界生活。这就是说，自然界是人为了不致死亡而必须与之处于持续不断的交互作用过程的、人的身体。所谓人的肉体生活和精神生活同自然界相联系，不外是说自然界同自身相联系，因为人是自然界的一部分。[①]

恩格斯在《自然辩证法》中指出：

> 我们不要过分陶醉于我们人类对自然界的胜利。对于每一次这样的胜利，自然界都对我们进行了报复。[②]

在谈到关于人与自然是生命共同体时，习近平指出：

---

① 马克思恩格斯选集（第1卷）[M]. 北京：人民出版社，2012：55-56.
② 马克思恩格斯选集（第3卷）[M]. 北京：人民出版社，2012：998.

学习马克思,就要学习和实践马克思主义关于人与自然关系的思想。……我们要坚持人与自然和谐共生,牢固树立和切实践行绿水青山就是金山银山的理念,动员全社会力量推进生态文明建设,共建美丽中国,让人民群众在绿水青山中共享自然之美、生命之美、生活之美,走出一条生产发展、生活富裕、生态良好的文明发展道路。①

【教师讲解】通过讨论,我们了解到了马克思主义关于人与自然关系的理论对于今天我们建设美丽中国,构建人与自然的生命共同体,实现社会主义生态文明所具有的重要意义和价值。

综上所述,自从马克思主义诞生以后,中国,乃至整个世界的面貌都为之焕然一新。在风起云涌、波澜壮阔的社会主义运动中,马克思主义一次次被高举为旗帜,在十月革命的胜利、社会主义阵营的出现、中国的革命、建设和改革中,马克思主义基本原理一次次被证明了它的科学性和真理性。当前,世界处于"百年未有之大变局",我国处于"两个一百年"的历史交汇点,新情况新问题层出不穷,世界局势波谲云诡,我们就更需要马克思主义把舵导航。一句话,认识当代世界离不开马克思主义,认识和引领当代中国更离不开马克思主义。只有依靠马克思主义观察世界的"宏大视野"、透视时代风云的"锐利目光"、展望未来的"长远眼光"和"战略定力",我们才有战胜前进道路上一切困难的信心和勇气。

四、自觉学习和运用马克思主义

青年是社会主义建设事业的接任者和主力军,青年成才与否直接关系到国家的前途和命运。新时代中国大学生将来能否扛起建设中国特色社会主义事业的重任,能否完成中华民族伟大复兴的使命取决于自身素质。除了要具备丰富的科学文化知识、过硬的生产劳动技能,更为重要的是要有科学的世界观、人生观和价值观,同时具备良好的思想政治品格和修养。学习马克思主义基本原理,明确马克思主义的基本立场,牢记马克思主义

---

① 习近平. 在纪念马克思诞辰200周年大会上的讲话[N]. 人民日报, 2018-05-05.

专题二　为什么说马克思主义没有过时？

的基本观点，掌握马克思主义的基本方法，能够帮助大学生提高分析和解决问题的能力，也能够端正大学生的思想观念，养成优良的思想品质，形成积极乐观的人生态度。

在谈到学习和运用马克思主义思想理论时，习近平指出：

> 马克思主义思想理论博大精深、常学常新。新时代，中国共产党人仍然要学习马克思，学习和实践马克思主义，不断从中汲取科学智慧和理论力量，在统筹推进"五位一体"总体布局、协调推进"四个全面"战略布局中，更有定力、更有自信、更有智慧地坚持和发展新时代中国特色社会主义，确保中华民族伟大复兴的巨轮始终沿着正确航向破浪前行。①

大学生在学习马克思主义的过程中，要有正确的态度和科学的方法。

（一）努力学习和掌握马克思主义的基本立场、观点、方法

马克思主义理论涉及的学科领域多，知识范围广，马克思主义经典作家的理论著作非常多，我们很难在短时间内把这些著作全部掌握和领会。此外，这些经典作家的著作写作背景不一，难免会有一定的时代局限性，某些个别结论可能也会时过境迁，不再正确和有效。这些因素都会妨碍我们全面系统和准确地掌握马克思主义理论。因此，学习马克思主义，并不是要面面俱到，也不能咬文嚼字，而是要领会马克思主义的精髓和要义，要掌握马克思主义的基本立场、基本观点和基本方法。唯有如此，才能够真正体现出马克思主义自身的价值，才能够帮助我们形成科学的思维方式，增强我们分析问题和解决问题的能力，并形成正确的世界观、价值观和人生观。

（二）努力学习和掌握马克思主义中国化的理论成果

一方面，我们不能放弃马克思主义的基本立场、观点和方法；另一方面，我们还要学习马克思主义中国化的理论成果。马克思主义基本原理同中国具体实际相结合、同中华优秀传统文化相结合的过程中，形成了马克

---

① 习近平. 在纪念马克思诞辰200周年大会上的讲话［N］. 人民日报，2018-05-05.

思主义中国化的系列理论成果。当代大学生把学习马克思主义基本原理与学习马克思主义中国化的理论成果结合起来，有助于不断提高自己的思想理论水平。

习近平指出：

> 马克思主义是不断发展的开放的理论，始终站在时代前沿。马克思一再告诫人们，马克思主义理论不是教条，而是行动指南，必须随着实践的变化而发展。一部马克思主义发展史就是马克思、恩格斯以及他们的后继者们不断根据时代、实践、认识发展而发展的历史，是不断吸收人类历史上一切优秀思想文化成果丰富自己的历史。因此，马克思主义能够永葆其美妙之青春，不断探索时代发展提出的新课题、回应人类社会面临的新挑战。
>
> ……
>
> 理论的生命力在于不断创新，推动马克思主义不断发展是中国共产党人的神圣职责。我们要坚持用马克思主义观察时代、解读时代、引领时代，用鲜活丰富的当代中国实践来推动马克思主义发展。①

（三）坚持理论联系实际的马克思主义学风

马克思主义经典作家的著作是马克思主义理论的文本载体，是我们学习马克思主义的重要途径。但是马克思主义作为科学真理，是从实践中经过抽象、总结和概括得来的，是由感性材料经过科学方法加工而成的。因此，我们不能只埋头于书本当中，而要理论联系实际，要把马克思主义的普遍真理和本国国情相结合，一方面，要把马克思主义理论同建设中国特色社会主义实践结合起来；另一方面，要在实践中不断检验马克思主义的正确性，在坚持其基本观点和方法的基础上，不断完善和发展马克思主义理论，以使其更好地指导实践。因此，马克思主义并不只是书本上的学问，它是来自于实践又能够指导实践的行动指南。

---

① 习近平.在纪念马克思诞辰200周年大会上的讲话［N］.人民日报，2018-05-05.

专题二 为什么说马克思主义没有过时？

学习马克思主义要做到：首先，要认清我国当前社会的客观实际，认识到我国虽然取得了社会发展的长足进步，但依然处于社会主义初级阶段，这是当前我国的最大国情，也是我们党制定路线、方针和政策的主要依据；其次，要认清自身实际，看到自己的长处与不足，尽量发挥自己的优势，努力改正自己的缺点，以马克思主义为指导，改造我们的主观世界，建立科学的世界观，确立积极的人生观，树立正确的价值观，全面提高自身素质，为服务社会、服务人民做好充分准备。

（四）自觉将马克思主义内化于心、外化于行

学习马克思主义，不能躲在象牙塔中，不能只是满足于学习它的知识和方法，不能为了学习而去学习。学习马克思主义就是要去应用它，用它来改变世界，改变我们自身。我们要把马克思主义的基本立场、观点和方法内化为我们的信念，同时也要把它外化为我们的行动。我们要自觉地以马克思主义为指导，怀抱理想，坚定信念，端正观念，增强为社会服务的本领，自觉为实现中华民族伟大复兴的中国梦奉献自己的青春和热血，贡献自己的智慧和力量。

专题小结

本专题重点围绕"为什么说马克思主义没有过时"论述了两个大问题：一是马克思主义的鲜明特征，二是马克思主义的当代价值及如何坚持马克思主义。马克思主义具有科学性、人民性、实践性、发展性等鲜明特征，故坚持马克思主义是很有必要的；因为马克思主义是被实践证明的科学真理，当前社会发展出现的新特征、新问题需要马克思主义。马克思主义的当代价值主要体现在：它是观察当代世界变化的认识工具，是引领当代中国发展的行动指南。马克思主义作为科学真理，是随着时代和实践的发展而不断发展的，我们要真正坚持马克思主义就要做到努力学习和掌握马克思主义的基本立场、观点、方法；坚持理论联系实际的马克思主义学风；自觉将马克思主义内化于心、外化于行；还要把坚持和发展马克思主

义统一起来。

在人类思想史上，就科学性和影响力而言，没有一种思想理论能达到马克思主义的高度，也没有一种学说能像马克思主义那样对世界产生如此广泛而深远的影响。这充分体现了马克思主义的真理威力，表明马克思主义对人们认识世界、改造世界和创造美好生活具有不可替代的作用。在马克思主义指引下，中国共产党带领中国人民走上民族复兴之路。当前，中国特色社会主义进入了新时代，青年大学生立志成为能够担当民族复兴大任的时代新人，就需要有宽广的视野、开阔的胸襟和高远的理想，需要关心国家的发展、民族的前途和人类的命运，需要对宇宙、社会和人生有深刻的思考，为此就需要学习和运用马克思主义。

延伸阅读

1. 戴维·麦克莱伦. 马克思传 [M]. 王珍, 译. 北京：中国人民大学出版社, 2008.

2. 习近平. 在纪念马克思诞辰200周年大会上的讲话 [N]. 人民日报, 2018-05-05.

3. 陈学明, 黄力之, 吴新文. 中国为什么还需要马克思主义：答关于马克思主义的十大疑问 [M]. 天津：天津人民出版社, 2013.

思考题

1. 马克思主义具有哪些鲜明特征？
2. 马克思主义自诞生以来如何改变了世界？
3. 试述马克思主义的当代价值。
4. 试论如何学习和运用马克思主义。

（撰写人：师文兵）

专题三 世界的本质是什么?

一、教学目的与要求

（一）知识目标

1. 了解哲学基本问题和两大基本派别。
2. 全面理解马克思主义物质观、意识观及物质和意识的辩证关系。
3. 深刻理解实践在全部社会生活中的作用。
4. 重点把握世界的物质统一性及其原理。

（二）能力目标

1. 提高运用辩证唯物主义去认识和改造世界的能力。
2. 正确处理主观能动性与客观规律之间的辩证关系。

（三）情感和价值观目标

1. 坚定辩证唯物主义是科学世界观和方法论的信念。
2. 提高自觉同各种错误思潮划清界限并进行坚决斗争的信心。
3. 自觉树立人与自然和谐相处的生态文明思想和绿色发展观。

二、针对的学生主要思想困惑

1. "唯物主义重视物质生活，唯心主义重视精神生活"的观点对吗？

2. 为什么说辩证唯物主义为我们提供了科学世界观和方法论？

三、针对的错误思潮与模糊认识

1. 哲学无对错，只有立场不同。
2. 唯心主义和旧唯物主义等于错误的代名词。

四、教学难点重点

1. 马克思主义物质观、意识观及物质和意识的辩证关系。
2. 实践是自然存在与社会存在区分和统一的基础。
3. 世界的物质统一性及其原理和重大意义。

五、教学时数

3 课时

授课导入

置身于大千世界，仰望浩瀚星空，人们总会自觉或不自觉地思考和追问"世界是什么""世界从哪来的""人与世界的关系是怎样的"等问题。"我是谁？我从哪来？我到哪去？"这不仅是对人生的思考，也是对整个世界的思考！真实的世界是怎样的？我们应该如何去把握真实的世界？自从世界上出现了人类的"意识"花朵，就不断地产生这样的疑问，这种追根寻源式的疑问正是哲学思考的起源。

一、马克思主义对物质本质的探索

我们一生可能会有过这样的夜晚，心灵放下了一切，不为名利，不为家人、爱人、朋友，当我们抬头去仰望那片璀璨的星空时，不由得也会同

专题三　世界的本质是什么？

古希腊哲学家们一样去追问：万千世界的背后究竟有无统一性存在？如果有，那么世界的本原是什么呢？我是谁？我活着的意义究竟是什么呢？其实这些根植于我们人类特殊生存方式的追问，恰恰昭示了哲学的诞生。当人类开始发问：我是谁，我从哪里来，世界的本质是什么时，这就意味着他将自身从自然母体中分离出来，不再像其他动物一样依靠本能而活着，他开始意识到自己的有限的存在，却在有限的生命存在中拼命通过理性的力量去观察、思考世界，以实现对这个世界的整体的理解，达到无限。哲学就根植于人类生存所面对的一系列根本矛盾：有限与无限、现实与理想、自由与必然等之间的矛盾，并试图通过在解决这些矛盾的过程中给人以真理的启迪、价值的指引、美的享受；哲学这条爱智之路是痛苦的，却又赐予我们无尽的宝藏，这条爱智之路包含着人类对世界本质之谜的探索，而对世界本质之谜的回答必然离不开人对自身的反思这一逻辑前提。哲学的基本问题也就随之生发……

（一）万千世界，其谜何解？

1. 世界观、方法论与哲学

世界千变万化，宇宙苍茫神秘，万千现象的背后究竟有无统一的基础？世界的本质究竟何如？这是关于世界观的问题，世界观即人们对整个世界的总看法和根本观点。世界观和方法论是统一的，方法论是人们认识世界、处理问题根本方法的理论。而哲学就是理论化系统化的世界观，是对自然、社会和思维知识的概括和总结。哲学也是方法论。我们不难发现，对于上述问题古往今来的哲学家给出了不同的答案，哲学之父泰勒斯说世界的本原是水，赫拉克利特则认为世界的本原是火，还有的哲学家认为世界的本原是精神、是理念。我们姑且悬置这个问题的答案，先来反思这个问题的回答方式：当我们去断言世界是什么，回答世界的本质的时候，是人这个主体在言说，这就意味着，回答世界的本质问题离不开人的意识或思维这个逻辑前提。如此，思维与存在的关系就显现出来了，思维与存在的关系问题是对人与世界之间关系问题的哲学自觉，同时也是哲学的基本问题。

2. 哲学基本问题

对于哲学基本问题，恩格斯是这样界定的："全部哲学，特别是近代哲学的重大的基本问题，是思维和存在的关系问题。"①

思维和存在的关系问题包括两个方面：一方面，思维和存在何者为第一性，何者为第二性，谁先谁后，谁决定谁的问题。对这一问题的不同回答，构成了唯物主义和唯心主义两大哲学派别。另一方面，思维和存在有无同一性，即思维能否正确认识存在的问题。对这一问题的不同回答，构成了可知论和不可知论的对立。下面我们借助西方哲学史的发展轨迹来理解哲学基本问题。

首先，我们沿着古希腊哲人的轨迹，去看一下他们是如何将"世界是什么"的追问与大自然的变化相互连接起来的。按照现代物理学，宇宙世界在某个时刻发生大爆炸，之后整个宇宙不断分裂、分化，发展到今天的状态。囿于当时自然科学的发展水平，早期古希腊哲人无法对世界本质问题做出明晰的回答。他们朴素地认为，在事物的生灭变化背后存在某种基本的物质，万物由这种物质衍生，并最终归于这种物质，这种物质就是本原或始基。古希腊哲人对于世界的本质曾经尝试过不同的解释：有人说是水，有人说是火，有人说是气。虽然观点不同，但他们都在思考和回答同一个问题，这就是哲学基本问题中世界的本原问题，也叫本体论问题，追问的是思维与存在、精神与物质谁为世界本原的问题。根据不同的回答，可分为唯物论与唯心论。有一种观点认为，唯物论重视物质生活，而唯心论重视精神生活，这种理解是错误的。划分唯物论和唯心论的标准仅仅是世界本原何者为第一性、何者为第二性以及谁决定谁的问题，离开了这一点去理解二者的划分是荒谬的。

到了近代，在对人的认识本身进行反省的过程中，哲学开始自觉到了思维和存在之间的矛盾，从而把思维和存在的关系当作最重要的哲学问题

---

① 马克思恩格斯文集（第4卷）[M]. 北京：人民出版社，2009：277.

专题三 世界的本质是什么？

进行研究，也就是说思维和存在的关系问题转化为认识论问题，即思维与存在"有无同一性"的问题。这就是思维能否认识存在的问题，具体来说指的就是"我们关于世界的思想和表达与这个世界本身的关系是怎样的？我们的思维能不能认识现实世界""我们能不能在我们关于现实世界的表象和概念中正确地反映现实"。[①] 以黑格尔为代表的绝大多数近代哲学家对此做出了肯定的回答，同时也有休谟、康德等少数近代哲学家对此做出了否定的回答。这就是思维和存在的同一性问题。如果对这个问题的答案是肯定的，那么就称为可知论，反之，如果认为思维无法把握这个世界，则称为不可知论。在哲学中关于思维能否把握存在的这个问题，通常被称为认识论问题。

思维和存在的关系问题是人的全部认识活动和实践活动的根本问题，它才成为从总体上把握世界的哲学世界观理论的重大的基本问题。世界、宇宙上的事物虽然绚丽多彩，而高度归纳起来无非有两种现象，即物质现象和精神现象；人类的一切活动虽然多种多样、五花八门，而高度归纳起来主要就是两类活动，即认识世界和改造世界。我们认识两种现象和从事两类活动都离不开思维和存在、意识和物质的关系问题。总之，思维和存在、意识和物质的关系问题是哲学的基本问题，如何解决二者的关系，是我们能否理解真实世界的基础，也是我们正确把握世界和正确处理一切问题的基础。

（二）马克思主义物质观

1. 物质

在认识世界和改造世界的过程中，人们试图在杂多与变化的背后把握一个统一的基础或本原，唯心主义把精神性的存在视为本原性的存在，而唯物主义则把物质性存在归结为本原性的存在。依据对物质概念理解的差异，又可以把唯物主义哲学划分为三种基本形态。

---

① 马克思恩格斯文集（第4卷）[M]．北京：人民出版社，2009：278.

第一种形态是古代朴素唯物主义。它建立在人类社会发展初期的实践方式和素朴的科学意识基础之上，把物质等同于具体的物质形态，如"水""气""火"等，把世界的本原归结为某一种物质形态，具有合理性和进步性。但是，又具有如直观性、猜测性等明显的局限性。

第二种形态是近代形而上学唯物主义。随着近代自然科学的发展，形而上学唯物主义的物质观发展起来，把物质等同于物质的微观层次结构——原子，这种物质观相比较古代朴素唯物主义具有了一定的科学性。但是，因其不能正确理解哲学的物质概念与自然科学的物质概念之间共性与个性的关系，由于其自身的机械性、形而上学性、不彻底性等局限，故经不起自然科学进一步发展的检验，也同时经不起唯心主义的进攻。以往的旧唯物主义在解释世界时，"对对象、现实、感性，知识从客体的或直观的形式去理解"，离开实践去论证物质第一性原则，不可避免地陷入了理论困境。马克思主张，必须"从主体方面去理解"，必须"把它们当作感性的人的活动，当作实践去理解"。

第三种形态是辩证唯物主义和历史唯物主义。恩格斯总结了19世纪哲学和自然科学的发展成果，对物质概念作了初步概括，"物、物质无非是各种物的总和，而这个概念就是从这一总和中抽象出来的"。[①] 19世纪末20世纪初，在自然科学领域，特别是物理学领域所发现的电子和放射现象证明原子内部是有结构的，打破了原子不可入、不可分和质量不变的传统观念，引起了一些自然科学家的哲学思维的混乱。他们认为电子取代了原子，物质就非原子化了，物质就"消失"了。马赫主义者利用这个"物理学危机"，宣称"自然科学的最新哲学"驳倒了唯物主义。列宁在《唯物主义和经验批判主义》一书中，依据马克思和恩格斯的方法论原则，总结了自然科学的新发现，辩证地论述了哲学的物质范畴与物理学关于物质结构学说的联系和区别，指出"消失"的不是物质，而是旧的原子论。由此，列宁对物质概念作了一个界定："物质是标志客观实在的哲学范畴，

---

① 马克思恩格斯文集（第9卷）[M]. 北京：人民出版社，2009：500.

专题三　世界的本质是什么？

这种客观实在是人通过感觉感知的，它不依赖于我们的感觉而存在，为我们的感觉所复写、摄影、反映。"① 可以看出，列宁是从物质和意识的比较来界定物质的。在理解时，我们要注意三个方面：第一，物质的唯一特性是客观实在性。"唯一"的意思是，只有物质才具备而意识所没有的特性。"客观"是相对于"主观"而言，主观是指精神意识，物质则是精神、意识以外的一切。"实在"是相对于"存在"来讲的，世界上有两类存在物即物质和意识，"实在"特指精神以外（物质）的存在。第二，物质具有可知性。物质世界是可知的，只有已经认识和尚未认识的事物，没有可以认识和不可以认识的事物的区分。第三，物质具有独立性。物质是不依赖于人的意识而独立存在的，无论人们是否认识到它，它都是存在的。用一句话来概括就是，物质就是不依赖于人的意识并能够为人的意识所反映的客观实在。

"物质"是唯物主义世界观的基石。承认世界是物质的，世界统一于物质，这是唯物主义的基本前提。这块基石是否牢固，直接关系唯物主义世界观大厦的安危。马克思主义的物质范畴建立在实践观点基础之上，对各种实物、具体物质形态的共同本质进行了高度抽象，并把物质的根本属性视为独立于意识的客观实在性；所谓物质范畴，就是标志客观实在的哲学范畴。马克思主义的物质范畴理论具有丰富而深刻的理论意义：第一，坚持了唯物主义一元论，同唯心主义一元论和二元论划清了界限；第二，坚持了能动的反映论和可知论，批判了不可知论；第三，体现了唯物论和辩证法的统一，克服了形而上学唯物主义的缺陷；第四，体现了唯物主义自然观与唯物主义历史观的统一，为彻底的唯物主义奠定了理论基础。

2. 物质的根本属性和存在形式

在解释世界的本原问题时，一方面我们要去解答这个本原是什么，另一方面就是去说明"一"（本质）与"多"（现象）之间的关系，即"一"是如何生成"多"的。要回答好这一问题必须从物质的根本属性——运动

---

① 列宁选集（第2卷）[M]．北京：人民出版社，1995：89．

入手,运动实现了事物本质与现象之间的统一,而对这种统一的考察离不开对其存在形式——时间和空间的思考。

首先,运动究竟是否可能呢?芝诺曾经提出一个关于运动的悖论——飞矢不动。飞矢是不动的,因为它在每一刻都可被视作静止于其所在的那一点。这里的问题是:能否将某个已经存在的运动整体划分为无穷个单位、并界定它为静止?亚里士多德曾经对此指出,如果接受各悖论中认为一个整体可以无限划分下去的看法,并且像那些悖论一样假定这个划分的过程有终点,而且终点是"无限小的单元",即并不具有任何尺寸的无限小单元,那么谈论和设想相邻单元之间的任何关系都是不可能的。黑格尔也曾经表达过类似的观点:

> 人们马上可以这样说:空间是无限多的点、亦即无限多的限度所组成,——因此是不能通过的。人们假想着可以从这样一个不可分割的点过渡到另一个点;但是这样他们便不能前进一步了,因为不可分的点是无限的多。连续性被分裂成它的对方,不确定的多,——这就是说,不承认有连续性,也就没有运动。人们错误地主张,以为达到一个没有连续性的东西时运动是可能的;殊不知运动就是联系。①

关于"飞矢不动"这一悖论,马克思主义哲学认为其割裂了运动与静止的关系,在飞矢所占有的每一个时刻,其相对位置虽然暂时不变,但在这每一个时刻,其都有向下一个位置运动的趋势,运动所反映的是运动承担者的变化,包括运动承担者性质、状态和相对位置的一种变化,表现的是一种联系,是绝对运动和相对静止的既对立又统一的关系。

物质的根本属性是运动。运动是标志一切事物和现象的变化及其过程的哲学范畴,其形式是多种多样的,包括机械运动、物理运动、化学运动、生物运动、社会运动等。离开了运动,我们将无法表达事物本质的生成、事物性质、状态和位置的变化。我们无法想象不处于运动变化过程中

---

① 黑格尔.哲学史讲演录(第1卷)[M].贺麟,等译.上海:上海人民出版社,2013:286-287.

的物质，正如马克思所指出的那样，我们周围的世界从来不是一成不变的，而是自在自然通过运动——实践过程不断转化为人类世界的过程。一言以概之，物质和运动是不可分割的，运动是物质的运动，物质是运动着的物质，离开物质的运动和离开运动的物质都是不可想象的。

世界上所有的事物都是运动的，但运动的表现形式是不同的，其中有一种特殊的运动状态就是静止。所谓静止指的是"相对静止"，它是物质运动的一种特殊状态，即物质在运动过程中没有作机械运动和事物的根本性质暂时不变两种情况。例如，参考系的不同，会导致同一个人既"坐地日行八万里"，又在书房里静思。总之，运动的绝对性体现了物质运动的变动性、无条件性，静止的相对性体现了物质运动的稳定性、有条件性。动中有静，静中有动。无条件的绝对运动和有条件的相对静止构成了对立统一关系。

随着现代物理学的发展，对于时间和空间的研究愈加精深，从"四维时空"到"十一维时空"的提出，不断挑战人类的思维极限。时至今日，我们该如何思考时间和空间呢？马克思主义哲学是从人生在世的"世"、人在途中的"界"限来反思时空这一问题的。当我们去考察物质运动的存在形式时，我们发现运动承担者总是有一定的持续性、顺序性，也就是时间维度，离开了时间维度，我们将无法把握事物发展的因果序列。而运动承担者总是具有广延性的，即具有长、宽、高三个方面的空间规定，离开了空间维度，事物发展的因果序列对于有限的理性存在者——人类也不会成立。所以，时间和空间也是物质运动的存在形式，把时间和空间同物质运动割裂开来的观点同样是错误的。马克思主义哲学强调对物质运动变化的考察不能脱离时空规定，时空的无限性对于人类来说是通过时空存在的有限性存在的，这一原理要求我们在谋划和决策时，一切以时间、地点、条件为转移。

二、物质与意识的辩证关系

人类置身于其中的客观世界纷繁复杂，而意识领域集中体现和表达了人的主观世界。主观世界不仅反映着外部世界的状态,也体现着自身运行系统的相对独立性,因此,可以说,客观世界有多复杂,主观世界的复杂程度就尤为甚之。意识可以说是人类的"斯芬克斯之谜",其神秘性和复杂性吸引了,并持续吸引着一批生物学家、脑科学家、哲学家、行为学家为之进行不断的探索。例如,通过对大脑结构的实验解剖研究,我们已经知道大脑的神经元放电引起了意识过程。但问题在于,每个人的意识状态是内在的、主观的、私密的,这些私有的、主观的现象怎么能够由一种普通的物理过程,例如神经元突触的电化学刺激引起呢?在刺激大脑和每个人主观意识的形成中到底经历了怎样的过程呢?根据以往的研究,我们虽然不能把大脑和意识之间的因果关系完全系统地揭示出来,但是可以肯定的一点是,离开正常的活生生的人的大脑,意识是不可能产生的。

(一)物质决定意识

1. 从起源上看物质决定意识

马克思主义哲学认为,从起源上看,意识是自然界长期发展的产物,也是人的社会劳动的产物。马克思主义哲学在对待意识这一问题时,并不像科学家那样,对意识的奥秘进行科学实验,也并不像唯心主义者那样去追问"意识何以可能",而是去关注意识的产生过程,从而发现意识在成为某个人的意识之前,意识首先且已然是社会性的。

首先,意识产生于自然界的进化。自然界在经历了一切物质都具有的反应特性到低等生物的刺激感应性,再到高等动物的感觉和心理以后,最终发展出人类的意识。其次,意识是社会的产物。社会实践,特别是劳动,在意识的产生和发展中起着决定性的作用。劳动为意识的产生和发展提供了客观需要和可能;改造世界的需要又促进了生产工具的发明和创造,进而形成对客观事物本质和规律性的认识,这就是人的意识。它高于动物心理,具有抽象思维的特征。总而言之,意识通过劳动在从动物进化到人的过程中产生出来。

同时,劳动和语言交织在一起,成为人类意识得以产生的主要推动力，使得人类意识不断发展并日趋复杂和严密。人类意识或思维离不开语言，语言是思维的物质外壳，是思维得以可能的存在形式。语言是在劳动过程中产生和发展的。劳动是协作活动，协作需要交流和沟通，在人们的劳动和交往中形成的语言促进了意识的发展。

2. 从本质上看物质决定意识

从本质上说，意识是人脑的机能和属性，是客观世界的主观映象。马克思在《德意志意识形态》中指出：

> "精神"从一开始就很倒霉，受到物质的"纠缠"，物质在这里表现为振动着的空气层、声音，简言之，即语言。语言和意识具有同样长久的历史；语言是一种实践的、既为别人存在因而也为我自身而存在的、现实的意识。语言也和意识一样，只是由于需要，由于和他人交往的迫切需要才产生的。凡是有某种关系存在的地方，这种关系都是为我而存在的；动物不对什么东西发生"关系"，而且根本没有"关系"；对于动物来说，它对他物的关系不是作为关系存在的。因而，意识一开始就是社会的产物，而且只要人们存在着，它就仍然是这种产物。当然，意识起初只是对直接的可感知的环境的一种意识，是对处于开始意识到自身的个人之外的其他人和其他物的狭隘联系的一种意识。同时，它也是对自然界的一种意识……但是，另一方面，意识到必须和周围的人来往，也就是开始意识到人总是生活在社会中的。……人和绵羊不同的地方只是在于：他的意识代替了他的本能，或者说他的本能是被意识到了的本能。……分工只是从物质劳动和精神劳动分离的时候起才真正成为分工。从这时候起意识才能现实地想象：它是和现存实践的意识不同的某种东西；它不用想象某种现实的东西就能现实地想象某种东西。从这时候起，意识才能摆脱世界而去构造"纯粹的"理论、神学、哲学、道德等等。[①]

---

① 马克思恩格斯文集（第1卷）[M]. 北京：人民出版社，2009：533-534.

在此基础上，马克思对意识的本质作了一个经典的判断："观念的东西不外是移入人的头脑并在人的头脑中改造过的物质的东西而已。"①

从马克思的话中不难分析出：从意识本质来看，意识是人脑这样一种特殊物质的机能和属性，是客观世界的主观映象。因此，意识在内容上是客观的，在形式上是主观的，是客观内容和主观形式的统一，意识是物质的产物，但又不是物质本身。

人有自由意志吗？斯宾诺莎认为，神乃万物本性与万物存在的第一且唯一的自由因。万物都预先为神所决定——并不是为神的自由意志或绝对任性所决定，而是为神的绝对本性或无限力量所决定。意志不能说是自由因，只能说是必然的。每一个意愿只有为另一个原因所决定，才可以存在，可以动作，因此另一个原因又复为另一个原因所决定，如此递推以致无穷。因此，在心灵中没有绝对的或自由的意志。到底应该如何看待意识的功能？人究竟有无自由意志呢？这个问题关系着人的自由、价值和尊严的实现。

（二）意识对物质具有反作用

1. 意识反作用及其表现

意识对物质的反作用，也就是意识的能动作用，是指人类的意识所特有的能动地反映和改造世界的能力和作用。关于意识对物质的反作用，马克思主义哲学从实践的角度入手进行了解答，如果对客体、对象只从直观的角度来把握，如果只把意识当作一个认识论问题来研究，那么意识终究会陷入自然因果律的泥潭而无法自拔。问题在于，通过人类的实践理性、实践活动，意识的功能就会显现出来。意识不仅是对客体进行照镜子式的反映，而且能够把握对象的本质和规律，并将蓝图变为客观现实，使世界发生"为我"的变化。意识的能动性集中表现在以下四个层面。

第一，意识活动具有目的性和计划性。马克思曾经指出，人在"劳动

---

① 马克思恩格斯文集（第5卷）[M]. 北京：人民出版社，2009：22.

专题三　世界的本质是什么？

过程结束时得到的结果，在这个过程开始时就已经在劳动者的表象中存在着，即已经观念地存在着"。① 人的整个实践过程，就是围绕意识活动所构建的目标和蓝图来进行的。目的集中体现了主体认识世界和改造世界的能动性，目的是主体在实践活动开始时对实践客体在头脑中的预先改造。目的性因素内在地包含着主观和客观、实然和应然、理想和现实的矛盾，规定着主体在实践过程中与客体发生相互作用时对各种因素进行运用和调控的方向，主体对于目的的欲求程度在一定意义上影响着主体本质力量的发挥程度。

第二，意识活动具有创造性。尽管主观世界的内容从根本上说来源于客观世界，客观世界是主观世界形成和发展的条件和基础，但人的意识同时具有创造性。这种创造性不仅表现在超越对客观世界"照镜子"式的直观反映，而且能够以概念、判断、推理等方式，对客体进行能动的反映和建构，在思维中构造一个具有相对独立性的理念世界。

第三，意识具有指导实践改造客观世界的作用。世界从不会自动地去满足人们的需要，人们必须在观念中预先对世界进行批判和改造，并尽力以正确的"物的尺度"、反映了客观事物的普遍性规律的理论为指导，使世界朝着自己的目的和方向发生相应的变化。在将主体的认知、意志、信念、愿望等作用于客观世界的过程中，不仅是"自在之物"逐渐转变为"为我之物"，而且会创造出这个世界原本不存在的事物。

第四，意识具有调控人的行为和生理活动的作用。意识活动对人们生理活动的影响，甚至对人类健康的影响，越来越被现代科学所证实。例如，人们对情绪的把控、对各种欲望的调节就直接影响了自己能否作出正确的选择，影响着行动的成功或失败。

【案例点击】"疫情"期间人们应该如何自我调节

新型冠状病毒不仅侵袭身体，同时也影响人们的心理。在全国人民居家自我隔离、不聚会期间，大家密切追踪疫情的变化，但是网络时代同时

---

① 马克思恩格斯文集（第5卷）[M]. 北京：人民出版社，2009：208.

存在"信息过载"和"信息窄化"现象,一个人如果只盯着疫情相关信息,对生活的其他方面不再关注,焦虑情绪就会持续放大,产生"想象中的恐惧",甚至出现有些人过分担忧,经常怀疑自己出现了新冠症状,导致身体机能下降的情况。特殊时期我们更要学着与焦虑、恐慌等情绪"和解"。保持充足睡眠,保证适当运动,合理安排一天的生活学习时间,不要只专注于某一件事,还要做好下一步的规划。

2. 主观能动性与客观规律性的统一

主体在对客体进行"改造"的过程中,在对象化自己的本质力量时,必然要尊重"物的尺度",遵守客观世界运行的规律,也就是在认识世界和改造世界过程中,主体应该实现"物的尺度"和"人的尺度"的统一,正确地处理主观能动性和客观规律的统一。尊重事物发展的客观规律性与发挥人的主观能动性是辩证统一的,实践是客观规律性与主观能动性统一的基础。

具体地说,一方面,尊重客观规律是正确发挥主观能动性的前提;另一方面,只有充分发挥主观能动性,才能正确认识和利用客观规律。而为了正确发挥人的主观能动性,人们就需要从实际出发,立足实践,利用好现有的物质条件和物质手段。只有这样,才能认识客观规律,并在此基础上利用好客观规律,为认识和改造世界服务。

在坚持和发展中国特色社会主义道路问题上,同样存在客观规律性和主观能动性相统一的问题。必须看到,中国特色社会主义的出现和发展既带有历史必然性,同时也是中国人民历经百年忧患,结合历史和国情主观选择的结果。实践证明,中国特色社会主义是我国实现社会主义现代化、人民追求美好生活、中华民族实现伟大复兴的必由之路。

【案例点击】新型冠状病毒产生的原因引发的思考

新型冠状病毒产生的原因,据说是人类"口无遮拦"造成的,有的人把自然界的一切动物都当成了美味佳肴,成为人类战胜自然的战利品。"疫情"的出现告诉人们,人和自然的和谐相处是很重要的,人不要沉醉于对自然界胜利的陶醉,自然界往往会惩罚我们,正如恩格斯曾经论述过的那样。后来，很多国家出现了各种禁止随意捕杀动物的法律和条文，就是对这种行为的纠正。

【课后讨论】 运用客观规律性和主观能动性的辩证关系原理讨论如何看待上述材料？结合当代人工智能技术的发展，思考意识与人工智能的关系。

三、世界的物质统一性

茫茫宇宙、天地悠悠，在广阔无垠的大千世界里，存在着千姿百态的事物和现象。它们有没有一个共同的本质和统一的基础？如果有，是什么？这在哲学上叫作世界的统一性问题。对这个问题，不同的哲学派别作出了不同的回答。认为世界上的事物有一个统一的本原的哲学观点，即承认世界的统一性的，叫作一元论。其中，又有唯物主义一元论和唯心主义一元论之分，唯心主义一元论断言宇宙万物都是精神的产物和表现，主张世界统一于精神；唯物主义一元论则认为世界上的万事万物都是物质的产物和表现，坚持世界的统一性在于它的物质性。哲学上的二元论认为，世界有两个互相平行、各自独立的本原：一个是物质，另一个是精神。二元论企图调和唯物主义一元论和唯心主义一元论的对立，但最终还是以理论上的困境而走向了唯心主义和宗教神学。例如，17世纪法国哲学家笛卡尔认为，物质实体的唯一本质属性是广延，它遵循自然规律运动；精神实体的唯一本属性是思维，根据自由意志而行动。物质实体和精神实体是彼此独立、互不干涉的，构成了两个相互平行的世界本原。

马克思主义哲学总结了哲学史上的积极成果，根据当时自然科学发展的最新成果，对世界的物质统一性问题作出了既唯物又辩证的回答。马克思主义哲学认为，世界的本原是物质，不仅自然界是物质的，人类社会也具有物质性，世界的统一性在于它的物质性。

（一）世界物质统一性的主要表现

1. 自然界具有客观实在性

现代自然科学的发展已经以大量确凿的事实证明，自然界不是神创造的，也不是人的意识的产物，而是先于任何人的意识产生并客观存在着的。现代科学的发展表明，虽然物质世界的存在形态是多种多样的，但都是物质运动及其规律的表现。

2. 人类社会也具有客观实在性

人类社会是物质世界中最复杂的存在形态，人的特殊存在方式——实践活动使得人成为与自然界其他存在物完全不同的存在物，同时也确证着人类社会的物质性。其一，人类凭借自身的实践活动从自然界分化出来，成为整个物质世界组成部分。其二，生产劳动作为最基本的社会实践活动，是一种物质性的活动。人与自然之间的物质变化活动不能只停留在意识范围内，否则人类根本无法生存下去。其三，物质资料的生产方式是人类社会存在和发展的基础，集中体现着人类社会的物质性。生产力是人类改造自然的物质力量，人类在改造自然的劳动过程中又结成了不以人的意志为转移的社会关系，具有客观实在性。

3. 意识来自物质世界

从意识的产生和本质来看，意识是物质世界发展到一定阶段的产物，是人脑的机能和属性及客观世界的主观映象。自然界是孕育意识的土壤，劳动提供了意识产生的客观需要，对意识的产生和发展具有决定性的作用。语言作为人的意识或思维的物质外壳，产生于实践的需要之中，并进一步推动了意识的复杂化发展和严密性。意识产生和发展的历史过程表明，意识是人脑的机能和属性，意识是不能独立于物质世界而存在的，尽管意识的形式是主观的，但意识的内容是客观的，归根结底来源于客观世界。

马克思主义哲学在实践观点的基础上，正确说明了主观世界与客观世界、物质世界与精神世界、自然界与人类社会的统一性。所以，世界的物质统一性原理具有重大的理论意义和现实意义。马克思主义哲学关于世界的物质统一性原理，是整个马克思主义大厦的基石。它既是人们树立唯物主义科学世界观，并进一步确立正确人生观和价值观的基础，也是人们正确认识世界和改造世界的方法论基础。这一原理启示我们必须坚持实事求是，一切从实际出发。一切从实际出发，是世界的物质统一性原理在现实生活中和实际工作中的生动体现，是在坚持和发展中国特色社会主义伟大实践中想问题、办事情的根本立足点。特别是在推进新时代中国特色社会主义事业的过程中，我们要从我国社会主义初级阶段的最大国情出发，既看到我国仍处于并将长期处于社会主义初级阶段的基本国情没有变，也要看到我国社会的主要矛盾发生了变化，已经转化为人民日益增长的美好生活需要和不平衡不充分的发展之间的矛盾，从而使社会主义初级阶段的长过程中又呈现出更加具体的阶段性特征。

（二）自然界与人类社会的物质统一性

1. 实践是自然界与人类社会相统一的基础

长期以来，由于旧唯物主义者不理解人类实践活动及其意义，因而也就不能理解人类社会的物质性存在，因此，一进入人类社会领域，旧唯物主义便会沦为"半截子的唯物主义"。在他们看来，自然界统一于物质是毋庸置疑的，而人类社会属于人类活动的领域，到处都是人的意志在起作用，因此无论如何也不能得出人类社会的物质同一性结论。马克思主义哲学给出了答案：实践。

2. 实践是自然界与人类社会相区分的重要条件

人类社会是自然界长期发展的产物，是人类在开展实践活动过程中形成的有机系统。也就是说，人类社会产生后，一部分自然存在通过人的实践活动进入社会领域，成为社会存在，它作为人类社会生活的自然条件，以被改造的形式包含在社会存在之中。这样，自然可以被分为两部分：自在自然，未进入人类社会生活领域的自然存在；人化自然，打上了人的烙印，成为构成人类社会生活前提、基础的自然环境，是社会存在的重要组成部分，具有自然存在和社会存在双重属性。通过人的实践从自然界分离出来的人类社会，并不是与自然界毫无关联了，而是相互联系、相互作用。自然界是人类社会形成的自然基础，人类社会的存在和发展又反过来影响并不断改变着自然界。人类社会作为一个有机的统一体从自然界独立出来之后，尽管有人的意识和目的的活动参与其中，但并没有使人类社会脱离物质世界的客观制约性而成为主观任意的活动，且其运行也存在不以人的意志为转移的社会规律。

【案例点击】"生物安全"与人类社会的关系

在如今高流动性社会背景下，病原体跨物种感染、跨地域传播，造成新发突发传染病不断出现。近十几年来，全球先后遭遇2003年非典疫情、2008年登革热疫情、2009年H1N1流感疫情、2014年埃博拉出血热疫情等，给世界各国民众健康和经济社会造成巨大损失。同时，外来物种入侵造成遗传多样性丧失、生态环境破坏等问题也不断加剧。据统计，我国几乎所有生态系统都遭受了外来生物入侵，已确认的就有544种外来入侵生物，其中大面积发生、危害严重的达100多种。此外，生物武器研发屡禁不止，生物战的威胁依然存在。2001年美国的炭疽事件，因涉嫌生物恐怖袭击，虽然只有22例患者、5例死亡，但仅接受预防性治疗的就达3万多人，对经济造成的损失无法估计。这些事实一再证明，生物安全的篱笆不扎好，造成生物安全风险的"黑天鹅"就会以意想不到的方式突然袭来，严重威胁国家安全和社会稳定。

生物安全的保障从根本上考验着人与自然关系的处理，在人与自然之间进行物质变化时究竟该如何把握合理的界限？毋庸置疑的是，自然是人类存在和发展的基础。人类在改造自然的过程中，必须学会尊重自然，把握好与自然相处时的合理界限，自然是人类的无机身体，不能将自然当作工具予取予求，更不能因为对利润的无限追逐而肆意地抛弃"尺度"；必须通过理性的劳动实践，去协调人与自然的关系，实现人与自然的和谐发展。否则，人类将会面临深刻的生存危机，甚至是灭顶之灾。

【课堂讨论】人与自然之间究竟应当是怎样的关系？

专题小结

思维和存在的关系问题是哲学的基本问题。根据二者何为第一性的问题，划分了唯物主义和唯心主义两大基本派别。物质范畴是辩证唯物主义世界观的基石，是马克思主义最基本的哲学概念之一。马克思主义的辩证唯物主义从实践、现实的人的感性活动出发，实现了哲学史的革命，实现了自然观和历史观的统一，对世界的统一性的基础问题作了彻底的唯物主义的回答。马克思主义认为，意识是实践的、社会性的产物，是物质世界发展到一定阶段的产物，是人脑的机能和属性，是客观世界的主观映象。意识产生后，又对于物质世界具有能动的反作用，而这种反作用受到客观世界的规律性的制约、受制于人类实践的发展水平。总之，马克思主义哲学把科学的实践观引入哲学，既指出了实践的自觉能动性和客观物质性，又指出了实践沟通自然与社会的"中介性"，把自然界的物质统一性和人类社会历史的物质统一性统一起来，消除了"物质的自然"与"精神的历史"的对立，克服了旧唯物主义物质观的不彻底性，科学地解决了自然与社会的物质统一性问题，完整地、彻底地说明了世界的物质统一性。总之，真实的世界是物质的世界，人类社会的物质性主要是通过人类的实践活动表现出来的，意识是这种物质运动的表现和结果。那么，真实的世界其存在状况又是怎样的呢？这是下一个专题要重点讨论的内容。

延伸阅读

1. 列宁专题文集：论辩证唯物主义和历史唯物主义［M］. 北京：人民出版社，2009.

2. 马克思. 关于费尔巴哈的提纲［M］//马克思恩格斯文集（第1卷）. 北京：人民出版社，2009.

3. 恩格斯. 路德维希·费尔巴哈和德国古典哲学的终结［M］//马克思恩格斯文集（第4卷）. 北京：人民出版社，2009.

4. 习近平. 辩证唯物主义是中国共产党人的世界观和方法论［J］. 求是，2019（1）.

思 考 题

1. 如何理解马克思主义的物质范畴及其理论意义。
2. 如何理解全部社会生活在本质上是实践的。
3. 如何理解意识的本质及其能动作用。
4. 试述世界的物质统一性原理及其意义。

（撰写人：马凤阳）

专题四 世界是如何存在的?

一、教学目的与要求

(一) 知识目标

1. 认识世界的普遍联系和永恒发展。
2. 了解联系和发展的基本环节。
3. 把握联系和发展的基本规律。

(二) 能力目标

1. 学会如何运用联系和发展的观点看问题。
2. 善于运用"矛盾分析法"去分析和解决实际问题。
3. 提高运用辩证法基本环节和规律处理问题的能力。

(三) 情感和价值观目标

1. 树立唯物辩证法是正确世界观和方法论的信念。
2. 反对唯心主义、形而上学等各种错误观点。
3. 把唯物辩证法内化于心、外化于行。

二、针对的学生主要思想困惑

1. 人能否为自然界立法?

2. 辩证法和形而上学的主要分歧是什么？

三、针对的错误思潮与模糊认识

1. 辩证法就是诡辩论。

2. 形而上学即哲学。

四、教学难点重点

1. 用联系和发展的观点看问题。

2. 把握对立统一规律及方法论意义。

3. 了解量变质变规律、否定之否定规律及方法论意义。

五、教学时数

3 课时

授课导入

真实的世界本质上是物质的世界，那么，这种物质的世界其存在状况又是怎样的呢？换一句话说，世界万物是相互联系还是彼此孤立的，是运动变化还是静止不动的，是有规律的还是杂乱无章的？如果有规律，那么，基本规律有哪些呢？这些规律是客观的还是人为造成的？

对世界真善美的探求是人类文化发展的内部动力。人类的文化就是以不同的方式认识世界、把握世界，寻求世界的真相，追求真善美。从这个意义上说，艺术、哲学、常识、宗教、科学都在描绘世界图景，表达人们对世界的理解，但不同的文化形式，其表达方式是不同的。其中，哲学是思维的高级形式，是用理性的、抽象的方式把握世界，用概念描绘世界的图景。那么，唯物辩证法是用怎样的思维把握世界的呢？又是用什么样的概念、思想解释世界呢？这样的哲学会把我们带入怎样的意义世界？带着这样的问题，我们开始本专题的学习。

【课堂讨论】如何看待康德"人为自然立法"的观点？

西方哲学史上有一场"哥白尼式的革命"，这就是 18 世纪德国哲学家康德提出的著名命题"人为自然立法"。在康德看来，传统的认识论遵循的都是用主观去符合客观的办法，预设了一个先天的、等待我们去认识的客观世界。但是，在他看来，认识的过程实际上是用我们的主观思维去规划这个世界，从而获得关于世界的认识的过程。换句话说，不是先有客观世界，我们去认识它，而是先有一个认识主体，由他/她去认识、规划和改造世界。你如何评价这种观点呢？

【教师讲解】康德的这一思想凸显了人在认识过程中的主体性作用，强调了人的能动性和创造性，但是忽视了一个基本的问题，即如果事物之间本来没有联系，那么人为自然立法就变成了一厢情愿、天方夜谭。唯物辩证法认为，世界上的事物之间本来就存在各种各样的联系，然后才会有人作为实践主体对这种客观联系的认识和揭示，人类正是在这一过程中不断进步的。"人为自然立法"的观点虽有偏颇之处，但也有其一定的合理性，反映了人们主动认识和改造世界、创造美好生活的愿望。

一、世界的普遍联系和永恒发展

唯物辩证法认为，世界上的万事万物都处于普遍联系之中，普遍联系引起事物的永恒发展。联系和发展的观点是唯物辩证法的总观点和总特征。唯物辩证法之所以是正确的世界观和方法论，就因为它正确地反映了现实世界的真实状况。

（一）事物的普遍联系

恩格斯在谈到事物普遍联系的"辩证图景"时指出：

当我们通过思维来考察自然界或人类历史或我们自己的精神活动的时候，首先呈现在我们眼前的，是一幅由种种联系和相互作用无穷无尽地交织起来的画面。①

1. 联系及联系的特点

所谓联系，就是指事物内部各要素之间和事物之间相互影响、相互制约、相互作用的关系。联系具有以下特点。

第一，联系具有客观性。唯物辩证法认为，世界上没有孤立存在的事物，每一种事物都是在与其他事物的联系之中存在的。事物的联系是事物本身所固有的，不是主观臆想的，因而是客观的。联系的客观性要求人们从客观事物本身固有的联系出发去认识事物。现实生活中，有些人把"4"和"死"联系起来，忌讳说"4"，就是没有任何客观根据的主观想象，这是我们要坚决反对的。唯心主义的错误就是否定了联系的客观性，随心所欲地"制造"各种联系，抹杀了事物之间真实的关系。

第二，联系具有普遍性。它有三层含义。其一，任何事物内部的不同部分和要素之间都是相互联系的。其二，任何事物都不能孤立存在，都同其他事物处于一定的联系之中。其三，整个世界是相互联系的统一整体。从无机界到有机界，从自然界到人类社会，任何事物都处在普遍联系、交互作用之中。任何事物都是统一的联系之网上的一个网结，"我"是在与"你""他""她""它"的联系和比较中建立起来的。即使看起来风马牛不相及的事物，在特定情况下也会建立起各种各样的联系。形而上学往往就看不到联系的普遍性，总是用孤立的眼光看问题，因而陷入各种泥潭。

第三，联系具有多样性。世界上的事物是多样的，事物之间的联系也是多样的。事物联系的主要方式有直接联系与间接联系、内部联系与外部联系、本质联系与非本质联系、必然联系与偶然联系等。不同的联系构成事物内部和事物之间的存在状态和发展趋势。联系的多样性要求我们，要尽量做到多角度、多层面看问题，避免简单看问题的"线性思维"方法，克服形而上学的局限性。

第四，联系具有条件性。条件是对事物存在和发展发生作用的诸要素

---

① 马克思恩格斯文集（第3卷）[M]．北京：人民出版社，2009：538.

专题四　世界是如何存在的？

的总和。条件改变，联系自然就会发生改变。在现实生活中，不同的条件对事物发展和人的活动会有支持或制约的作用，因而，我们可以通过改变条件来改变事物之间的联系。人在条件面前不是消极无为的，但又不能主观随意地改变和创造条件，必须尊重事物发展的客观规律，不能强行去改变事物存在和发展的条件，否则就是揠苗助长。在实际工作中，我们要注意善于寻找和发现事物存在的条件，有时要充分利用有利条件，有时又要化不利条件为有利条件，从而促进事物的发展。诡辩论的错误之一，就是看不到事物的条件性，看不到变中有不变的因素，随心所欲，为所欲为，主观上想怎么变就怎么变。这种思维方式往往到处碰壁造成各种损失，所以必须尽力避免和克服这种错误。

2. 如何用联系的眼光看问题

联系及联系的特点要求我们要用联系的观点看问题，而联系的观点是唯物辩证法的总特征、总观点之一。那么，如何用联系的观点看问题呢？第一，要把握联系的各种特点。在认识和把握事物时要善于看到事物联系的客观性、普遍性、条件性、多样性、因果性和辩证性等，努力在事物的全面联系中完整地把握事物。第二，反对用唯心主义、形而上学和诡辩论的观点去看问题。唯心主义否定联系的客观性，用主观的联系代替客观的联系；形而上学否定联系的多样性和辩证性；诡辩论则否认联系的条件性。它们都是在理论上错误、在现实中导致挫折和失败的观点，因而是我们要反对的错误观点。第三，用系统论的观点来观察世界，看到世界是由大大小小的系统所组成的联系。在现实生活中，我们不能孤立地看问题，而是要善于分析事物的具体联系，确立整体性、开放性观念，从动态中和联系中考察事物。

（二）事物的永恒发展

事物的相互联系包含事物的相互作用，而相互作用必然导致事物的运动、变化和发展。

1. 发展及发展的实质

所谓发展，就是前进的、上升的运动。发展的实质是新事物的产生和旧事物的灭亡。其中，新事物是指合乎历史前进方向、具有远大前途的东西，旧事物是指丧失历史必然性、日趋灭亡的东西。新事物是不可战胜的，理由有三：

第一，就新事物与环境的关系而言，新事物之所以新，是因为有新的要素、结构和功能，它适应已经变化了的环境和条件；旧事物之所以旧，是因为它的各种要素和功能已经不适应环境和客观条件的变化，走向灭亡就成为不可避免的。

第二，就新事物与旧事物的关系而言，新事物是在旧事物的"母体"中孕育成熟的，它既否定了旧事物中消极腐朽的东西，又保留了旧事物中合理的、适应新条件的因素，并添加了旧事物所不能容纳的新内容。正因为如此，新事物才在本质上优越于旧事物、具有强大的生命力。

第三，在社会历史领域，新事物是社会上先进的、富有创造力的人们创造性活动的产物，它从根本上符合人民群众的利益和要求，能够得到人民群众的拥护，因而必然战胜旧事物。尤其在社会急剧变革时期，新事物战胜旧事物表现得特别明显。

事物的发展是一个过程，只有经过一定的过程，事物才能实现自身的发展。恩格斯说："世界不是既成事物的集合体，而是过程的集合体。"① 事物发展的过程，从形式上看，是事物在时间上的持续性和空间上的广延性的交替；从内容上看，是事物在运动形式、形态、结构、功能和关系上的更新。自然界是不断发展变化的，人类社会的发展也同样如此。

【案例点击】 被英国培训教材选入的两个决策失误

在英国历史上曾经有过这样两个决策失误，在今天看来似乎有些可笑，但却发人深思。一个是否决将电力引进千家万户，另一个是否决将煤气引进千家万户。在反对者看来，电力和煤气虽然可以方便人们的日常生活，但它们本身都有很大的风险。如果全英国普及用电，电插头的杀伤力就相当于给每一个英国人发了一把枪；如果每家都使用煤气，就相当于放

---

① 马克思恩格斯文集（第4卷）[M]．北京：人民出版社，2009：298.

了无数个巨大的炸药包。就这样，英国上议院连续几次表决就是不同意在伦敦及整个英国普及使用电力和煤气。

这两个决策失误后来被收进英国决策学的培训教材。教材上还写下了这样一段话：任何一个新生事物，都会出现利害两种可能。我们切不可用消极的心态对待新生事物，更不能夸大危害，把自己吓倒。

2. 如何用发展的眼光看问题

发展及发展的实质要求人们要用发展的眼光看问题，发展的观点也是唯物辩证法的总特征、总观点之一。马克思主义的发展观告诉我们，要坚持正确的发展观就要做到以下几点：第一，要区分新事物和旧事物，积极支持或扶持新事物的成长。第二，要如实地反映事物的发展变化，反对用静止的观点看问题。要用历史的和动态的眼光看问题，不能把事物看成是僵死不变的，要通过分析事物的过去、现在和未来，去处理好昨天、今天和明天的关系。第三，要把握事物所处的阶段和地位。任何事物的出现都只是一个过程，有其过去、现在、未来的历史，在不同的阶段有不同的特点，我们要根据事物所处的阶段和地位来确定自己对待它的态度。第四，要与时俱进，培养自己的创新精神。坚持发展的观点，就要跟上时代的步伐，与时俱进，不断创新和进取，积极推动事物的发展。创新是一个民族进步的灵魂，是一个国家兴旺发达的不竭动力，也是一个政党永葆生机的源泉。

【案例点击】从两位诺贝尔医学奖获得者思考如何推动事物的发展

2005年的诺贝尔医学奖授予了澳大利亚科学家罗宾·沃伦和巴里·马歇尔，以表彰他们于1982年共同发现的导致胃溃疡和消化性溃疡的幽门螺旋杆菌。此前的100多年里，医学教科书都明确地写着，胃里不可能有任何东西生长，老师向学生传授的都是这种理论。然而，罗宾和巴里在实践中却发现，在一些切除活组织的溃疡病人中，约有半数人的胃下部有小小的弯曲细菌寄生，因而他们对传统教科书的论断产生了怀疑。为了验证他们提出的细菌致病理论，巴里甚至自己服用了包含幽门螺旋杆菌的混合物。一周后，他患上了严重的胃病，实验室检验和活组织检查都证明，他已被这种疑团细菌感染，并已出现胃炎症状。巴里服用了铋和抗生素混合物，根除了这种细菌感染，恢复了健康。

【课堂讨论】 这个案例对你有怎样的启示？我们应当如何推动事物的发展？

二、联系和发展的基本环节

世界万物是普遍联系和永恒发展的，而作为事物联系和发展基本环节的原因和结果、内容和形式、本质和现象、必然和偶然、现实和可能等，就是事物联系和发展的重要实现形式。

（一）内容与形式

1. 内容、形式及辩证关系

内容与形式是从构成要素和表现方式上反映事物的一对基本范畴。内容指构成事物的一切要素的总和，形式指把诸要素统一起来的结构或表现内容的方式。

任何事物都是内容与形式的统一。一方面，内容是事物存在的基础，对形式具有决定作用。有什么样的内容，就有什么样的形式；内容发生了变化，其形式也要发生相应的变化。另一方面，形式对内容具有反作用。适合内容的形式，对内容的发展起积极的推动作用；不适合内容的形式，对内容的发展起消极的阻碍作用。形式对内容的反作用表明，形式具有相对独立性，这种相对独立性使得在内容与形式的关系中，同一内容可以通过多种形式来体现。

2. 内容和形式辩证关系的意义

内容与形式的关系告诉我们，在日常的生活和认识中，一方面，要注重事物的内容，反对忽视内容、夸大形式作用的形式主义；另一方面，又要注意利用合适的形式去促进内容的发展，不能忽视形式对内容的能动促进作用。

(二) 本质与现象

1. 本质、现象及辩证关系

本质与现象是揭示事物内在联系和外在表现的一对范畴。本质是事物的根本性质,是构成事物的诸要素之间的内在联系。现象是事物的外部联系和表面特征,是事物本质的外在表现。现象可以区分为真象和假象。

本质与现象是相互区别的。本质是一般的、普遍的,现象是个别的、具体的;本质是相对稳定的,现象是多变易逝的;本质深藏于事物的内部,只有通过理性思维才能把握,而现象则是表面、外显的,可以直接为人的感官所感知。

本质与现象又是相互依存的。本质决定现象,本质总是通过一定的现象表现自己的存在;现象表现本质,现象的存在和变化归根结底依赖于本质。不表现为现象的本质和不表现本质的现象都是不存在的。

2. 本质和现象辩证关系的意义

本质和现象的关系告诉我们,在面对和认识事物的过程中,要注意区分真象和假象,要善于透过现象把握本质。为此,必须掌握大量的现象,再通过理论分析去粗取精、去伪存真、由此及彼、由表及里,逐渐达到对事物本质的认识。

(三) 原因与结果

1. 原因、结果及辩证关系

原因与结果是揭示事物引起和被引起关系的一对范畴。在事物的普遍联系中,引起某种现象的现象就是原因,被某种现象所引起的现象就是结果。

原因与结果是相互区别的。在一个具体的因果联系中,原因就是原因,结果就是结果,原因在前,结果在后,二者不能混淆和颠倒。如果"倒因为果"或者"倒果为因",就会歪曲事实,得出荒谬的结论。

原因与结果是相互依存和相互转化的。在事物因果联系的长链中,任何原因都必然引起一定的结果,没有"无果之因";任何结果都是由一定的原因引起的,没有"无因之果";一种现象在一种联系中是原因,在另一种联系中则是结果,反之亦然。

2. 原因和结果辩证关系的意义

原因与结果的辩证关系告诉我们,只有全面把握事物的因果关系,才能通过努力,想方设法消除不利的原因,使因果关系运动朝着有利于人的发展的方向运行,达到我们所需要的结果。

(四) 必然与偶然

1. 必然、偶然及辩证关系

必然与偶然是揭示事物产生、发展和衰亡过程中的不同趋势的一对范畴。必然是指事物联系与发展中确定不移的趋势,在一定条件下具有不可避免性。偶然是指事物联系与发展中不确定的趋势。事物的发展既包含必然的方面,也包含偶然的方面。

必然与偶然相互依存。一方面,没有脱离偶然的必然。必然总是伴随着偶然,通过偶然表现出来,并为自己开辟道路。另一方面,没有脱离必然的偶然。在似乎是偶然起支配作用的地方,实际上是必然起着决定性作用,并制约着偶然的作用形式及其变化。

必然与偶然相互转化。相对于某一过程来说是必然的东西,对另一过程就可能成为偶然的东西,反之亦然。在事物的产生、发展和衰亡的过程中,包含有必然性因素和偶然性因素的相互转化。例如在生物进化中,某个基因变异会导致新物种的产生,这是偶然转化为必然;旧物种的基本性状在新物种中表现为返祖现象,这是必然转化为偶然。

2. 必然和偶然辩证关系的意义

必然与偶然的关系告诉我们,在认识和实践中,必须注意寻找和发现事物发展的必然规律和发展趋势,以此为依据制定目标和计划,同时也要充分估计各种偶然因素的作用,善于敏锐地识别和把握机遇,在实践中达到预期的目标。

（五）现实与可能

1. 现实、可能及辩证关系

现实与可能是反映事物的过去、现在和将来关系的一对范畴。现实是指相互联系着的实际存在的事物的综合。可能是指包含在事物中、预示事物发展前途的种种趋势，是潜在的尚未实现的东西。

现实与可能相互区别。可能不等于现实，现实已经不是可能。现实是当下的客观存在，标志着事物的当前状况；可能是事物潜在的趋势，标志着事物的发展方向。

现实与可能相互转化。一方面，现实蕴藏着未来的发展方向，会不断产生出新的可能；另一方面，可能包含着发展成为现实的因素和根据，一旦主客观条件成熟，可能就会转化为现实。发展就是现实与可能相互转化的过程。

2. 现实和可能辩证关系的意义

现实与可能的辩证关系告诉我们，在现实生活中，一方面要立足现实，对可能性做全面的分析和预判；另一方面又要着眼长远，防止坏的可能变为现实，同时善于创造条件，促使好的可能获得实现。

【课后作业】采取小组讨论的形式，利用唯物辩证法的五个环节分析你所感兴趣的一个新闻事件或身边发生的一件事。

三、对立统一规律是事物发展的根本规律

事物的联系和发展是有规律的，事物联系和发展的基本规律主要有三个：对立统一规律、质量互变规律和否定之否定规律。这些规律既体现了事物联系和发展的内在源泉和动力，又体现了事物联系和发展的表现形式、方向和道路，是事物联系和发展更重要的实现形式。其中，对立统一规律是唯物辩证法的实质和核心。因为它揭示了事物普遍联系的根本内容和变化发展的内在动力，从根本上回答了事物为什么会发展的问题；它是贯穿于量变质变规律、否定之否定规律以及唯物辩证法基本范畴的中心线索，也是理解这些规律和范畴的"钥匙"；它还提供了人们认识世界和改

造世界的根本方法——矛盾分析方法；最后，是否承认对立统一规律，还是辩证法和形而上学的主要分歧所在。因此，在认识世界和改造世界的过程中，自觉坚持和正确运用对立统一规律是十分重要的。

【课堂讨论】什么是矛盾？同学们平时怎样使用"矛盾"这个词？现实生活中，你能举出哪些"矛盾"的概念、词语和思想？

【教师讲解】要正确把握对立统一规律，首先需要正确理解唯物辩证法的矛盾概念。在古希腊，人们把论证和分析命题中的矛盾，以及在谈话中揭露对方论断中的矛盾，并克服矛盾以求得真正的方法叫作辩证法。需要注意的是，这里所说的矛盾不是通常所说的语法或逻辑上的矛盾，例如，一个理发师说"我能为所有的人理发"这句话就包含矛盾和语病。这些矛盾，可以通过学习语法和形式逻辑来克服。但辩证法所说的矛盾是客观存在的辩证矛盾，是不可能抹杀的，它是事物固有的、反映事物内部相互对立的双方既斗争又同一的关系的哲学范畴。

（一）矛盾的同一性、斗争性及辩证关系和作用

1. 矛盾的同一性、斗争性及辩证关系

矛盾是反映事物内部和事物之间对立统一关系的哲学范畴。对立和统一分别体现了矛盾的两种基本属性。矛盾的对立属性又称斗争性，矛盾的统一属性又称同一性。

矛盾的同一性是指矛盾双方相互依存、相互贯通的性质和趋势，有两个方面的含义：一是矛盾着的对立面相互依存，互为存在的前提，并共处于统一体中；二是矛盾着的对立面相互贯通，在一定条件下可以相互转化。矛盾的斗争性是矛盾着的对立面相互排斥、相互分离的性质和趋势。由于矛盾的性质不同，矛盾的斗争形式也不同，对于多种多样的斗争形式，可以分为对抗性矛盾和非对抗性矛盾两种基本形式。

矛盾的同一性和斗争性相互联结、相辅相成。没有斗争性就没有同一性，没有同一性也没有斗争性，斗争性寓于同一性之中，同一性通过斗争性来体现。矛盾的同一性是有条件的、相对的，矛盾的斗争性是无条件

的、绝对的。矛盾的同一性和斗争性相结合，构成了事物的矛盾运动，推动着事物的变化发展。

2. 矛盾同一性和斗争性在事物发展中的作用

矛盾的同一性和斗争性在事物发展中具有重要作用。矛盾的同一性在事物发展中的作用表现在：第一，同一性是事物存在和发展的前提，在矛盾双方中，一方的发展以另一方的发展为条件，发展是在矛盾统一体中的发展。第二，同一性使矛盾双方相互吸取有利于自身的因素，在相互作用中各自得到发展。第三，同一性规定着事物转化的可能和发展的趋势。事物之所以能够转化，就是由于事物内部矛盾双方具有相互贯通的关系。同时，事物的发展方向和趋势也不是随意的，而是有规律地向自己的对立面转化。

矛盾的斗争性在事物发展中的作用表现在：第一，矛盾双方的斗争促进矛盾双方力量的变化，竞长争高、此消彼长，造成双方力量发展的不平衡，为对立面的转化、事物的质变创造条件。第二，在质变过程中，矛盾双方的斗争是一种矛盾统一体向另一种矛盾统一体过渡的决定力量。矛盾双方的相互排斥和否定促使旧的矛盾统一体破裂，新的矛盾统一体产生，旧事物发展为新事物。

在事物发展过程中，矛盾的同一性和斗争性相互结合，共同发生作用，但在不同条件下，二者所处的地位会有所不同。在一定的条件下，矛盾的斗争性可能处于主要方面，而在另外的条件下，矛盾的同一性又可能处于主要方面。

矛盾的同一性和斗争性原理的意义在于，在现实生活中，我们在认识事物时必须做到在同一中看到斗争、在斗争中看到同一，做到"和而不同"、包容异己，反对独断专行和一意孤行。

【课后思考】请运用矛盾同一性与斗争性的关系原理分析构建社会主义和谐社会的必要性和可能性。

（二）矛盾的普遍性和特殊性及其相互关系

1. 矛盾的普遍性、特殊性及意义

矛盾的普遍性是指矛盾存在于一切事物中，存在于一切事物发展过程的始终，旧的矛盾解决了，新的矛盾又产生，事物始终在矛盾中运动。我们所熟悉的"矛盾无处不在，矛盾无时不有"，就是对矛盾的普遍性的形象表述。矛盾的普遍性告诉我们，要敢于承认矛盾而不是回避矛盾，学会运用矛盾分析法去解决问题。

矛盾的特殊性是指各个具体事物的矛盾、每一个矛盾的各个方面在发展的不同阶段各有其特点。矛盾的特殊性决定了事物的不同性质。只有具体分析矛盾的特殊性，才能认清事物的本质和发展规律，并采取正确的方法和措施去解决矛盾，推动事物的发展。矛盾特殊性告诉我们，要学会"具体问题具体分析"，这是马克思主义活的灵魂！

2. 主要矛盾和矛盾的主要方面及意义

事物是由多种矛盾构成的。主要矛盾是矛盾体系中处于支配地位、对事物发展起决定作用的矛盾。次要矛盾是矛盾体系中处于从属地位、对事物的发展起次要作用的矛盾。事物的发展总方向、总趋势是由主要矛盾所决定。不仅如此，在每一对矛盾中，有一方处于支配地位，起着主导作用，这是矛盾的主要方面，处于被支配一方的则是矛盾的次要方面。事物的性质是由主要矛盾的主要方面所规定的。这也是矛盾特殊性的一种表现。

【案例点击】

1. "九方皋相马"的故事

古代秦王接受伯乐的提议派九方皋去寻找"千里马"，并不时地派人去了解情况，回来的人说九方皋连公马、母马、马的颜色都说不清楚。伯乐对秦王说，这正是他比我高明的地方，九方皋把主要精力集中在决定千里马的关键因素上，而不是放在如公马、母马、马的颜色等这些微不足道的细枝末节上。果然，不久九方皋就为秦王找到了千里马。

2. "各打五十大板"的故事

古代有个糊涂县官，在一次"偷盗事件"中，认为"窃贼"偷了别人的东西有罪，而"被窃者"没看管好自己的东西也有责任，于是，各打五十大板结案。

专题四　世界是如何存在的？

3. 坚决打赢疫情防控阻击战——加强重点地区疫情防控

只有集中力量把重点地区的疫情控制住了，才能从根本上尽快扭转全国疫情蔓延局面。要重点抓好防治力量的区域统筹，坚决把救治资源和防护资源集中到抗击疫情第一线，优先满足一线医护人员和救治病人需要。湖北省特别是武汉市仍然是全国疫情防控的重中之重，其他地方的患者也大多有湖北接触史。稳住了湖北疫情，就稳定了全国大局。①

【案例评析】在"九方皋相马"的故事中，九方皋正是善于抓主要矛盾（关键因素）才很快找到了千里马，而不是把主要精力放在次要矛盾（次要因素）上，因为主要矛盾（关键因素）决定着是不是千里马的特征。在"各打五十大板"的故事中，县官显然没有弄清楚"盗窃事件"的性质，罪犯应该是"窃贼"，因为窃贼是矛盾的主要方面。至于被窃者也有"责任"，那是另一个性质的问题，窃贼的偷盗行为决定了盗窃事件的性质。在"坚决打赢疫情防控阻击战"中，党中央加强了重点地区疫情防控，抓住了主要矛盾，稳住了湖北和武汉疫情，就稳住了全国大局。中国的"疫情防控"为世界做出了表率。

知识链接

毛泽东关于抓住主要矛盾的论述

研究任何过程，如果是存在着两个以上矛盾的复杂过程的话，就要用全力找出它的主要矛盾。捉住了这个主要矛盾，一切问题就迎刃而解了。这是马克思研究资本主义社会告诉我们的方法。列宁和斯大林研究帝国主义和资本主义总危机的时候，列宁和斯大林研究苏联经济的时候，也告诉了这种方法。万千的学问家和实行家，不懂得这种方法，结果如堕烟海，找不到中心，也就找不到解决矛盾的方法。②

---

① 习近平. 在中央政治局常委会会议研究应对新冠肺炎疫情工作时的讲话[J]. 求是，2020 (4).
② 毛泽东选集（第1卷）[M]. 北京：人民出版社，1991：322.

理解主要矛盾和次要矛盾、矛盾的主要方面和次要方面的辩证关系，我们在实际工作中，就要注意坚持"两点论"和"重点论"的统一。"两点论"是指在分析事物的矛盾时，不仅要看到矛盾双方的对立，而且要看到矛盾双方的统一；不仅要看到矛盾体系中存在主要矛盾、矛盾的主要方面，而且要看到次要矛盾、矛盾的次要方面。"重点论"是指要着重把握主要矛盾、矛盾的主要方面，并以此作为解决问题的出发点。"两点论"和"重点论"的统一要求我们，看问题既要全面地看，又要看主流、大势、发展趋势。

3. 矛盾普遍性和特殊性的辩证关系及意义

矛盾的普遍性和特殊性是辩证统一的关系。矛盾的普遍性即矛盾的共性，矛盾的特殊性即矛盾的个性。矛盾的共性是无条件的、绝对的，矛盾的个性是有条件的、相对的。任何现实存在的事物的矛盾都是共性和个性的有机统一，共性寓于个性之中，没有离开个性的共性，也没有离开共性的个性。矛盾的共性和个性、绝对和相对的道理，是关于事物矛盾问题的精髓，是正确理解矛盾学说的关键，不懂得它，就不能真正掌握唯物辩证法。

【案例点击】"白马非马"的论辩

有一天，公孙龙牵着一匹白马要到关外去，守城士兵根据上面的命令，不让把马牵出城外（怕马流失关外），公孙龙说"白马非马"，守城士兵辩论不过他只好放行。

【案例评析】"白马非马"看到了个别和一般的区别，是有意义的，也有一定道理；但是，其错误在于否定了个别和一般的联系，看不到个别包含一般的道理，就成了诡辩。

矛盾的普遍性和特殊性辩证关系的原理是马克思主义普遍真理同各国具体实际相结合的哲学基础。中国共产党坚持把马克思主义普遍真理与中国具体实际结合起来，在推进马克思主义中国化的进程中不断取得革命、建设和改革的新的胜利。

四、量变质变规律和否定之否定规律

（一）量变质变规律

在矛盾的推动下，事物的矛盾运动表现为量变与质变相互转化的过程。量变与质变的相互作用、相互转化构成量变质变规律。

1. 质、量、度及意义

事物包括质、量、度三方面的规定性。质是一事物区别于其他事物的内在规定性，认识它是认识事物的出发点和基础。量是事物的规模、程度、速度等可以用数量关系表示的规定性，认识"量"是认识事物的深化和精确化。事物的量和质是统一的，量和质的统一在度中得到体现。度是保持事物质的稳定性的数量界限，即事物的限度、幅度和范围，度的两端叫关节点或临界点，超出度的范围，此物就转化为他物。只有认识了度才能完整全面地把握事物，所谓"胸有成竹、胸中有数"就是指这种情况。度这一哲学范畴启示我们，在认识和处理问题时要掌握适度原则。

2. 量变和质变

量变是事物数量的增减和组成要素排列次序的变动，是保持事物的质的相对稳定性的不显著变化，体现了事物发展渐进过程的连续性。质变是事物性质的根本变化，是事物由一种质态向另一种质态的飞跃，体现了事物发展渐进过程和连续性的中断。

3. 量变和质变的辩证关系及意义

量变和质变的辩证关系是：第一，量变是质变的必要准备。任何事物的变化都有一个量变的积累过程，没有量变的积累，质变就不会发生。第二，质变是量变的必然结果。单纯的量变不会永远持续下去，量变达到一定程度必然引起质变。第三，量变和质变是相互渗透的。一方面，在总的量变过程中有阶段性和局部性的部分质变；另一方面，在质变过程中也有旧质在量上的收缩和新质在量上的扩张。量变和质变是相互依存、相互贯通的，量变引起质变，在新质的基础上，事物又开始新的量变，如此交替循环，构成事物的发展过程。量变质变规律体现了事物发展的渐进性和飞跃性的统一。

【案例点击】王国维论人生的"三种境界"

国学大师王国维认为，古今能成大事业、大学问者必经三种人生境界，他用三首词中的各一句话来论述这三种境界：第一句："昨夜西风凋碧树，独上高楼，望尽天涯路。"第二句："衣带渐宽终不悔，为伊消得人憔悴。"第三句："众里寻他千百度，蓦然回首，那人却在，灯火阑珊处。"

【案例评析】王国维论述的"人生三境界"何尝不是对"量变质变规律"进行的有效说明：首先，树立远大理想。这是人生的第一个境界，能成就事业的人要有"质变"的眼光和理想。其次，为实现理想添砖加瓦。这是人生的第二个境界，想实现理想就要努力奋斗，脚踏实地进行量的积累，因为量变是质变的必要准备。最后，享受成功的喜悦。这是人生的第三个境界，经过自己的刻苦努力，理想终将得到实现，因为质变是量变的必然结果。

量变质变规律告诉我们，凡事都要注重量的积累，当量的积累达到一定程度时就要敢于推动事物的质变。一方面，要有远大的奋斗目标；另一方面，又要做艰苦的准备，把革命理想和艰苦努力结合起来。

（二）否定之否定规律

否定之否定规律是说，在矛盾的推动下，事物的发展变化呈现为肯定和否定交替循环的过程。任何事物内部都存在肯定因素和否定因素两个方面。肯定因素是维持现存事物存在的因素，否定因素是促使现存事物灭亡的因素。

1. 辩证的否定观及意义

必须注意，唯物辩证法所说的否定不是机械地全盘否定，而是一种辩证否定，是一种包含肯定的否定。辩证法否定观的基本内容是：第一，否定是事物的自我否定，是事物内部矛盾运动的结果。第二，否定是事物发展的环节，是旧事物向新事物的转变，是从旧质到新质的飞跃。只有经过否定，旧事物才能向新事物转变。第三，否定是新旧事物联系的环节，新事物孕育产生于旧事物，新旧事物是通过否定环节联系起来的。第四，辩证否定的实质是"扬弃"，即新事物对旧事物既批判又继承，既克服其消极因素又保留其积极因素。辩证否定观要求我们：在对待历史遗产上既要反对复古主义，也要反对历史虚无主义；在对待外国文化上既要反对照搬照抄、崇洋媚外，又要反对闭关自守、排外主义。"取其精华、去其糟粕"是唯一正确的态度。

【案例点击】

1. 习近平指出，"传承中华文化，绝不是简单复古，也不是盲目排外，而是古为今用，洋为中用，辩证取舍、推陈出新，摒弃消极因素，继承积极思想，'以古人之规矩，开自己之生面'，实现中华文化的创造性转化和创新性发展。"①

2. 十月革命后，苏俄出现了一个"无产阶级文化派"。他们的诗人写道："为了我们的明天，我们将拉斐尔火葬，我们要把博物馆破坏，我们将艺术的花朵加以摧残。"他们主张建立无产阶级自己的几何学、代数学、天文学，建议把沙皇时代的铁路全部挖掉，修建无产阶级自己的铁路。

与他们的思路相反，列宁认为，只有利用资本主义文化因素才能建设社会主义。他提出这样一个公式："乐于吸取外国的东西：苏维埃政权＋普鲁士的铁路秩序＋美国的技术和托拉斯组织＋美国的国民教育等等等等＋＋……＝社会主义。"②

【课堂讨论】 如何看待上述观点？你认为应当如何对待传统文化？

2. 事物发展是前进性和曲折性的统一

否定之否定规律揭示了事物的发展是前进性和曲折性的统一。前进性是指事物发展的总方向、总趋势是前进的、上升的，曲折性是指事物发展的具体道路又是迂回曲折的，"前途光明、道路曲折"是这一规律的生动

---

① 习近平. 在文艺工作座谈会上的讲话［M］. 北京：人民出版社，2015.
② 列宁专题文集：论社会主义［M］. 北京：人民出版社，2009：381.

写照。事物发展之所以具有前进性，主要是因为事物发展体现了新事物对旧事物的否定是一个"扬弃"的过程；事物发展之所以具有曲折性，主要是因为新事物对旧事物的否定具有"重复性"特点，有时甚至还有暂时的倒退性。事物发展中前进性和曲折性的统一，使得事物发展呈现出螺旋式上升或波浪式前进的过程。

否定之否定规律要求我们树立辩证的否定观，既要看到事物的前进性又要看到曲折性，既不能简单地肯定一切，也不能简单地否定一切。它还告诉我们既要坚定自己的理想，因为前途是光明的；又要做好迎接各种困难的准备，因为事物发展的具体道路又是曲折的。

专题小结

在本专题中，我们学习了辩证法的基本内容，包括"一个核心""两个总特征""三个基本规律""五对基本范畴"等。辩证法就是用联系的、发展的、矛盾（全面）的眼光看问题；形而上学则是用孤立的、静止的、无矛盾（片面）的眼光看问题。当然，古代意义上辩证法原指一种辩论的方法，如苏格拉底的"助产术"，形而上学则是指研究"超感觉经验"的哲学。这里所说的"辩证法"和"形而上学"是两种对立的思维方法和研究方法。学习和掌握本专题的基本内容，有助于我们从理论上把辩证法和形而上学区别开来，树立正确的和科学的世界观和方法论，在实践中更好地把握真实的世界，为认识和改造世界提供保证。唯物辩证法告诉我们，在现实生活中，既要用联系的、发展的、矛盾的、全面的眼光看问题，反对各种唯心主义、诡辩论和形而上学；还要解放思想、求真务实、实事求是、与时俱进、自信自强，并坚持理论和实践、主观和客观的辩证统一。我们初步掌握了唯物辩证法以后，就要运用它去认识世界和改造世界，那么，什么是唯物辩证法？应该怎样去理解唯物辩证法？如何运用唯物辩证法去把握真实的世界呢？请继续下一个专题的学习。

专题四 世界是如何存在的?

延伸阅读

1. 恩格斯. 反杜林论［M］//马克思恩格斯文集（第9卷）. 北京：人民出版社，2009.
2. 列宁. 谈谈辩证法问题［M］//列宁专题文集：论辩证唯物主义和历史唯物主义. 北京：人民出版社，2009.
3. 毛泽东. 矛盾论［M］//毛泽东选集（第1卷）. 北京：人民出版社，1991.
4. 习近平. 辩证唯物主义是中国共产党人的世界观和方法论［J］. 求是，2019（1）.

思考题

1. 简述联系和发展的基本原理及方法论意义是什么？
2. 如何理解对立统一规律是唯物辩证法的实质和核心？
3. 联系实际，思考矛盾同一性和斗争性辩证关系原理及其方法论意义。
4. 如何理解矛盾的普遍性和特殊性之间的关系原理及其方法论意义？
5. 试述质变和量变的内涵及辩证关系原理和方法论意义。
6. 试述辩证否定观及其方法论意义。

（撰写人：王艳秀）

专题五 怎样运用唯物辩证法认识世界和改造世界?

一、教学目的与要求

（一）知识目标

1. 了解唯物辩证法是科学的认识方法。
2. 把握辩证思维方法和现代科学思维方法的主要内容。
3. 深刻理解提高科学思维能力的具体内容。

（二）能力目标

1. 增强运用辩证思维方法和现代科学思维方法解决问题的能力。
2. 提高科学思维能力及处理问题的科学性、预见性、主动性和创造性。

（三）情感和价值观目标

1. 坚定唯物辩证法是科学认识方法的信念，与各种错误观点作斗争。
2. 运用唯物辩证法自觉投身于中国特色社会主义实践并成为合格人才。

二、针对的学生主要思想困惑

1. 唯物主义辩证法和唯心主义辩证法的主要区别是什么？
2. 为什么唯物辩证法是科学的认识方法？

专题五　怎样运用唯物辩证法认识世界和改造世界？

三、针对的错误思潮与模糊认识

1. 主观辩证法和客观辩证法就是一一对应关系。
2. 马克思主义思想方法的"过时论"和"无用论"。

四、教学重点难点

1. 唯物辩证法是科学的认识方法。
2. 辩证思维方法和现代科学思维方法。
3. 自觉运用辩证法不断提高科学思维能力。

五、教学时数

3 课时

授课导入

在专题四中，我们学习了真实的世界是如何存在的，了解了世界的普遍联系性和永恒发展，把握了联系和发展的基本环节和基本规律等。唯物辩证法就是对客观世界真实存在状况的正确反映，唯物辩证法的基本原理就是在这个基础上产生的。那么，我们应该如何利用这些原理去认识世界和改造世界呢？这就是本专题重点谈论的话题，即如何运用唯物辩证法把握真实的世界。

唯物辩证法是马克思主义哲学的重要组成部分，也是重要的思维方法。唯物辩证法也可以被理解为辩证思维，辩证思维是马克思主义思维方法的灵魂，也是我们在新时代攻坚克难的思维法宝。学习和掌握唯物辩证法基本原理，运用唯物辩证法分析和解决问题，不断增强辩证思维和现代科学思维方法，不断提高科学思维能力，可以使我们不断增强工作的科学性、预见性、主动性和创造性,将"小我融入大我",更好地促进自身成长,更好地服务于新时代中国特色社会主义建设。

一、唯物辩证法是科学的认识方法

恩格斯指出:"马克思的整个世界观不是教义,而是方法。它提供的不是现成的教条,而是进一步研究的出发点和供这种研究使用的方法。"① 唯物辩证法作为关于自然、社会和人类思维发展一般规律的科学,是人们认识世界和改造世界的根本方法。

(一)唯物辩证法是科学认识方法的缘由

1. 两种辩证法形态的提出

关于辩证法的两种形态的思想,是马克思率先提出来的。在《资本论》第一卷第 2 版跋中,马克思指出:

> 辩证法,在其神秘形式上,成了德国的时髦东西,因为它似乎使现存事物显得光彩。辩证法,在其合理形态上,引起资产阶级及其夸夸其谈的代言人的恼怒和恐怖,因为辩证法在对现存事物的肯定的理解中同时包含对现存事物的否定的理解,即对现存事物的必然灭亡的理解;辩证法对每一种既成的形式都是从不断的运动中,因而也是从它的暂时性方面去理解;辩证法不崇拜任何东西,按其本质来说,它是批判的和革命的。②

马克思认为,辩证法有两种形态,一种是辩证法的神秘形态,一种是辩证法的合理形态。辩证法的神秘形态主要是指黑格尔的唯心辩证法。它是通过玩弄概念为当时的普鲁士君主制度作辩护的,这部分可以归属于诡辩论。辩证法的合理形态是马克思主义的辩证法,是实践的、批判的、革命的辩证法。"实践的"是指唯物辩证法带有理论联系实际、实事求是的

---

① 马克思恩格斯文集(第 10 卷)[M]. 北京:人民出版社,2009:691.
② 马克思恩格斯文集(第 5 卷)[M]. 北京:人民出版社,2009:22.

专题五 怎样运用唯物辩证法认识世界和改造世界？

特征;"批判的"是指唯物辩证法是一种不满足于现状、有自己的理想和追求;"革命的"是指它是一种不断推进社会进步的辩证法。恩格斯说,"马克思的整个世界观不是教义,而是方法。它提供的不是现成的教条,而是进一步研究的出发点和供这种研究使用的方法",① 强调的就是唯物辩证法作为关于自然、社会和人类思维发展一般规律的科学,是人们认识世界和改造世界的根本方法,是主观辩证法和客观辩证法的统一。

2. 唯物辩证法是客观辩证法与主观辩证法的统一

所谓客观辩证法是指,客观事物的辩证运动即客观事物本身的辩证法。如前所述,客观世界本身是普遍联系、永恒发展的,矛盾是事物发展的动力,事物发展是量变和质变的辩证统一、是前进性和曲折性的辩证统一等,就是客观辩证法。所谓主观辩证法是指,人类认识和思维活动中的辩证法,即概念的辩证法。当这种概念的辩证法,不是从客观实际中提炼思想内容,而是纯粹从主观臆想或理论原则出发,去构建自己学说体系时,就是唯心主义辩证法,也可以叫神秘形式的辩证法。例如,古希腊柏拉图的辩证法和近代德国黑格尔的辩证法。唯物辩证法则是从客观辩证法出发,对事物客观辩证运动的真实反映,实事求是地提出辩证法的基本原则,如一个核心、两个总特征、反映联系和发展的基本环节和基本规律的各种原理等。所以,唯物辩证法是客观辩证法和主观辩证法的统一。尽管如此,主观辩证法与客观辩证法之间也并非一一对应关系,不能进行简单化和庸俗化的理解。

【案例点击】"沙漠绿色经济"库布其模式

库布其沙漠是距北京最近的沙漠,过去总面积为2115.67万亩,其中流动沙丘799.3万亩,横跨内蒙古自治区鄂尔多斯市杭锦旗、达拉特旗和准格尔旗,受影响人口约74万人。多年前,这片茫茫沙海被冠以"死亡之海"的称谓,寓意"不适宜人类生存和作物生长"。但是,在各级政府、沙区群众和亿利资源集团等企业的共同努力下,库布其成为世界上唯一被

---

① 马克思恩格斯文集（第10卷）[M].北京：人民出版社,2009：691.

整体治理的沙漠,不仅生态资源逐步增长,区域生态明显改善,沙区经济不断发展,而且成功创建了政府政策性支持、企业产业化投资、农牧民市场化参与、技术持续化创新的"沙漠绿色经济"模式。作为我国防沙治沙成功实践典型的"沙漠绿色经济"库布其模式,被写入由 190 多个国家代表共同起草并向全球发布的《鄂尔多斯宣言》。2019 年 2 月,美国国家航天局研究结果表明,全球从 2000 年到 2017 年新增的绿化面积中,约 1/4 来自中国,中国贡献比例居全球首位。①

【案例评析】 上述资料表明,之所以近年来我国的生态环境不断好转,原因就在于,我们在认识自然界辩证运动和客观规律的基础上,善于利用唯物辩证法作为科学指导,充分发挥主观能动性的作用,因地制宜,做到了一切从实际出发,具体问题具体分析,因而取得了治理沙化的巨大成就。

【课堂讨论】 上述案例对你有怎样的启示?

唯物辩证法既包括客观辩证法也包括主观辩证法,体现了唯物论、辩证法和认识论的统一。恩格斯说:"所谓的客观辩证法是在整个自然界中起支配作用的,而所谓的主观辩证法,即辩证的思维,不过是在自然界中到处发生作用的、对立中的运动的反映。"②

这清楚地表明,主观辩证法是客观辩证法在人的思维中的反映,客观辩证法与主观辩证法在本质上是统一的,在表现形式上却是不同的。总之,唯物辩证法是客观辩证法与主观辩证法的统一,正是由于这种统一,它才具有了科学性。

(二) 唯物辩证法是科学认识方法的主要体现

1. 唯物辩证法是伟大的认识工具

恩格斯曾经深刻地指出,唯物辩证法,作为马克思主义世界观和方法

---

① 杜文科. 中国防治荒漠化:把千年沙漠变成"绿洲" [EB/OL]. [2021-03-21]. http://grassland.china.com.cn/2019-06/19/content_40790814.html.
② 马克思恩格斯文集(第 9 卷)[M]. 北京:人民出版社,2009:470.

专题五　怎样运用唯物辩证法认识世界和改造世界？

论的核心内容，具有超越时空的特点。他认为，"自然科学家尽管可以采取他们所愿意采取的态度，他们还得受哲学的支配。问题只在于：他们是愿意受某种蹩脚的时髦哲学的支配，还是愿意受某种建立在通晓思维历史及其成就的基础上的理论思维形式的支配。"①

恩格斯这里讲的"理论思维形式"其实就是唯物辩证的世界观和方法论。从其本质来说，它具有批判的、革命的特征。在辩证哲学面前，"不存在任何最终的东西、绝对的东西、神圣的东西；它指出所有一切事物的暂时性；在它面前，除了生成和灭亡的不断过程、无止境地由低级上升到高级的不断过程，什么都不存在。它本身就是这个过程在思维着的头脑中的反映。"②

正是基于这种批判的、革命的精神，马克思主义哲学内在地具有解放思想、实事求是、与时俱进的根本要求。它反对因循守旧、墨守成规，反对对一切已丧失生命力的事物采取妥协的态度，反对把自己的学说当成僵死的教条；坚持主观与客观的统一、理论与实践的统一、继承与创新的统一。

需要特别强调的是，在马克思主义哲学中，唯物论和辩证法是统一的。由于世界本来就是普遍联系和变化发展的物质世界，因此，当马克思主义唯物地解决世界的本原问题时，已经内在地包含了辩证法。同样的道理，当马克思主义科学地揭示世界的普遍联系和永恒发展时，也就内在地包含了唯物主义。二者的结合共同构成科学的世界观和方法论。按照唯物辩证法办事，我们就可以在日常工作生活中，做到应事而变、顺势而为、高瞻远瞩、运筹帷幄。总之，唯物辩证法是伟大的认识工具，是我们正确地认识问题和解决问题的思想武器，永远不会过时。所以，马克思主义思想方法的"过时论"和"无用论"是根本错误的。

2. 矛盾分析方法是根本的认识方法

矛盾分析方法是对立统一规律在方法论上的体现，在唯物辩证法的方

---

① 马克思恩格斯文集（第9卷）[M]．北京：人民出版社，2009：460．
② 马克思恩格斯文集（第4卷）[M]．北京：人民出版社，2009：270．

法论体系中居于核心地位，是我们认识事物的根本方法。毛泽东指出："辩证法的宇宙观，主要地就是教导人们要善于去观察和分析各种事物的矛盾的运动，并根据这种分析，指出解决矛盾的方法。"①

具体地说，矛盾分析法包括把握矛盾普遍性与特殊性相统一的方法，"两点论"与"重点论"相结合的方法，在对立中把握同一与在同一中把握对立的方法，批判与继承相统一的方法等。中国传统哲学中的"物生有两，相反相成""一分为二，合二而一""和而不同，执两用中""和实生物，同则不继"等表述都体现了类似的思想。

矛盾分析法来自客观世界的矛盾运动，来自矛盾是事物发展的根本原因和根本动力，来自对立统一规律，因此，它以坚实的客观物质生产为基础。

矛盾分析方法要求我们既要善于分析矛盾的普遍性，用矛盾的观点去分析一切问题；又要善于分析矛盾的特殊性，做到具体矛盾具体分析，具体情况具体分析。毛泽东指出："马克思主义的最本质的东西，马克思主义的活的灵魂，就在于具体地分析具体的情况。"② 运用唯物辩证法中的矛盾分析方法研究问题和解决问题，就是要求我们不断强化问题意识，坚持具体问题具体分析，善于认识和化解矛盾，尤其是优先解决主要矛盾作为打开局面的突破口，以此带动其他矛盾的解决。总之，"矛盾分析法"来自客观世界的矛盾运动，这种客观世界的矛盾运动是事物发展的根本动力，所以，矛盾分析法是根本的认识方法。

二、辩证思维方法与现代科学思维方法

主观辩证法与客观辩证法之间，之所以不是简单的一一对应关系，原因之一就在于主观辩证法本身往往有自己的逻辑概念体系，有自己独特的辩证思维方法和科学思维方法。

---

① 毛泽东选集（第1卷）[M]. 北京：人民出版社，1991：304.
② 毛泽东选集（第1卷）[M]. 北京：人民出版社，1991：312.

专题五 怎样运用唯物辩证法认识世界和改造世界?

(一) 辩证思维方法

我们所说的"唯物辩证法"就是一种辩证思维方法,它是对客观世界辩证运动的真实反映,是人们正确进行理性思维的方法,但与客观世界本身不是简单的一一对应关系。辩证思维方法主要有归纳与演绎、分析与综合、抽象与具体、逻辑与历史相统一等。

1. 归纳与演绎

归纳与演绎是人类思维从个别到一般,又由一般到个别的最常见的推理形式。归纳是从个别事实中概括出一般性结论,是由个别性前提过渡到一般性结论的推理形式。例如:孔雀会飞,麻雀会飞,大雁会飞,啄木鸟会飞……孔雀、麻雀、大雁、啄木鸟都是鸟,所以,所有的鸟都会飞。

演绎是从一般原理走向个别结论,是由一般性原则推导出个别结论的推理形式。例如:(条件)猫喜欢吃鱼。我家养的阿喵是一只猫。(结论)阿喵喜欢吃鱼。归纳和演绎两种方法处于不可分割的联系之中。

归纳和演绎的辩证关系表现在:一方面,归纳和演绎互为前提。归纳是演绎的基础,演绎为归纳提供理论依据,指明归纳的目的和方向。另一方面,归纳和演绎相互补充。归纳虽然能概括出同类事物的共性,但不能区分本质属性和非本质属性,不能摒弃片面性和表面性,所得结论还不是充分可靠的,因此,归纳必须靠演绎来补充和修正。演绎以事物共性和个性的统一为基础,共性只大致地包含个性,因此,从共性出发不能揭示个别事物多方面的属性,要了解事物本身的多样性,就得进一步分析归纳。

2. 分析与综合

所谓分析,就是在思维中把认识对象分解为各个部分、方面、要素,以便分别加以研究的思维方法。通过分析研究,从中找出构成这一认识对象的基础的部分、本质的方面。例如,把植物分解为根、茎、叶、花、果实、种子;把动物分解为头、尾、足、躯体;把几何图形分解成点、线、面、角、体;分析一个句子由哪些语言成分构成等,都属于分析过程。

综合是同分析相对应的方法。它是在把整体分解为各个因素的基础上，再把各个因素组合成一个整体的思维活动。需要注意的是，综合绝不是把各部分、各组成因素机械地凑合起来或装配在一起，而是在思维中把对象的各个本质的方面按其内在联系有机地结合成一个统一的整体。例如，把单词组成句子；把文学作品的各个情节联成完整的场面；把一个学生的思想品德、智力水平、学业成绩、健康状况等方面联系起来，加以评价，做出结论等都属于综合过程。

分析与综合也是一种辩证统一的关系，分析是综合的基础，综合是分析的完成。二者的结合，才能对所认识的事物形成一个完整的、科学的认识过程。

3. 抽象与具体

在马克思主义看来，对任何事物的认识都要经过一个从具体到抽象，又从抽象到具体的过程，才能达到对事物的真理性认识。

在认识过程中，有两种完全不同的具体，一种是感性的具体，另一种是思维的具体。所谓感性的具体，就是人的感觉器官所得到的生动而具体的知觉表象。它是人的认识的起点。为了实现从感性的具体到思维的具体的过渡，必须首先否定感性的具体。而对感性具体的否定就是抽象。

所谓抽象，就是通过分析，把整体分解成各个部分，区分开必然的、本质的方面和偶然的、现象的方面，从中抽取出各个必然的、本质的因素，以达到对具体事物的某一本质方面的认识。这就是从具体到抽象的过程。

但是，要真正达到对具体事物全面深刻的认识，仅仅从具体到抽象还不够，还必须运用综合的方法，把对事物各方面的本质的认识联系起来，形成关于事物整体的统一的认识，使抽象的规定在思维的具体中再现出来。这就是从抽象上升到具体。这种具体认识是事物自身各方面的矛盾组成的对立统一的整体在思维中的再现。例如，牛顿发现万有引力规律：苹果树下坐—熟透的苹果砸头—向上抛的东西向地面落—理性思考—万有引力规律—人类对万有规律的应用。这个过程典型就充分体现了"从具体到抽象，从抽象到具体"的过程。

专题五 怎样运用唯物辩证法认识世界和改造世界？

对辩证思维而言，重要的是从抽象上升到具体。这是一个以抽象为逻辑起点，通过各种形式的逻辑中介，达到以思维具体为逻辑终点的运行过程。这里重要的是把握好作为从抽象上升到具体的逻辑出发点的"抽象"。例如，马克思的《资本论》就是以商品——资本主义经济关系的抽象而普遍的规定作为逻辑起点，以从抽象到具体作为叙述方法的。列宁认为：

> 马克思在《资本论》中首先分析资产阶级社会（商品社会）里最简单、最普通、最基本、最常见、最平凡、碰到过亿万次的关系：商品交换。这一分析从这个最简单的现象中（从资产阶级社会的这个"细胞"中）揭示出现代社会的一切矛盾（或一切矛盾的萌芽）。往后的叙述向我们表明这些矛盾和这个社会——在这个社会的各个部分的总和中、从这个社会的开始到终结——的发展（既是生长又是运动）。一般辩证法的阐述（以及研究）方法也应当如此。①

列宁说的就是从抽象开始，通过逻辑中介展开矛盾，再走向思维具体的方法。

4. 逻辑与历史相统一的方法

如果说从抽象上升到具体的过程就是以逻辑必然性再现对象的历史发展的过程，那么，逻辑与历史相统一是从抽象上升到具体的内在要求。

辩证思维中的历史范畴，一是指客观实在自身的历史，二是指反映客观实在的认识的历史。逻辑的东西和历史的东西是辩证统一的。辩证法认为，一方面，逻辑与历史是一致的，"历史从哪里开始，思想进程也应当从哪里开始，而思想进程的进一步发展不过是历史过程在抽象的、理论上前后一贯的形式上的反映。"② 换句话说，历史的东西是逻辑的东西的基础，逻辑的东西则是历史的东西在思维中的再现，因此，逻辑的进程和历史的进程具有内在统一性。

另一方面，历史与逻辑的统一又包含差异和对立。历史的东西总是包

---

① 列宁专题文集：论辩证唯物主义和历史唯物主义［M］. 北京：人民出版社，2009：150.
② 马克思恩格斯文集（第2卷）［M］. 北京：人民出版社，2009：603.

含偶然因素、次要因素以及迂回曲折的细节，具体而生动。逻辑的东西则是"修正过"的历史的东西。通过对历史事实的加工改造，抛弃历史细节、抓住主流，抛弃偶然性、抓住必然性，抛弃偏差、抓住基本方向和基本线索，把握历史发展的内在规律，因此，逻辑的东西能够更深刻地反映历史。

随着现代科学的发展，产生了现代科学思维方法。它是一个巨大的方法群，包括控制方法、信息方法、系统方法、模型方法和理想化方法等。它们从不同的角度反映了人们对世界的新观点、新看法。

辩证思维方法与现代科学思维方法之间是一种相互联系、相互补充的关系。一方面，辩证思维是现代科学思维的方法论前提，辩证思维方法的基本精神和原则贯穿于现代科学思维方法之中。另一方面，现代科学思维方法又丰富了辩证思维方法。辩证思维方法从联系和发展的角度揭示事物的关系，侧重人与世界的整体关系。现代科学思维方法则是在确认事物联系和发展的前提下，深入研究世界的某些关系。二者的结合共同为进一步认识和改造世界提供方法和指导。

（二）现代科学思维方法

随着现代科学的发展，产生了现代科学思维方法。它与辩证思维方法是一种相互联系、相互补充的关系。辩证思维是现代科学思维的方法论前提，现代科学思维方法又丰富了辩证思维方法。如果说二者有所区别的话，主要是因为现代科学思维方法更多是在现代自然科学中孕育产生。现代科学思维方法是一个巨大的方法群，主要包括控制方法、信息方法、系统方法、模型方法和理想化方法等。

1. 控制方法

控制方法是指通过分析和研究数据的分布，揭示规律性、寻找差异性，以便有效地实施过程管理的方法。控制方法源自20世纪40年代末期自然科学中的控制论思想。当然，控制论早就存在了。例如，在军事上两军对垒之前，双方的谋士会分析彼此之间的利弊得失，以便在战争中能够

专题五　怎样运用唯物辩证法认识世界和改造世界？

发挥己长、避己之短，尽量抓住或充分利用对方所短进行有效打击。控制方法体现了辩证思维，是唯物辩证法在实际工作中的具体体现。

2. 信息方法

信息方法是指把系统的运动过程看作信息传递和信息转换的过程，通过对信息流程的分析和处理，获得对某一复杂运动过程的规律性认识的方法。信息论和控制论一样也来自自然科学，是从自然科学中的信息论思想中产生出来的，但是，信息论的思想也是早就存在的。信息论的出现，是人类认识史上的重大飞跃，它把客观世界的矛盾运动过程、事物之间的联系和发展及其发展规律等，通过信息的方式加以确定和研究。信息标识了物质的能量、属性及运动方式，甚至还包括意识的传递方式，也是辩证思维方法的体现。

3. 系统方法

系统方法是指以对系统的基本认识为依据，用以指导人们研究和处理科学技术问题的方法。系统方法来自现代科学中的系统论思想，它与控制论、信息论一起被称为20世纪50年代出现的著名的"三论"。系统论的方法，也是早就存在的，任何一个有作为的团队领导者都是系统方法的高明运用者。系统方法是从事物的整体出发的，从整体出发研究事物内部各个要素之间的相互关系，这种方法本身就是普遍联系方法的重要表现。

4. 模型方法

模型方法是指通过建构研究模型，以简化和理想化的形式去揭示原型的形态、特征和本质的方法。模型方法也是现代自然科学中的一种认识手段和思维方法，也是一种特有的逻辑方法，模型方法舍弃了一些细枝末节，直接关注那些重要的关键性的要素，是抓主要矛盾的一种体现。模型方法作为通过现象把握本质的方法，也是一种化繁为简的方法，其辩证思维的特点是很明显的。

5. 理想化方法

理想化方法是指用与研究对象有差别的、便于处理的简化形式，代替研究对象进行研究的方法。理想化方法既是从客观世界出发的，又充分发挥了主观能动性，把事物之间的联系、发展和运动规律等，通过最佳的方式呈现出来并加以研究。理想化方法，也可以被理解为在系统方法和模型方法基础上，再加上"最优化"方式进行认识的方法，是自然科学中自发地使用辩证思维的体现。

辩证思维方法与现代科学思维方法在方法论上是统一的，它们之间相互联系、互相补充，共同体现了唯物辩证法的基本原理、原则和方法。

【案例点击】李四光、钱学森对待马克思主义哲学的态度

李四光是我国著名的地质学家，是地质力学理论的创立者，他曾经热衷于马克思主义的学习，认为自己的许多成就都是在马克思主义哲学的指导下取得的。钱学森也是我国著名的自然科学家，是工程控制论的创始人，他对马克思主义唯物辩证法有着高度的认同，并进行了深入的研究。

【课堂讨论】上述材料给我们带来了怎样的启示？

辩证思维方法和现代科学思维方法具有密切联系。辩证思维方法的基本精神和原则贯穿于现代科学思维方法之中。现代科学思维方法要自觉地以辩证思维方法为指导，不断创新自己的方法论。无论是辩证思维方法还是现代科学思维方法，都是唯物辩证法的重要体现和运用。

三、增强科学思维能力

学习和掌握唯物辩证法的科学思维方法，要求我们在实践中不断增强思维能力，特别是不断增强辩证思维能力、历史思维能力、战略思维能力、底线思维能力和创新思维能力。在治国理政面临诸多时代性课题时，习近平总书记非常善于以科学思维来分析问题、思考问题。作为大国领导人，习近平站在战略家的高度，以科学思维进行战略谋划，提出统筹推进"五位一体"总体布局、协调推进"四个全面"战略布局。他基于中国历史发展的"过去、现在和未来"，在战略上进行辩证思考，在中国特色社会主义进入新时代的历史关键期，提出了"两个阶段""两步走"的战略安排，回应了时代的呼唤、人民的期待。

专题五　怎样运用唯物辩证法认识世界和改造世界?

(一) 辩证思维能力

1. 辩证思维能力的含义

辩证思维能力是唯物辩证法在思维中的运用,是指从事物相互联系、相互作用的关系出发,分析矛盾、抓住关键、找准重点、洞察事物发展规律的能力。辩证思维能力是科学思维能力的根本要求和集中体现,培养和提高思维能力,首先就是要具备辩证思维能力。

2. 辩证思维能力的表现

辩证思维能力具体表现为:从对立统一中把握事物及其发展过程,具体问题具体分析,善于抓住事物主要矛盾和矛盾的主要方面。培养辩证思维能力,能够使人更加全面准确地认识和把握事物,真正做到透过现象看本质。

【案例点击】 辩证理解儿童的天性

三四岁的儿童很调皮很捣蛋,大人一般从卫生、安全等角度看,往往因小孩不听话而生气。但若用矛盾论分析,你会觉得这是小孩的天性,是他感知和认识事物的有益尝试;从教育、培养、引导的角度出发,你又会觉得幼儿既天真活泼又聪明可爱、好学求知。所以,只要参与到小孩的生活中去,你就会觉得其乐无穷,仿佛自己也再次回到了童年,生活中也添了不少乐趣。

3. 培养辩证思维能力的必要性

习近平曾明确指出:"我们的事业越是向纵深发展,就越要不断增强辩证思维能力。""在任何工作中,我们既要讲两点论,又要讲重点论,没有主次,不加区别,眉毛胡子一把抓,是做不好工作的。"[①] 他在广东考察工作时强调,全面深化改革要有系统谋划,"我国改革已经进入攻坚期和深水区,进一步深化改革,必须更加注重改革的系统性、整体性、协同性,统筹推进重要领域和关键环节改革。""要坚持整体推进,加强不同时

---

① 习近平. 辩证唯物主义是中国共产党人的世界观和方法论 [J]. 求是,2019 (1).

期、不同方面改革配套和衔接,注重改革措施整体效果,防止畸重畸轻、单兵突进、顾此失彼。"①

习近平的讲话告诉我们,要坚持"两点论",一分为二地看问题,既看到国际国内形势中有利的一面,也看到不利的一面;既看到自身的优势,也看到面临的困难和问题。这些重要论断都是辩证思维能力的集中体现。培养和提高辩证思维能力,就要认真学习辩证唯物主义,全面、系统、准确地掌握联系和发展的基本观点、基本环节和基本规律,并将其自觉地体现和运用于思维和实际行动当中。

(二) 历史思维能力

1. 历史思维能力的含义

历史思维能力是辩证思维与历史眼光的结合,是马克思主义科学历史观的具体表现和实践运用,是以史为鉴、知古鉴今,善于运用历史眼光认识发展规律、把握前进方向、指导现实工作的能力。

2. 培养历史思维能力的必要性

历史、现实、未来是相通的,历史是过去的现实,现实是未来的历史。历史思维能力的培养,能够使人正确理解和掌握历史知识,认识历史发展规律,进而对社会现实问题进行科学的观察与思考。培养并不断提高历史思维能力,是马克思主义科学世界观和方法论的内在要求。

习近平指出:

> 历史是一面镜子,鉴古知今,学史明智。重视历史、研究历史、借鉴历史是中华民族5000多年文明史的一个优良传统。当代中国是历史中国的延续和发展。新时代坚持和发展中国特色社会主义,更加需要系统研究中国历史和文化,更加需要深刻把握人类发展历史规律,

---

① 习近平. 把握全面深化改革的内在规律,坚持正确的方法论 [EB/OL]. [2021-03-21]. http://cpc.people.com.cn/n/2014/0804/c164113-25395110.html.

在对历史的深入思考中汲取智慧、走向未来。①

中华民族历史上经历过很多磨难，但从来没有被压垮过，而是愈挫愈勇，不断在磨难中成长、从磨难中奋起。②

"历史是最好的教科书"，"历史的经验值得注意，历史的教训更应引以为戒"，"中国革命历史是最好的营养剂"。习近平关于世界社会主义五百年的论述，关于改革开放前后两个三十年关系的精辟阐释，关于运用历史智慧推进反腐倡廉建设的思想观点，关于如何评价党的历史和历史人物的深刻论述等，都体现了深邃的历史思维，给我们以深刻的思想启迪。提高历史思维能力，就要加强对中国历史、党史国史、社会主义发展史和世界历史的学习，深刻总结历史经验、把握历史规律、认清历史趋势，坚定中国特色社会主义方向，在对历史的深入思考中，不断提高我们的认识能力、精神境界和实践水平。

(三) 系统思维能力

系统思维能力就是从事物相互联系的各个方面及其结构和功能进行系统思考的能力，就是全面系统地分析和处理问题的能力。

所谓系统就是由许多相互联系、相互作用的要素构成并与周围环境发生关系的具有稳定结构和特定功能的有机整体。系统具有整体性、结构性、层次性和开放性等特征。系统观念是从唯物辩证法的普遍联系观点推导出来的一种思想和方法。既然世界上的任何事物都是相互联系、相互作用的，它们自然而然地组成了大大小小的系统，每个事物都处在这些系统之中，同时，事物都是由各组成要素所组成的，因此其本身也是一个系统。

因此，我们在看待一个事物时，就要坚持系统思维方法，增强系统思

---

① 习近平. 致中国社会科学院中国历史研究院成立的贺信［EB/OL］. ［2021 - 03 - 21］. http://www.xinhuanet.com//politics/leaders/2019 - 01/03/c_1123942672.htm.

② 习近平. 在统筹推进新冠肺炎疫情防控和经济社会发展工作部署会议上的讲话［N］. 人民日报, 2020 - 02 - 24.

维能力，也就是把事物放在普遍联系的系统中来把握，分析系统和要素，以及各要素之间的关系。习近平特别重视这种系统思维能力，他反复强调改革要注重系统性、整体性和协同性，要做到胸怀"两个大局"，即"中华民族伟大复兴的战略全局"和"世界百年未有大变局"。这就是系统思维运用的光辉典范。

（四）战略思维能力

1. 战略思维能力的含义

战略思维能力强调思维的整体性、全局性、长期性，是高瞻远瞩、统揽全局、善于把握事物发展总体趋势和方向的能力。战略思维是一种全局思维、整体思维，也是唯物辩证法普遍联系观点的体现，坚持普遍联系的观点也要求我们要有这样的思维能力。

2. 培养战略思维能力的必要性

战略思维能力之所以重要，是因为它是一种充分发挥人的主观能动性、积极性和创造性的思维活动，事关社会发展的宏观谋划，旨在谋求长远发展与整体利益。战略思维能力的强弱，直接关系到一个国家、一个民族的兴衰。

我们党历来高度重视战略思维，无论在革命战争时期，还是在改革开放和现代化建设时期都是如此。党的十八大以来，习近平多次论及战略思维。他在纪念邓小平诞辰110周年座谈会上的讲话中就指出："我们纪念邓小平同志，就要学习他高瞻远瞩的战略思维。战略思维，是邓小平同志一生最恢宏的革命气度，也永远是中国共产党人应该树立的思维方式。"①

3. 战略思维的四个属性

战略思维具有目的性、全局性、重点性和长远性四个属性，对于谋划新的工作极其重要。而要坚持战略思维，就必须明确目标、把握全局、抓住重点，从整体上把握事物发展趋势和方向，科学谋划统筹兼顾，创新工

---

① 习近平. 在纪念邓小平同志诞辰110周年座谈会上的讲话［N］. 人民日报，2014-08-21.

作方式。"不谋全局者不足谋一域,不谋万世者不足谋一时。"习近平强调:"战略问题是一个政党、一个国家的根本性问题。战略上判断得准确,战略上谋划得科学,战略上赢得主动,党和人民事业就大有希望。"①

因此,要树立大局意识,善于从大局看问题,放眼世界,放眼未来;善于观大势、谋大事,把握工作主动权;既有雷厉风行的作风,也有闲庭信步的定力。

培养和提高战略思维能力,要求我们不断开阔视野,培养博大胸襟,紧跟时代前进步伐,学会站在战略和全局的高度观察和处理问题,透过纷繁复杂的表面现象把握事物的本质和发展的规律,做到既抓住重点又统筹兼顾,既立足当前又放眼长远,既熟悉国情又把握世情,在原则性问题上坚定立场不动摇,在整体性、方向性抉择面前冷静观察、谨慎从事、谋定而后动。

提高战略思维能力就要保持战略定力,勇于担当作为。面对百年未有之变局,面对2020年的新冠肺炎疫情,习近平告诫各级干部特别是领导干部,要增强必胜之心、责任之心、仁爱之心、谨慎之心,勇当先锋,敢打头阵,主动担当、积极作为。天下艰难际,时势造英雄。大战面前看担当,大考面前看作为。他强调:"在中国共产党的坚强领导下,充分发挥中国特色社会主义制度优势,紧紧依靠人民群众,坚定信心、同舟共济、科学防治、精准施策,我们完全有信心、有能力打赢这场疫情防控阻击战。"②

(五) 底线思维能力

"人无远虑,必有近忧。"底线思维就是客观地设定最低目标,守住最低点,争取最大期望值的科学思维方法。坚持底线思维,是做好领导工作的一个重要战略策略,也是一个很紧要的领导艺术。

---

① 习近平谈治国理政(第二卷)[M]. 北京:外文出版社,2017:10.
② 习近平会见世界卫生组织总干事谭德塞[N]. 人民日报,2020-01-29.

1. 底线思维的含义

所谓底线,就是不可逾越的界限,是事物发生质变的临界点。底线思维是我们在认识世界和改造世界的过程中,根据我们的需要和客观的条件,划清并坚守底线,尽力化解风险,避免最坏结果,同时争取实现最大期望值的一种积极的思维。把握底线思维,就要"凡事从坏处准备,努力争取最好的结果,这样才能有备无患、遇事不慌,牢牢把握主动权"。①

习近平在多个场合强调:

> 我们共产党人的忧患意识,就是忧党、忧国、忧民意识,这是一种责任,更是一种担当。要深刻认识党面临的执政考验、改革开放考验、市场经济考验、外部环境考验的长期性和复杂性,深刻认识党面临的精神懈怠危险、能力不足危险、脱离群众危险、消极腐败危险的尖锐性和严峻性,深刻认识增强自我净化、自我完善、自我革新、自我提高能力的重要性和紧迫性,坚持底线思维,做到居安思危。②

深刻认识和准确把握外部环境的深刻变化和我国改革发展稳定面临的新情况新问题新挑战,坚持底线思维,增强忧患意识,提高防控能力,着力防范化解重大风险,保持经济持续健康发展和社会大局稳定,为决胜全面建成小康社会、夺取新时代中国特色社会主义伟大胜利、实现中华民族伟大复兴的中国梦提供坚强保障。③

【案例点击】 守住守法底线

2015年3月18日,中共中央办公厅、国务院办公厅印发《领导干部干预司法活动、插手具体案件处理的记录、通报和责任追究规定》,针对现实中存在的突出问题,建立防止司法干预的"防火墙"和"隔离带",为领导干部干预司法画出"红线",为司法机关依法独立公正行使职权提

---

① 习近平总书记系列重要讲话读本 [M]. 北京:学习出版社、人民出版社,2016:288.
② 习近平. 在中共中央政治局第十六次集体学习时的讲话 [EB/OL]. [2021-03-21]. http://www.xinhuanet.com/politics/2014-06/30/c_1111389288.htm.
③ 习近平谈治国理政(第3卷)[M]. 北京:外文出版社,2020:219.

专题五　怎样运用唯物辩证法认识世界和改造世界？

供制度保障。此后，中央政法很多次公开通报领导干部干预司法活动、插手具体案件处理和司法机关内部人员过问案件的典型案件。要求相关机构加强该《规定》的学习宣传，完善制度机制，落实工作措施，着力破解记录、查处、通报、追责等关键环节的重难点问题。

【案例评析】卢梭有一句名言："一切法律之中最重要的法律，既不是刻在石头上，也不是刻在青铜上，而是刻在公民的心里。"对法律的真诚信仰和敬畏是法治力量的源泉。从近年来一些领导干部走上违法犯罪道路的典型案例来看，对法律缺乏敬畏、视法律为儿戏，是一个重要的原因。因此，守住守法的底线，始终敬畏和尊崇法律，并将这种尊崇和敬畏内化于心、外化于行，是对领导干部第一位的要求。领导干部要自觉在法律约束下用权，在制度笼子里用权。要做到在法治之下，而不是法治之外，更不是法治之上想问题、作决策、办事情，养成遇事找法、办事依法、解决问题靠法的行为习惯。

2. 培养底线思维的要求

坚持和运用好底线思维，培养和提高底线思维能力，一方面，要严守原则。不仅要划清底线，更要坚守底线，不能踩"红线"、越"底线"、闯"雷区"，比如不能突破主权的底线、法律的底线、清正廉洁的底线、经济增长的底线、民生保障的底线、环境保护的底线等，要守住做人、处事、用权、交友的底线。另一方面，要以积极的态度研判风险、防患未然，牢牢掌握战略主动权，坚定信心，以实际行动化解风险，变挑战为机遇，追求最佳结果。同时，坚持底线思维，还要做到居安思危，增强忧患意识。"不能安于现状、盲目乐观，不能囿于眼前、轻视长远，不能掩盖矛盾、回避问题，不能贪图享受、攀比阔气。"① 要做好应付最坏局面的思想准备，见微知著、未雨绸缪，增强前瞻意识。

提高底线思维能力，要求我们深刻认识和准确把握外部环境的深刻变

---

① 习近平关于党风廉政建设和反腐败斗争论述摘编［M］．北京：中央文献出版社、中国方正出版社，2015：9．

化和我国改革发展稳定面临的新情况新问题新挑战,坚持底线思维,增强忧患意识,提高防控能力,着力防范化解重大风险。只有始终运用和坚持底线思维,才能有效化解风险挑战,确保完成目标任务,推进党和国家事业不断发展。

(六) 创新思维能力

1. 创新思维的含义

创新思维能力是对常规思维的突破,就是破除迷信,超越过时的陈规,善于因时制宜、知难而进、开拓创新的能力。人们往往被一些传统习惯、陈规陋习、封建迷信、权威或偏见等束缚,创新思维就是要打破这些束缚,勇往直前,研究新情况,解决新问题。

2. 培养创新思维的意义

重视创新思维是马克思主义的优良传统,马克思、恩格斯特别重视创新。他们指出,"全部问题都在于使现存世界革命化,实际地反对并改变现存的事物"。① 马克思主义者要依据实践的变化,分析问题,解决问题,进而推动人们的思维"按照人如何学会改变自然界而发展",最终实现思维创新。

【案例点击】"叩诊法"的诞生

18世纪,一位奥地利医生在给一个患者看病时,尚未确诊,患者突然死去。经过解剖发现,其胸腔化脓并积满了脓水。从那天开始,能否在解剖前诊断出胸腔是否积有脓水就成为长期困扰在他心头的难题。一天,在一个酒店里,他看到伙计们正在搬运酒桶,只见他们敲敲这只桶,敲敲那只桶,边敲边用耳朵听。他忽然领悟到,伙计们是根据叩击酒桶发出的声音来判断桶内还有多少酒的,那么人体胸腔的脓水的多少是否也可利用叩击的方法来判断呢?他大胆地做了试验,结果获得了成功。这样,一种新的诊断法——"叩诊法"从此诞生了。

---

① 马克思恩格斯文集(第1卷)[M].北京:人民出版社,2009:527.

专题五　怎样运用唯物辩证法认识世界和改造世界？

【课堂讨论】"叩诊法"诞生的关键因素是什么？

【案例评析】创新是民族进步的灵魂，是国家兴旺发达的动力。在长期的治国理政实践中，关于创新的巨大作用，习近平曾这样说：

> 创新是一个民族进步的灵魂，是一个国家兴旺发达的不竭动力，也是中华民族最深沉的民族禀赋。在激烈的国际竞争中，惟创新者进，惟创新者强，惟创新者胜。①

习近平强调，变革创新是推动人类社会向前发展的根本动力。谁排斥变革，谁拒绝创新，谁就会落后于时代，谁就会被历史淘汰。他很清楚，不创新不行，创新慢了也不行。在他看来，抓住了创新，就抓住了牵动经济社会发展全局的"牛鼻子"。实践证明，大到一个国家在世界舞台上站稳脚跟，小到一个地方、一个企业，创新都是引领发展的第一动力。"抓创新就是抓发展，谋创新就是谋未来。"因此，必须始终要把创新摆在国家发展全局的核心位置。

思维的发展与深化离不开创新。创新思维能力意味着不墨守成规，在求新、求变中创造性地提出问题和解决问题。当今世界，知识经济飞速发展，创新已经成为社会进步的主导力量与重要源泉，只有善于开发和运用创新思维能力，才能紧跟时代的步伐，更好地回应和解决时代发展所提出的问题。

党的十八大以来，以习近平同志为核心的党中央坚持创新思维，立足新时代，寻找新思路，解决新矛盾，打开新局面，开创新境界，提升新水平，不断推进理论创新、实践创新和制度创新。他指出，"明者因时而变，知者随世而制"②，"解决深层次矛盾和问题，根本出路在于创新。"③

惟创新者进，惟创新者强，惟创新者胜；生活从不眷顾因循守旧、满足现状者，从不等待不思进取、坐享其成者，而是将更多机遇留给善于和勇于创新的人。培养和提高创新思维能力，要求我们有敢为人先的锐气，

---

① 习近平. 在欧美同学会成立一百周年庆祝大会上的讲话 [N]. 人民日报，2013-10-22.
② 习近平谈治国理政（第1卷）[M]. 北京：外文出版社，2018：155.
③ 习近平关于科技创新论述摘编 [M]. 北京：中央文献出版社，2016：3.

打破迷信经验、迷信本本、迷信权威的惯性思维,摒弃不合时宜的旧观念,以思想认识的新飞跃打开工作的新局面。

专题小结

如何运用唯物辩证法把握真实的世界?这就要了解真实的世界是怎样的,真实的世界是联系和发展的,联系和发展有自己的基本环节和基本规律,矛盾是推动事物发展的根本动力和原因。所以,运用唯物辩证法把握真实的世界,主要就是运用矛盾分析法去认识事物和解决问题,矛盾分析法是根本的认识方法。唯物辩证法既是客观辩证法和主观辩证法的统一,也是伟大的认识工具。在科学研究中,唯物辩证法通过辩证思维方法和现代科学思维方法得到了具体的体现,同时,也通过不断增强人的科学思维能力表现出来。

在思想力量日益凸显的当今时代,用思想指导工作显得越来越重要。要全面建成社会主义现代化强国、实现中华民族伟大复兴的中国梦,有许多矛盾需要有效解决,有许多关系需要正确处理,有许多难题需要积极破解,要做到这些,离不开把辩证法运用于战略谋划、战略抉择的唯物辩证法。

所以,为了更好地运用辩证法把握真实的世界,我们就必须对认识本身进行考察,了解认识的本质和基本规律,理解认识和实践的辩证关系,这是专题六需要进一步探索的内容。

延伸阅读

1. 马克思.《政治经济学批判》导言(节选)[M]//马克思恩格斯文集(第8卷).北京:人民出版社,2009.

2. 习近平.辩证唯物主义是中国共产党人的世界观和方法论[J].求是,2019(1).

3. 中共中央宣传部.掌握马克思主义思想方法和工作方法[M]//习

专题五 怎样运用唯物辩证法认识世界和改造世界？

近平新时代中国特色社会主义思想学习纲要. 北京：学习出版社、人民出版社，2019.

思考题

1. 谈谈如何理解唯物辩证法是科学的认识方法。
2. 简述辩证思维方法和现代科学思维方法的主要内容。
3. 谈谈科学思维能力的具体表现。
4. 依据思维方法与思维能力的关系，谈谈如何培养和提高思维能力。

（撰写人：杨晓东）

专题六　认识的本质和规律是怎样的？

一、教学目的与要求

（一）知识目标

1. 了解马克思主义实践观的基本内容。
2. 掌握认识的本质及实践对认识的决定作用。
3. 把握认识的辩证过程及发展规律。

（二）能力目标

1. 在实践基础上不断提高认识和改造世界的能力。
2. 增强对认识的本质和辩证发展规律的把控能力。
3. 学会运用认识发展的辩证规律去解决实际问题。

（三）情感和价值观目标

1. 增强学生对马克思主义认识论的认同感。
2. 引导学生自觉批判认识论中的各种错误观点。
3. 学会运用马克思主义认识论积极投入中国特色社会主义建设。

二、针对的学生主要思想困惑

1. 人的正确认识是从哪儿来的？

专题六 认识的本质和规律是怎样的？

2. 如何区别马克思主义认识论和以往的认识论？
3. 如何理解和把握认识运动的辩证过程？

三、针对的主要错误思潮与模糊认识

1. 天才是"生而知之者"。
2. 认识的本质即实践。

四、教学重点难点

1. 实践是客观的物质活动。
2. 实践对认识的决定作用。
3. 认识的本质和辩证发展规律。

五、教学时数

3课时

授课导入

在前面的学习中，我们了解了真实的世界是怎样的、真实的世界是如何存在的以及如何运用唯物辩证法把握真实的世界。在本专题，我们要进一步，用唯物辩证法来讨论人是如何认识世界的问题，即认识论问题。它对人们改造世界起着至关重要的作用。例如，1927～1930年，中国革命在艰难环境中继续向前，以毛泽东同志为代表的中国共产党人探索出一条适合中国国情的革命发展战略：农村包围城市，最后夺取全国胜利。这与俄国革命攻打大城市的战略截然不同，是一条中国特色的革命道路，对中国新民主主义革命成功起到了决定性的作用。

【课堂讨论】上述材料给了我们什么启示？盲目照搬苏联的经验，还是从中国的具体国情出发找到一条适合自己的发展道路？哪种做法更符合唯物辩证法？从认识发展的过程来看，大到党的路线、方针、政策，小至人们对某个具体事物的认识，可能随时都会改变。那么，发生改变的依据应该是什么呢？人们又如何能保证其正确性呢？

带着这些问题，我们开启本专题的学习之旅。

一、人的正确认识从何而来

如前所述，从"农村包围城市"的认识过程来看，这种正确的认识之所以产生，最关键的因素是以毛泽东为核心的党和国家领导人，在当时充分了解了革命斗争的实际情况，实地考察了革命根据地建设的经验，在一切从实际出发、实事求是基础上才形成这种认识，这是马克思主义理论与中国实际相结合的产物。这种正确认识的由来，是与当时的革命斗争实践分不开的。所以，要想获得正确的认识，就要尊重实践，就要一切从实际出发、实事求是。因此，若想厘清认识论的问题，就得从实践的问题切入。习近平在《摆脱贫困》中写道："我是崇尚行动的，实践高于认识的地方正在于它是行动。"[1] 在此强调了作为"行动"、实践的重要性。那么，我们如何理解马克思主义实践观的基本内容呢？

（一）马克思主义实践观的基本内容

1. 实践的本质和特征

实践是人类能动地改造世界的社会性的物质活动。马克思主义理解的"实践"本质上是一种社会物质性的活动，有的人把"修身养性""讨论问题""思想活动"也说成实践，这是与马克思主义实践观背道而驰的。为什么说实践在本质上是物质性活动呢？我们可以从实践的基本特征得到理解。实践具有直接现实性、自觉能动性和社会历史性三个基本特征。

首先，实践具有直接现实性。所谓直接现实性是指，实践虽然有意识

---

[1] 习近平. 摆脱贫困 [M]. 福州：福建人民出版社，1992：跋.

专题六 认识的本质和规律是怎样的？

的参与，但它是主观与客观联系的"桥梁"，能够把意识转化为现实、转化为直接的物质活动。这一点是实践物质性的最突出的体现：第一，实践的主体是物质的。实践的主体是人，人不可能是脱离物质的纯粹的精神实体（像唯心主义者所认为的那样）。第二，实践的客体是物质的。实践的客体即实践的对象，是客观的现实事物。第三，实践的手段是物质的。实践的手段指各种从事实践活动的工具，这些都是物质的。此外，实践的水平和结果也是物质的。实践的水平包括实践的深度和广度，实践的结果是客观的现实，这些也都是物质的。所以，实践在本质上是物质活动。

其次，实践具有自觉能动性。实践的自觉能动性是说，实践是在意识指导下进行的活动，是能动性的活动。在实践活动的过程中，并非全然被动接受，能动性意味着其具有一定的主动性、创造性。与动物被动适应自然的活动不同，人的实践活动具有能动性。正如马克思做过的一个比喻：蜜蜂建造蜂房使人间许多建筑师感到惭愧，但是即使是最蹩脚的建筑师也比最灵巧的蜜蜂高明，因为他在实践前已经在自己的头脑中把它建成了。人与动物的重要区别就在于人的活动是有目的、有意识的，人的实践活动具有自觉能动性。需要注意的是，实践虽然有意识地指导或参与了认识和改造现实的活动，但不等于说实践就是精神活动，实践在本质上还是物质活动。

最后，实践具有社会历史性。任何实践活动都不是抽象的，是具体的历史的，是社会历史在一定阶段上出现的。这里主要有两层意思：一方面，马克思主义理解的实践是一种社会性活动。德国的费尔巴哈曾经把实践理解为主要是人的两性交往、肉体享受，或者是犹太人式的经商活动，这是片面的。当然，唯心主义者把实践理解为本质上是精神活动，更是荒谬的。另一方面，马克思主义理解的实践是一种历史性的活动。实践受到一定历史条件的制约，并随着历史条件的变化而不断得到发展。例如，在电视剧"红楼梦"中，如果出现了沙发、路灯、高速公路这些场景，就很滑稽可笑，因为它脱离了当时的历史条件。

2. 实践的基本结构

从实践的含义和特征中，我们不难发现实践是主体与客体之间相关联的活动，是主观见之于客观的活动，因此，实践活动是有基本结构的，即实践主体、客体和中介。

第一，实践主体指具有一定主体能力，从事现实社会实践活动的人。实践的主体是人，但不是所有人都是实践的主体。例如，刚出生的婴儿只能是潜在的主体，因为还不具备主体能力，其活动是本能的活动。精神病患者、植物人也不是实践的主体。只有从事社会实践活动的人，如工人、农民、工程师等才是实践的主体。实践主体还可以分为个体、集体、人类三种基本形态。

第二，实践客体指实践活动所指向的对象。实践客体不等于客观事物，因为实践客体有物质客体和精神客体之分，主体和客体不能简单地同意识和物质画等号。此外，实践客体还有天然客体和人工客体、自然客体和社会客体等。

第三，实践中介指各种形式的工具、手段及由此产生的一些程序和方法等。实践中介有的是作为人体器官的延长而存在的，如人工智能、望远镜、火车等；有的是作为语音符号的交流工具而存在的，如教育环境中的多媒体教室、黑板、粉笔、书本等。实践中介为主、客体之间的相互作用提供了条件。

实践主体和实践客体之间是相互作用的，有反映和被反映的关系（认识关系）、改造和被改造的关系（实践关系）、需要和满足需要的关系（价值关系）、欣赏和被欣赏的关系（审美关系）等，其中，改造和被改造的关系（实践关系）是最根本的关系。实践的主、客体之间，与认识的主、客体之间在本质上是一致的。

3. 实践的基本形式

实践的形式也是多种多样的，实践之所以是物质活动，不仅通过实践的本质和特征表现出来，还能够通过实践的基本形式表现出来。实践的基

专题六 认识的本质和规律是怎样的？

本形式（或类型）主要有三种。

第一，物质生产实践。物质生产实践是处理人和自然关系的活动，是人类最基本的实践活动。因为：首先，物质生产实践是解决人们衣、食、住、用等问题的活动；其次，物质生产实践是人们从事其他一切活动的基础；最后，物质生产实践决定了社会的基本经济关系，决定了社会的基本性质和面貌。例如，农民种地就是物质生产实践，正因这种实践的重要性，习近平在山西考察时特别强调："要着力夯实农业农村基础，加大粮食生产政策支持力度，坚决守住耕地红线，深入推进农业供给侧结构性改革，加强农业农村基础设施建设。"①

第二，社会政治实践。社会政治实践是处理人和人之间相互关系的活动，是在物质生产实践的基础上产生的，往往表现为人与人之间的社会交往及政治活动。社会政治实践是社会活动的基础，如警察抓小偷、中国政府捍卫国家主权等，就属于这种实践。在阶级社会中，社会政治实践主要采取阶级对立和阶级斗争的形式，如政治改革、社会革命等。

第三，科学文化实践。科学文化实践是创造精神文化产品的实践活动，它有各种不同的形式，如科学、艺术、教育等。科学文化实践特别是科学实验，往往是从生产实践中分化出来的，具有尝试性和探索性的实践活动，这种活动对社会的影响越来越大。例如，科学家在实验室里进行实验，研制对抗疫情的"疫苗"；教育工作者进行教书育人，培养未来建设的合格人才；战地作家到前线采访，进行文学艺术创作等，都属于科学文化实践。

以上是人类社会的三种主要实践形式，它们功能各异，但又密切相联。随着人类科技和认识水平的不断提高，实践经历了一个范围不断扩大、程度不断加深、效果不断提升的过程，这是一个从低级到高级、从简单到复杂、从自发到自觉的过程，一个改造客观世界和改造主观世界相互

---

① 习近平在山西考察时强调 全面建成小康社会乘势而上书 写新时代中国特色社会主义新篇章［N］. 人民日报，2020 - 05 - 13.

促进的过程，也是一个逐步走向真善美相统一、最终实现人的自由而全面发展的过程。这就是人类实践发展的特点和规律。

（二）实践在认识活动中的决定作用

马克思主义实践观揭示出，实践是人类能动地改造世界的社会性的物质活动，于是，才有了实践和认识的辩证关系问题。如果把实践理解为本质上是一种精神活动（像唯心主义者那样），实践和认识的辩证关系问题就无从谈起。

我们谈的实践问题，最初是由认识问题引出的，认识的产生和发展出自实践，出自对客观实际的考察，那么，我们根据马克思主义的实践观，反思一下实践在认识活动中到底起什么作用呢？

【案例点击】"农村包围城市"正确路线的提出

回到在课程之初提到的"农村包围城市，最后夺取全国胜利"这一革命路线的提出，从形成的角度上看，包括理论和实践两个方面。从理论上看，在总结这段时期革命根据地经验的基础上，毛泽东同志撰写了三篇对中国革命事业产生深远影响的文章：《中国的红色政权为什么能够存在？》《井冈山的斗争》《星星之火，可以燎原》，论证了这一路线的可行性。从实践上看，1930年9月中旬，攻打长沙失败，做出"撤回江西、进攻吉安"的决定，为中国革命的继续发展保留了有生力量，为革命的最后胜利奠定了基础，也从实践中确证了走农村包围城市路线的正确性。后来，毛泽东又发表了《中国革命战争的战略问题》《论新阶段》《战争和战略问题》《〈共产党人〉发刊词》《中国革命和中国共产党》等理论著作，对这一路线进行进一步的丰富、发展和完善。而这一路线的制定和实施，目的就是更好地指导中国的革命斗争继续向前发展。最终，中国革命斗争的实践和历史也证明了最初制定这一路线的正确性。

从上述理论和路线的产生、发展、完善和结果中，我们看到了实践在认识活动中起到的至关重要的决定作用，即实践是认识的来源、动力、目的和检验认识真理性的唯一标准。

专题六　认识的本质和规律是怎样的？

1. 实践是认识的来源

首先，认识产生于实践的需要；其次，人们只有在实践中才能认识事物的本质和规律；最后，直接经验和间接经验是"源"和"流"的关系，认识的最终来源是直接经验即实践。人们的认识，无论是严密的理论体系，还是简单的是非评价，都不是从天上掉下来的，也不是头脑里自生的，而是来自于实践。习近平指出："我们党现阶段提出和实施的理论和路线方针政策，之所以正确，就是因为它们都是以我国现时代的社会存在为基础的。"①

总之，实践是认识的来源，离开了实践很难产生正确的认识。实践是认识的来源这一原理告诉我们，要想成就一番事业，不仅要潜心学习，更要努力实践。

2. 实践是认识发展的动力

首先，实践不断推动人们产生新的认识需要和课题；其次，实践不断提供新的认识手段和工具，推动认识深入发展；最后，实践在推动人们改造客观世界的同时，也不断地改造主观世界。

恩格斯认为，社会一旦有技术上的需要，这种需要就会比十所大学更能把科学推向前进。从古至今，各个领域理论的发展，都是因为有指导实践的需要，如古代的水利工程、建筑、航海、战争等，催生了古代的天文学、数学和力学等自然科学；生态文明思想的产生和发展，是因为我们越来越注重生态环境的保护；习近平新时代中国特色社会主义思想的诞生和发展，也是基于党的十八大以来国内外形势的深刻变化和我国各项事业的快速发展的需要。

3. 实践是认识的目的

一方面，认识是为了实践，马克思曾在《关于费尔巴哈的提纲》中指出，认识世界的目的是改变世界；另一方面，一种认识或理论，只有在满

---

① 习近平. 推动全党学习和掌握历史唯物主义 更好认识规律更加能动地推进工作 [N]. 人民日报，2013 - 12 - 05.

足实践中才能得到正确地修正、补充和发展。人们通过实践获得认识,不是为了"猎奇"或"雅兴",不是为了认识而认识,其最终目的还是指导实践,为实践服务,以满足人们生产和生活的需要。自新冠肺炎疫情发生以来,无数科研工作者夜以继日地工作也是为了早日把疫苗研发出来,维护好广大人民群众的生命健康。

4. 实践是检验认识真理性的唯一标准

关于这一点,我们将在下一个专题,即关于"真理"的问题中会有专门的论述,这里不做详细说明。

【案例点击】1978 年关于真理标准问题大讨论

1978 年 5 月 10 日,党中央内部刊物《理论动态》发表了《实践是检验真理的唯一标准》一文,5 月 11 日在《光明日报》以特约评论员的署名转发了这篇文章,由此引起一场关于真理标准问题大讨论。1978 年 6 月 24 日,《解放军报》发表特约评论员文章《马克思主义的一个最基本的原则》,从而推动了关于真理标准问题的大讨论在全国范围的开展。最终达成共识,实践是检验真理的唯一标准。

关于真理问题,毛泽东有过这样的论述:"判定认识或理论之是否真理,不是依主观上觉得如何而定,而是依客观上社会实践的结果如何而定。真理的标准只能是社会的实践。"①

可见,某一个认识是不是真理,既不能从认识本身来证实,也不能从认识对象中得到回答,只有在实践中才能得到验证。沿着这个思路,我们不难发现认识的本质到底是什么,认识是如何发生的,怎样正确理解和把握认识的本质等。

二、如何把握认识的本质

要正确而全面地把握人类的认识问题,除了需要厘清正确认识是由谁决定的以外,还需要深刻了解认识的本质是什么,应该如何把握认识的本

---

① 毛泽东选集(第 1 卷)[M]. 北京:人民出版社,1991:284.

专题六 认识的本质和规律是怎样的？

质等问题。对于认识本质的探讨，是哲学史上古老而弥新的话题，它既是思维与存在的关系问题，也可以理解为普遍的认识何以可能的问题。

（一）不同哲学派别对认识本质的探讨

人类能不能获得普遍认识呢？这一问题在马克思主义诞生之前，就已经开始思考了，大致形成不可知论、唯心主义先验论和旧唯物主义反映论三种主要观点，只有马克思主义能动反映论最科学。

1. 不可知论

《庄子·内篇·养生主第三》中讲"吾生也有涯，而知也无涯，以有涯随无涯，殆已"。英国的休谟认为"至于由感觉所发生的那些印象据我看来，它们的最终原因是人类理性所完全不能解释的"[①]，德国的康德也主张，认识只能停留在"主观经验"或"现象"范围，背后的本质、规律属于"自在之物"，自在之物是无法认识的。这些观点便是带有不可知论色彩的观点，不可知论或者否认人类能够认识世界的可能性，或者否认人类彻底认识世界的可能性。

不可知论的观点完全是从"主观精神"或"意识原则"出发的，从精神出发来理解世界，不懂得实践的重大意义。所以，恩格斯曾经指出，对不可知论的最强有力的反驳就是"实践"和"工业"，在实践面前一切神秘的东西、一切无法认识的东西都显得非常软弱无力。马克思在《关于费尔巴哈的提纲》中，也持有这种观点。

2. 唯心主义认识论

唯心主义一般分为主观唯心主义和客观唯心主义，简单来理解，主观唯心主义主要认为认识是主观的、自生的，如中国陆九渊的"吾心即是宇宙"、英国贝克莱的"存在就是被感知"。客观唯心主义主要认为认识来自上帝或者是某种客观精神，如古希腊柏拉图的"理念论"、近代黑格尔的"绝对精神论"。无论是主观唯心主义还是客观唯心主义，都强调认识的先

---

① 休谟. 人性论[M]. 关文运, 译. 北京：商务印书馆, 2006：101.

验性，强调认识对物质世界的决定性。在唯心主义认识论看来，认识是先于感觉经验、先于物质世界而存在的，这就是所谓"先验论"。

唯心主义认识论，因为颠倒了物质和意识的辩证关系，把精神和意识看成第一性的，看成决定物质的东西，当然也不可能真正理解实践和物质活动的意义，于是，唯心主义对认识本质的把握从根本上讲是错误的。

3. 旧唯物主义认识论

与不可知论和唯心主义先验论不同，旧唯物主义坚持反映论的立场，认为认识是主体对客体的反映，人的一切知识都是后天的。比如，古希腊亚里士多德的"蜡块说"、英国洛克的"白板说"。这种观点坚持了唯物主义基本立场，对认识的理解基本方向是正确的。但是，近代旧唯物主义认识论的基本特点是以感性直观为基础的，把人的认识看成消极地、被动地反映和接受外界对象的活动，是类似于照镜子那样的反射活动，所以又是一种直观的、消极被动的反映论。

总之，旧唯物主义认识论，无论是古代朴素唯物论还是近代形而上学唯物主义认识论，在认识的出发点上讲是正确的，坚持了物质第一性、意识第二性的基本立场，都反对了不可知论和唯心主义先验论。但是，旧唯物主义认识论是有局限性的，这种局限性在同马克思主义认识论的比较中，表现得非常明显。

与前三种观点不同，马克思主义认识论则认为，认识是主体在实践基础上对客体的能动反映。马克思主义认识论也是辩证唯物主义认识论，对认识本质的理解是正确的，它科学地回答了认识的本质问题。那么，为什么说马克思主义认识论科学回答了认识的本质问题呢？要厘清这一问题，需从两个方面入手：一是分析其他哲学派别对这一问题的理解所陷入的困境或所造成的缺陷；二是分析马克思主义认识论对这一问题的回答，有哪些优越性或新的解决方案，使之最终驳倒了不可知论和唯心主义先验论，又克服了旧唯物主义认识论的局限性。

（二）正确理解认识的本质

马克思主义认识论认为，认识是主体在实践基础上对客体的能动反

专题六 认识的本质和规律是怎样的？

映，这种观点为什么是科学的呢？主要体现在以下两点。

1. 从实践的角度理解认识本质

认识是在实践基础上的反映或摹写，这是马克思主义认识论对认识的本质理解的第一重含义。马克思主义认识论认为，实践作为整个认识论的基础，在认识的产生和发展过程中起到决定性作用，所以，认识是被实践决定着的认识，是在实践的基础上对客观世界的反映或摹写。辩证唯物主义认识论与不可知论和唯心主义先验论有本质的区别，它将认识论问题奠基于实践基础之上，科学地规定了认识的主体、客体及其相互关系。认识的客体，即认识的对象是客观的似乎较容易理解，认识的主体呢？认识是人的认识，无论哪种认识论在解释认识本质的问题上，都无法忽略人作为主体性的存在，都需要对人这个主体进行考察，于是，这个问题就演变成对产生认识的人或人的认识如何去理解的问题。

马克思主义认为，人的存在本身具有社会历史性，正如马克思所说："人的本质不是单个人所固有的抽象物，在其现实性上，它是一切社会关系的总和。"① 可见，人并非孤立存在，而是身处自然、社会、历史之中，人的认识，是在有关自然、社会、历史的实践活动中形成的。因此，在理解认识的本质时，只有站在社会实践的基础上阐述人的认识活动及其规律，才能科学地揭示出认识的本质问题。不可知论和唯心主义认识论，因为离开了社会实践，离开了认识对社会实践的依赖性，片面地夸大了精神的作用，完全从意识出发来理解认识的本质问题，故根本不理解认识是主体和客体之间反映与被反映、改造和被改造的关系，因此，从本质上讲是错误的。同不可知论和唯心主义相反，辩证唯物主义认识论从社会实践出发，强调了认识是主体在实践的基础上对客体的反映或摹写，这就科学地揭示了认识的本质问题，从而与不可知论和唯心主义认识论区别开来。当然，在实践的基础上理解认识的本质，不等于说"认识的本质即实践"，认识和实践毕竟是两种不同的活动，认识的本质是反映，是摹写，这恰恰

---

① 马克思恩格斯文集（第1卷）[M]. 北京：人民出版社，2009：505.

是不可知论和唯心主义认识论所忽略的。

在这里，不可知论和唯心主义离开了实践的观点，离开了在实践基础上的反映论的观点，从精神世界出发，坚持了"从思想和感觉到物"的认识路线；而辩证唯物主义认识论则在实践的基础上，坚持了"从物到感觉和思想"的认识路线。出发点不同，带来的认识结果也不同，正确的出发点才会引出正确的结果。马克思主义认识论坚持了可知论和唯物主义反映论，同不可知论和唯心主义先验论划清了界限。

2. 从能动反映的角度理解认识本质

认识是在实践基础上的能动反映，这是马克思主义认识论对认识本质理解的第二重含义。旧唯物主义特别是近代唯物主义认识论，在理解认识的本质问题上有两个根本缺陷：一是离开实践考察认识问题；二是离开辩证法来考察认识问题。因此，旧唯物主义认识论是一种消极的、被动的反映论。而辩证唯物主义认识论弥补了旧唯物主义认识论的局限性，强调了认识是主体在实践的基础上对客体的能动反映，而"能动反映"更为科学地真实地揭示了认识的本质问题。那么，辩证唯物主义的认识论，这种主体对客体的能动的反映，其高明之处在哪里呢？

马克思在《关于费尔巴哈的提纲》中第一条写到的：

> 从前的一切唯物主义（包括费尔巴哈的唯物主义）的主要缺点是：对事物、现实、感性，只是从客体的或者直观的形式去理解，而不是把它们当作感性的人的活动，当作实践去理解，不是从主体方面去理解。因此，结果竟是这样，和唯物主义相反，能动的方面却被唯心主义抽象地发展了，当然，唯心主义是不知道现实的、感性的活动本身的。费尔巴哈想要研究跟思想客体确实不同的感性客体，但是他没有把人的活动本身理解为对象性的［gegenständliche］活动。[①]

这句话主要有两层意思：首先，旧唯物主义不懂得实践在认识中的决

---

① 马克思恩格斯文集（第1卷）[M]. 北京：人民出版社，2009：499.

专题六 认识的本质和规律是怎样的？

定作用，离开了实践的观点谈论认识问题；其次，旧唯物主义不懂得认识是一种能动的反映，能动性被唯心主义片面地发展了。同旧唯物主义认识论相反，马克思主义认识论则强调了实践对认识的决定作用，强调了认识不是像照镜子那样机械地反映外部世界，而是一种创造性的反映，是能动的反映。这是比旧唯物主义认识论高明的地方。同时，也克服了唯心主义"片面地发展"的问题，即克服了唯心主义夸大意识能动性，忽视了对世界反映的性质。主体与客体之间的关系，同样是哲学史上的古老问题，无论是唯物主义还是唯心主义，都在试图回答二者之间的关系，不同的方法，不同的思考路径，会产生不同的结果。

在这里，马克思主义认识论把实践的观点引入了认识论，把辩证法应用于反映论，使认识论具有了能动的积极的反映论的特征，由此克服了旧唯物主义认识论的局限性，建立了科学的、能动的、革命的反映论，在人类思想史上第一次揭示了社会生活的实践本质，为创建科学的历史观奠定了理论基础，为人们能动地认识世界和改造世界提供了基本的思想方法和工作方法。那么，辩证唯物主义认识论是如何把实践的观点引入认识论、把辩证法应用于反映论的呢？换句话说，认识的辩证发展过程是怎样的，有什么样的规律呢？

三、认识的过程及其规律

在把握了认识的本质以后，了解了唯心主义和旧唯物主义的局限性，也了解了认识并非简单化、片面化的过程，那么，接踵而来的问题就是，认识究竟是一个怎样的过程？或者说，我们如何才能获得正确的认识呢？对这一问题的思考把我们引入到对认识运动辩证过程的考察中来。

【案例点击】我们不妨来欣赏一首歌曲——《春天的故事》

一曲《春天的故事》曾在中国大地上久久回响。这首歌赞美改革开放为中国带来的新的变化、新的发展，新的腾飞，"神话般地崛起座座城，奇迹般聚起座座金山"，中国"迈开了气壮山河的新步伐"，"展开了一幅百年的新画卷"。

习近平在庆祝改革开放40周年大会上讲道:"我们党作出实行改革开放的历史性决策,是基于对党和国家前途命运的深刻把握,是基于对社会主义革命和建设实践的深刻总结,是基于对时代潮流的深刻洞察,是基于对人民群众期盼和需要的深刻体悟。邓小平同志指出:'贫穷不是社会主义','我们要赶上时代,这是改革要达到的目的'。"①

改革开放,作为党的政策、路线,是基于当时社会实践情况形成的正确认识,那么,我们如何从马克思主义基本原理的角度来看待这一理论的形成过程呢?

(一)从实践到认识

在实践的基础上,从感性认识到理性认识,是认识运动的第一次飞跃。人们对事物的认识,是一个从实践到认识,再从认识到实践的过程。列宁认为:"从生动的直观到抽象的思维,并从抽象的思维到实践,这就是认识真理、认识客观实在的辩证途径。"② 认识的过程首先是从实践到认识的过程。这个过程主要表现为在实践基础上认识活动由感性认识能动地飞跃到理性认识,也就是列宁所说的"从生动的直观到抽象的思维",这是认识运动的第一次飞跃。毛泽东把它说成是"整个认识过程的第一个阶段,即由客观物质到主观精神的阶段,由存在到思想的阶段"。我们把这一阶段也称为感性认识到理性认识的飞跃。

1. 感性认识

感性认识就是人们在实践基础上,由感觉器官直接感受到的关于事物的现象、事物的外部联系、事物的各个方面的认识。它包括感觉、知觉和表象三种基本形式。感性认识最大的特点是直接性和具体性。

2. 理性认识

理性认识是指人们借助抽象思维,在概括整理大量感性材料的基础

---

① 习近平. 在庆祝改革开放40周年大会上的讲话 [N]. 人民日报, 2018–12–19.
② 列宁专题文集:论辩证唯物主义和历史唯物主义 [M]. 北京:人民出版社, 2009:135.

专题六 认识的本质和规律是怎样的？

上，达到关于事物的本质、全体、内部联系和事物自身规律性的认识。理性认识包括概念、判断、推理三种基本形式。理性认识的最大特点是间接性和抽象性。

【案例点击】"改革开放"重大决策的提出

刚刚我们提到了"改革开放"这一伟大决策的提出，是邓小平在深入考察中国当时的实际情况的基础上得出的科学认识。这一过程，就是感性认识到理性认识的飞跃。邓小平深入基层，深入百姓之中，真切地感受着当时老百姓正在经历的生活，看到每家每户的情况，不断形成感性认识。回去之后，又与其他领导人、各级干部一起，深入分析所看到的、所听到的实情，即这些感性认识，在此基础上形成科学的、理论化的认识，最终确定要转变思想，转变以阶级斗争为纲的路线为以经济建设为中心，坚持"改革开放"，从感性认识上升到了理性认识。

从感性认识上升到理性认识，即我们的认识不能仅仅停留于表面，而是要对表面感知到的材料、信息等进行加工、深化，进一步形成科学的理论。梁启超在《自由书·慧观》中说："学莫要于善观。善观者，观滴水而知大海，观一指而知全身，不以其所已知蔽其所未知，而常以其所已知推其所未知，是为之慧观。"这里所讲也是要深化认识。可见，感性认识和理性认识息息相关。

3. 感性认识和理性认识的辩证关系

第一，理性认识依赖于感性认识。实践基础上获得大量直接的感性材料，这是人类认识的初始，再度经过人脑的加工整理，才能达到更高的阶段，即理性认识，没有感性认识，就没有理性认识。这一点表现了认识论中的唯物主义。

第二，感性认识有待于发展和深化为理性认识。感性认识是认识的初级阶段，感性认识虽然丰富而生动，但还不是真正本质性的认识，必须发展为理性认识。正如毛泽东所说的："认识有待于深化，认识的感性阶段有待于发展到理性阶段——这就是认识论的辩证法。"① 这一点表现了认识论中的辩证法。

第三，感性认识和理性认识相互渗透、相互包含。整体客观世界皆处于联系和发展之中，感性认识和理性认识也并非各自独立存在，而是"你中有我，我中有你"的关系。一方面，感性认识中包含理性认识。没有理性认识，感性认识也无法存在，即使存在，也无法表达。比如我们说某某人长得漂亮。这是关于人的外在相貌的评价，但是没有对"漂亮"这个理性概念的理解和把握，这个人长得如何就根本无法表达出来。另一方面，理性认识中包含感性认识，理性认识要以感性材料为基础，还要以文字符号等具有感性形式的语言作为表达手段。"我们的实践证明：感觉到了的东西，我们不能立刻理解它，只有理解了的东西才更深刻地感觉它。"② 这段话形象地说明了感性认识与理性认识相互交融的关系。

感性认识上升到理性认识，必须具备两个基本条件：第一，收集材料。即投身实践，深入调查，获取十分丰富和合乎实际的感性材料。第二，整理材料。即必须经过思考的作用，运用理论思维和科学抽象，把丰富的感性材料加以去粗取精、去伪存真、由此及彼、由表及里的改造制作，形成概念和理论系统。在这个问题上，如果割裂二者的关系，就会犯经验论和唯理论的错误。经验论在现实生活中往往表现为经验主义，片面地夸大了感性认识的作用，忽视了理性认识的作用；而唯理论则在现实生活中往往表现为教条主义，夸大了理性认识的作用，忽视了感性认识的作用。例如，《三国演义》中的"马谡失街亭"就犯了教条主义错误，而"司马懿不敢进西城"（中了"空城计"）则犯了经验主义错误。

（二）从认识到实践

1. 理性认识到实践是认识运动的第二次飞跃

把理性认识运用到实践中去指导实践，是认识运动的第二次飞跃。从

---

① 毛泽东选集（第1卷）[M]. 北京：人民出版社，1991：291.
② 毛泽东选集（第1卷）[M]. 北京：人民出版社，1991：286.

专题六　认识的本质和规律是怎样的？

认识到实践，是"认识过程的第二个阶段，即由精神到物质的阶段，由思想到存在的阶段"。这是比第一个阶段更重要的阶段。

习近平在庆祝改革开放40周年大会上强调指出：

> 40年的实践充分证明，党的十一届三中全会以来我们党团结带领全国各族人民开辟的中国特色社会主义道路、理论、制度、文化是完全正确的，形成的党的基本理论、基本路线、基本方略是完全正确的。
>
> 40年的实践充分证明，中国发展为广大发展中国家走向现代化提供了成功经验、展现了光明前景，是促进世界和平与发展的强大力量，是中华民族对人类文明进步作出的重大贡献。
>
> 40年的实践充分证明，改革开放是党和人民大踏步赶上时代的重要法宝，是坚持和发展中国特色社会主义的必由之路，是决定当代中国命运的关键一招，也是决定实现"两个一百年"奋斗目标、实现中华民族伟大复兴的关键一招。①

"改革开放"伟大决策的提出，对中国产生了深远的影响，在40年后的今天看来，这"40年"就是全国人民在党和国家的正确领导下，共同实践这一伟大决策的过程，并用实际行动、用丰硕的实践成果让全世界看到了中国的发展，展现了中国精神和中国力量，在实践中检验了这一伟大决策的正确性。因此，完成认识的第一次形成理性认识的飞跃之后，需要将其应用于实践活动。

2. 理性认识指导实践的意义和条件

从实践到认识，即由理性认识去指导实践，是意义更为重大的活动，这是由于两个原因。

第一，认识世界的目的是改造世界。从感性认识上升到理性认识的第一次飞跃，认识的结果仍然是一种观念的存在，要把观念转变成现实，就

---

① 习近平. 在庆祝改革开放40周年大会上的讲话[N]. 人民日报, 2018-12-19.

必须经过从认识到实践的飞跃。对此,习近平形象地说:"要按照已经认识到的规律来办,在实践中再加深对规律的认识,而不是脚踩西瓜皮,滑到哪里算哪里。"① 理性认识只有回到实践,才能指导实践,并在实践中实现自身。

第二,认识的真理性只有在实践中才能得到检验和发展。理论是否正确,在从感性认识到理性认识的第一次飞跃中,是没有得到证实也不可能得到证实的。只有把已经获得的理论运用到实践中去检验,错误的理论才能被发现、纠正或者推翻,正确的理论才能得到证实,并在指导实践、实现自身过程中得到完善和发展。这就是检验理论和发展理论的过程。如果没有这个阶段,对事物的认识就还没有完成。所以,这次飞跃意义更大,是更重要的一次飞跃。

当然,理性认识指导实践也需要一定的条件:它包括确定实践的目标、形成实践的理念、制定实践的具体方案、进行各种实验、运用科学的方法、理论被群众所掌握等,其中,理论被群众掌握是最关键的一环,只有如此,理论才能转化为巨大的物质力量。

(三) 实践与认识的辩证运动及其规律

经过两次飞跃以后,认识就完结了吗?就某个阶段性认识或对某个具体事物的认识来讲,可以说是完结了;但是,就整个阶段和事物的无限发展过程来讲,还远远没有完成,还要经过无止境的认识过程。例如,对一个历史人物的评价,有人说"盖棺论定"!然而,随着历史的推移和进步,随着认识的发展,人们有可能会不断反思历史人物,重新做出评价,甚至几千年还争论不休,可见,认识是没有完结的。这是为什么呢?

1. 认识是多次反复的过程

马克思主义认识论认为,认识运动是不断反复的,不是一次完成和完成后永远不变的,那样,就会陷入旧唯物主义认识论的陷阱而无法自拔。

---

① 习近平关于全面深化改革论述摘编 [M]. 北京:中央文献出版社,2014:43.

专题六　认识的本质和规律是怎样的？

那么，认识运动为什么是不断反复的过程呢？这要从客观和主观两个方面的因素来理解。

首先，从客观过程来看：一方面，客观事物的本质暴露需要一个过程。了解事物的本质，特别是一个复杂事物的本质，往往要经过反复不断的实践才能认识到，而不是可以通过简单"照镜子"的方式就能认识的。另一方面，人们对客观事物的认识受到当时科学技术条件的限制。当时的科学技术水平达到怎样的程度，直接影响了人们的认识水平。例如，"天圆地方"等认识今天看来就是不正确的，这些认识被当时的科学技术条件所制约。

其次，从主观过程来看：人的认识还受到认识者所处的地位、所受的教育、所持有的立场、所使用的方法等各方面的限制。所谓"仁者见仁、智者见智"说的就是这种情况。例如，很多人都在读《红楼梦》，得到的认识是有很大差别的，有人看到的是故事中的人物和情节，有人读到了当时的社会状况，还有人甚至联想到书中影射的人物和事件。正因其深奥复杂，需要反复研究和解读，所以人们称之为"红学"。

2. 认识是无限发展的过程

认识运动不仅是不断反复的过程，还是无限发展的过程，认识的无限发展是由于历史发展的无限性和实践发展的无限性所决定的，正如习近平所说："实践没有止境，理论创新也没有止境。世界每时每刻都在发生变化，中国也每时每刻都在发生变化，我们必须在理论上跟上时代。"所以，他强调要"不断认识规律，不断推进理论创新、实践创新、制度创新、文化创新以及其他各方面创新"。[①]

从认识的辩证过程看，我们不难发现认识运动有以下特点：反复性、无限性、上升性（前进性），由此形成认识辩证运动的规律。关于认识运动的辩证规律，毛泽东是这样概括的："实践、认识、再实践、再认识，

[①] 习近平. 决胜全面建成小康社会夺取新时代中国特色社会主义伟大胜利 [M]. 北京：人民出版社，2017：26.

这种形式,循环往复以至无穷,而实践和认识之每一循环的内容,都比较地进到了高一级的程度。"① 这就是认识运动发展的辩证过程,也是认识运动的总规律,表明认识是一个多次反复和无限发展的过程。这个过程既是认识在实践基础上沿着科学性方向不断深化发展的过程,也是实践在认识的指导下沿着合理性方向不断深入推进的过程。这个过程既不是封闭式的循环,也不是直线式的发展,往往充满了曲折以至反复,因而是一个波浪式前进和螺旋式上升的过程。

专题小结

本专题的内容主要围绕认识论问题展开,在确定物质世界的真实存在之后,接下来的问题便是如何认识世界的问题,对认识的本质和规律的探究。能否认识世界?如何认识世界?如何才能获得正确的认识?这些问题一直困扰着人们,相关的思考也从未停止过,如不可知论、唯心主义先验认识论、旧唯物主义反映论等,但我们站在马克思主义的辩证唯物主义立场上就会看到这些观点的局限,并找到认识世界的科学观点和方法。

首先,认识不是人脑自生,不是先于经验,而是在实践基础上形成的。实践在认识过程中起着决定性作用,是认识的来源、动力、目的,是检验认识正确与否的标准。其次,认识的本质是主体实践基础上的能动的反映。这是辩证唯物主义对认识本质的科学理解,既克服了不可知论、唯心主义先验论在认识论问题上的弊端,又克服了旧唯物主义的局限,科学而准确地把握了认识的本质。最后,认识的形成,是一个从实践到认识,再从认识到实践的辩证运动过程,这个过程揭示了认识运动中"反复性、无限性、上升性"等特征,由此形成认识运动的总规律。总之,认识是在实践基础上,经历两次飞跃,实现螺旋式上升和波浪式渐进。在认识论中,有一个非常重要的问题是不能回避的,很多学派都要试图回答这个问

---

① 毛泽东选集(第1卷)[M]. 北京:人民出版社,1999:296-297.

专题六 认识的本质和规律是怎样的？

题，由于立场不同结论亦不同，这个问题就是"真理"问题。我们如何理解和追求真理呢？请继续下一个专题的学习。

延伸阅读

1. 马克思. 关于费尔巴哈的提纲［M］//马克思恩格斯文集（第4卷）. 北京：人民出版社，2009.

2. 恩格斯. 路德维希·费尔巴哈和德国古典哲学的终结［M］//马克思恩格斯文集（第4卷）. 北京：人民出版社，2009.

3. 毛泽东. 矛盾论［M］//毛泽东选集（第1卷）. 北京：人民出版社，1991.

4. 习近平. 在庆祝改革开放40周年大会上的讲话［N］. 人民日报，2018－12－19.

思考题

1. 如何理解实践的本质、特征、结构和基本形式？
2. 如何理解认识的本质及实践对认识的决定作用？
3. 试述认识运动的辩证过程和基本规律。

（撰写人：黄亚明）

专题七　如何把握真理与价值的关系？

一、教学目的与要求

（一）知识目标

1. 了解真理的本质和根本特征。
2. 理解真理的绝对性、相对性及辩证关系。
3. 把握实践是检验真理的唯一标准。
4. 掌握真理与价值的辩证关系及方法论意义。
5. 理解认识世界与改造世界的辩证关系。

（二）能力目标

1. 提高运用马克思主义真理观分析和解决问题的能力。
2. 增强把科学精神和人文精神相统一的能力。
3. 提升对待马克思主义及党的思想路线的正确认识。

（三）情感和价值观目标

1. 增强学生对社会主义价值观的认同感。
2. 引导学生加强自身修养并同错误思潮作斗争。
3. 培养学生积极投身于中国特色社会主义建设。

专题七 如何把握真理与价值的关系？

二、针对的学生主要思想困惑

1. 如何理解真理的客观性及检验真理的标准？
2. 怎样把握真理和价值的关系及方法论意义？

三、针对的错误思潮与模糊认识

1. 真理只具有相对的正确性。
2. 真理观上的实用主义。
3. 价值观上的虚无主义。

四、教学重点难点

1. 真理的客观性、绝对性、相对性及相互关系。
2. 实践是检验真理的唯一标准。
3. 真理与价值的辩证统一。

五、教学时数

3 课时

授课导入

我们了解了认识的本质、辩证过程及发展规律，还要进一步了解认识所追求的目标。人类对世界的认识就是不断排除谬误，获得真理，并且在真理的指导下有效地改造世界，追求和实现价值的过程。人类不断追求并实现真理和价值的统一，也就是实现真、善、美的统一，它是实践活动的根本要求和最终目标。那么，什么是真理？应该如何理解和追求真理？不同的真理观给人们哪些不同的启示？

在科学研究的历程中，无数科学家为了探寻真理，寻求对现实世界的真实解答，披荆斩棘，奋勇向前，不断推动人类社会科技的进步和文明的进程。而在新冠肺炎病毒肆虐的时候，相信同学们会被这一群舍小家顾大家、不顾个人安危，冒着生命危险战斗在疫情一线的医护人员所感动！

【案例点击】"白衣天使"战斗在抗疫情的前线

为了14亿国人安危，白衣天使逆行而上，在看不见敌人的战场上，用血肉筑起生命防线！他们有一个平凡的名字：中国医生。"医者，此去欲何？""战病疫，救苍生！""若一去不回？""便一去不回！"

【案例评析】医者仁心、悬壶救世、救死扶伤，这是白衣天使的价值信念。不计个人安危、舍生忘死冲在第一线，认真研制对抗病毒的药物，并找到护理病者的正确方法，这是医护人员对真理的执着追求。他们是这个时代最可爱的人。这些事例不禁引起我们的思考：为何真理有如此魅力，值得古往今来，众多仁人志士，前仆后继，勇往直前地去探索？

一、如何理解真理

真理是一个极其崇高、极其珍贵的字眼。亚里士多德有句名言"吾爱吾师，吾更爱真理"，培根也曾说过"追求真理是人性中最高的品德"。回顾新中国建立的历史，许多革命志士为了追求真理、达成理想而抛头颅洒热血，比如革命先烈夏明翰的著名诗句"砍头不要紧，只要主义真"，李大钊的"人生最高理想，在求达于真理"，等等，他们的精神激荡着我们的心灵，他们的事迹启发着我们对真理的不懈追求。追求真理的前提，是对真理应该有一个正确的理解。

（一）真理及其客观性

1. 什么是真理

提到真理，我们首先要强调它的重要性。真理不仅对我们的平凡生活至关重要，而且影响到社会的发展与时代的进步。关于真理检验标准的大讨论开启了中国思想解放的时代潮流。对真理的探索与发现，带动了生产

专题七　如何把握真理与价值的关系？

力的大发展，进而提高了人民的生活水平。那么，真理究竟是什么，或者说什么样的认识才是真理，才值得我们去追寻、去探索呢？

不妨先看看，在思想史上，对真理的看法有什么样的不同。下面列举两种观点来比较分析。

第一，托马斯·阿奎那的"双重真理观"。托马斯·阿奎那是欧洲中世纪经院哲学的最高权威，他认为哲学和神学有不同的认识目标和认识对象，都可以达成真理。这一观点从表面上看是承认了理性追求真理的能力，但是他最终还是将真理归结于上帝，他说："我所谓的两种真理，并不是就上帝本身而言的，因为上帝是唯一的真理，而是就我们的认识而言的，我们是从不同的方面去认识上帝的真理。"[①] 人的理性不仅只能认识上帝，而且连理性本身都是上帝所赋予的。他以这样的方式将信仰和理性区分开了。这对人类的理性和主体意识而言，是一种否定。托马斯·阿奎那把真理分为神学真理和世俗真理，肯定神学真理高于世俗真理，并且认为神学真理的内容是不可更改的。这种真理观既是一种神秘主义真理观，又是对真理客观性的否定，显然是错误的。

第二，詹姆斯的实用主义真理观。在詹姆斯（詹姆士）看来，"理论的真理性不是我们心灵与原型的实在关系，它只是心灵之内的事情"；"如果一个概念能够很顺利地从我们的一部分经验转移到另一部分经验，将事物完美地联系起来，很稳定地工作起来，而且能够简化劳动，节省劳动，那么这个概念是真的。"[②] 以詹姆斯为代表的实用主义者的"有用就是真理"，把"有用"和"真理"画上等号的做法，同样是对真理客观性的否定。虽然它对真理价值性的认识具有启发意义，但其基本观点是错误的。在现实生活中，对每个人而言，"有用"的东西是不一样的，如果按照"有用就是真理"的说法，那么，每个人的想法就都变成了真理。这显然是非常荒谬的。

---

① 北京大学哲学系外国哲学史教研室. 西方哲学原著选读 [M]. 北京：商务印书馆，1982：259-260.

② 詹姆士. 实用主义 [M]. 陈羽纶，孙瑞禾，译. 北京：商务印书馆，1976：152.

【案例点击】"仁者见仁,智者见智"辨析

"仁者见仁,智者见智"是指不同的人对待同一事物所形成的不同见解,这是人这一认识主体对客观能动的反映,体现了人的认识的主观性和差别性。但这些认识究竟是否是真理以及在多大程度上是真理,则要由实践来检验。承认人在认识上的主观性和差别性,并不能否定客观真理。

那么,马克思主义对真理是如何理解的呢?与上述两种观点不同,马克思主义认为,真理是标志主观与客观相符合的哲学范畴,是人们对客观事物及其规律的正确反映。把握真理这个概念,要重点把握两条:首先,真理是一种正确认识。认识有正确和错误之分,真理是一种正确认识或正确反映。正确认识或正确反映就是主观同客观相一致、相符合或接近。其次,真理是一种理性认识。所谓理性认识是指对事物本质和规律的认识,真理不只是认识事物的表面现象,更主要的是认识事物的内在本质和规律。马克思主义对真理的认识,同前面两种观点有什么不同呢?最主要是区别在于,马克思主义坚持了真理的客观性,这是从"物质第一性和意识第二性""认识的本质即反映"中得出的必然结论。那么,真理为什么是客观的呢?

2. 真理的客观性

马克思主义认为,真理是客观的,客观性是真理的最根本的特征或本质属性。凡真理都是客观真理,这是真理问题上的唯物论。一切唯物主义认识论都承认和强调真理的客观性,它是唯物主义认识论即反映论的一般原理在真理问题上的贯彻。列宁指出:"认为我们的感觉是外部世界的映象;承认客观真理;坚持唯物主义认识论的观点——这都是一回事。"[①]

真理之所以是客观的,主要原因有二:其一,真理的内容是客观的。真理是对客观事物的实际状况的认识和反映。事物的客观本质决定了对其认识所获得的真理的客观性。其二,真理的检验标准是客观的。只有经过实践反复检验证明了的认识才是真理。人们之所以称某种思想是真理,并

---

① 列宁专题文集:论辩证唯物主义和历史唯物主义 [M]. 北京:人民出版社,2009:36.

专题七 如何把握真理与价值的关系？

不是因为某位天才人物的主张，而是实践检验的结果。

在这里需要强调的是，真理的客观性是针对真理的内容而言的，从它的表现形式来说，真理又是主观的，真理毕竟是一种认识活动。比如，对于一个经济学思想，我们既可以用大段的文字来表述，也可以用图表、柱状图、扇形图等方式表现出来。所以，准确地说，真理是客观内容和主观形式的统一。

【案例点击】 达尔文的家庭不幸给后人的启示

进化论被恩格斯称为19世纪自然科学的三大发现之一。这一理论的提出者是达尔文，但是他自己却违背了进化原则。达尔文在1839年与艾玛结婚。婚后，夫妻关系融洽，艾玛无微不至地照顾达尔文的生活起居。他们在婚后17年间，生育了10个儿女。但遗憾的是，他们的孩子都体弱多病，其中有3个夭折：二女儿玛丽仅活了3个星期，小儿子查尔斯在两岁时死于猩红热，大女儿安妮在10岁时死于肺结核，还有3个子女结婚多年却终生未育。后人把这种现象归结为达尔文违背了生物进化的客观规律，因为艾玛是达尔文舅舅的女儿，也就是他的表姐。

虽然我们强调真理的客观性，但真理是确定的吗？有没有曾经一直认为是真理的内容在某一刻被质疑和否定的情况呢？当我们对一种理论，如经典力学顶礼膜拜的时候，另一种理论如爱因斯坦的相对论，在一定程度上却把它从宝座上拉了下来。

既然真理是客观内容和主观形式的统一，所以，从真理的发展来考察，真理的客观性往往导致了真理的绝对性和无条件性，决定了真理的一元性，即人们在特定的条件对相同的事物进行认识，真理只有一个。但是，真理反映形式的主观性又往往导致真理的相对性和有条件性，决定了真理是随着对事物认识的不断拓展和深化而改变的。这样就出现了真理的绝对性、相对性即二者的辩证关系问题。

（二）真理的绝对性、相对性及辩证关系

马克思主义认为，真理不仅是客观的，还是绝对性和相对性的统一，这是真理问题上的辩证法。当然，只有在强调真理客观性的基础上，我们才能谈论真理的绝对性和相对性及二者的辩证关系。

波普尔在1919年日食观测中得到启示,科学之所以为科学,并不在于它正确,得到经验的证实,而在于它有错误,可以为经验证伪。任何科学理论都包含可能的错误。恩格斯曾经这样讲过:"今天被认为是合乎真理的认识都有它隐蔽着的、以后会显露出来的错误的方面。同样,今天已经被认为是错误的认识也有它合乎真理的方面,因而它从前才能被认为是合乎真理的。"①

1. 真理的绝对性

真理的绝对性是指真理主客观统一的确定性和发展的无限性。它有两个方面的含义:一是指任何真理都标志着主观与客观之间的符合,都包含不依赖于人和人的意识的客观内容,都同谬误有原则的界限。这一点是绝对的、无条件的。在这个意义上,承认了真理的客观性也就是承认了真理的绝对性。二是人类认识按其本性来说,能够正确认识无限发展着的物质世界,认识每前进一步,都是对无限发展着的物质世界的接近,这一点也是绝对的、无条件的。在这个意义上,承认了世界的可知性,承认人能够获得关于无限发展着的物质世界的正确认识,也就是承认了真理的绝对性。

2. 真理的相对性

真理的相对性是指人们在一定条件下对客观事物及其本质和发展规律的正确认识总是有限度的、不完善的。它具有两个方面的含义:一是从客观世界的整体来看,任何真理都只是对客观世界的某一阶段、某一部分的正确认识,人类已经达到的认识的广度总是有限度的,因而,认识有待扩展。二是就特定事物而言,任何真理都只是对客观对象一定方面、一定层次和一定程度的正确认识,认识反映事物的深度是有限度的,或是近似性的。

3. 真理的绝对性和相对性的辩证关系

真理的绝对性和相对性是辩证统一的。二者相互依存、相互包含。真

---

① 马克思恩格斯选集(第4卷)[M]. 北京:人民出版社,1995:244.

专题七 如何把握真理与价值的关系？

理永远处在由相对向绝对的转化和发展中，是从真理的相对性走向绝对性、接近绝对性的过程。任何真理性的认识都是由真理的相对性向绝对性转化过程中的一个环节，这就是真理发展的规律。

【案例点击】三角形的"内角之和"

三角形内角和等于多少度？古希腊欧几里得几何学认为，三角形三个内角和等于180度。19世纪30年代，俄国的罗巴切夫斯基几何学认为，三角形三个内角和小于180度。19世纪50年代，德国的黎曼几何学认为，三角形三个内角和大于180度。究竟哪个是科学真理呢？如果都对，那么不就有三个真理吗？欧氏、罗氏、黎氏三种几何学各自认为三角形内角和等于、小于和大于180度的说法，都是正确的。它们体现了任何真理都是绝对性和相对性的统一的哲学道理。

真理的绝对性和相对性的辩证关系原理，是我们正确对待马克思主义既要坚持又要发展的理论依据，也是反对"绝对主义"（夸大真理的绝对性）和"相对主义"（夸大真理的相对性）两种错误的哲学基础。总之，真理是人们对客观事物及其规律的正确反映，客观性是真理的本质属性，真理又是绝对性和相对性的辩证统一。那么，我们应该如何追求真理呢？

二、真理与价值的辩证统一

真理是很多仁人志士执着追求的内容，而追求真理应该有正确的方法，当然，也有人明知道是错误的东西，却还在坚持，这里就有了"价值选择"的问题。当然，从长远来看，真理和价值是统一的。所以，我们应该学会如何去追求真理。

（一）坚持实践是检验真理的唯一标准

【案例点击】"检验河蚌"的启示[①]

我小时候最喜欢帮母亲检查买回来的河蚌有没有坏。检查的方法是，

---

① 青岛市教育发展研究会. 不可不读的198个中外教育故事［M］. 青岛：青岛出版社，2010：236.

用左手先拿住一个河蚌,再用右手捡起其他的河蚌,一个一个地敲。如果河蚌的声音是结实饱满的,就是新鲜的河蚌,否则就是坏的。有一天,母亲又买回来一大包河蚌,我又开始我的鉴定工作。出乎意料的是,居然所有的河蚌都是坏掉的!我简直不敢相信自己的耳朵。于是,母亲亲自动手检验,原来我抓在左手里的那个河蚌是坏的!难怪敲起来的声音全都不对劲!

大学毕业后,我开始教书育人。有一段时间,我对周围的人都看不顺眼,很想改造他们,但又改造不了。当我沉浸在自怨自艾、自我悔恨之中时,心中突然想起童年"检验河蚌"的启示,想到是不是我自己在方法和思路上有缺陷呢?于是,我开始了自我反思和自我修正。经过一番努力,我终于走过了那段难熬的日子。

【课堂讨论】请问你从这个案例中得到怎样的启示呢?

【案例评析】这个故事告诉我们,真理的评价标准是个非常重要的问题。它就像指挥棒,如果指错了方向,那么无论多么努力,目标都很难达成。历史上,真理的评价标准很多,有的认为是上帝,有的认为是圣人,有的认为是皇帝、国王,等等观点,不一而足。马克思在《关于费尔巴哈的提纲》中提出了这样一种观点:

> 人的思维是否具有客观的真理性,这不是一个理论的问题,而是一个实践的问题。人应该在实践中证明自己思维的真理性,即自己思维的现实性和力量,自己思维的此岸性。[①]

也就是说,马克思主义认为,只有实践才是检验真理的唯一标准,此外再也没有别的标准。

1. 实践作为检验真理唯一标准的原因

实践之所以能够作为检验真理的唯一标准,是由真理的本性和实践的特点决定的。第一,从真理的本性看,真理是人们对客观事物及其发展规

---

① 马克思恩格斯文集(第1卷)[M]. 北京:人民出版社,2009:500.

专题七　如何把握真理与价值的关系？

律的正确反映，它的本性在于主观和客观相符合。如果只是用一种认识去检验另一种认识，这仍然是在主观范围内兜圈子，达不到检验的目的。只有那种能够把主观认识与客观事物联系和沟通起来，从而使人们能够把二者加以比较和对照的东西，才能充当检验真理的标准。具有这种特性的东西，只能是作为主客观联系的桥梁、纽带或"交错点"的社会实践。第二，从实践的特点看，实践是人们改造世界的客观的物质性活动，具有直接现实性的特点。如果实践的结果与实践之前的认识和预想相符合，那么，之前的认识就得到了证实，成为真理性的认识。相反，就是谬误性的认识。此外，在实践检验真理的过程中，逻辑证明可以起到重要的补充作用。

2. 实践标准的确定性与不确定性

实践标准的确定性即绝对性，是指实践作为检验真理标准的唯一性、归根到底性、最终性，离开实践，再也没有其他公正合理的标准。实践标准的不确定性即相对性，是指实践作为检验真理标准的条件性。一方面，任何实践都会受到主客观条件的制约，因而都具有不可能完全证实或驳倒一切认识的局限性。另一方面，实践是社会的历史的实践，由于历史条件的种种限制，实践对真理的检验具有相对性、有限性，表现为具体的实践往往只是在总体上证实认识与它所反映的客观事物是否相符合，而不可能绝对地、永恒地、一劳永逸地予以确证。

【案例点击】西药和中药之争

在疫情防控中出现的抢购药物风潮引发一个争论：治疗新冠肺炎到底是中药还是西药更管用？中药管用还是西药管用，关键是看疗效。在新冠疫苗还未正式投入应用的情况下，医生对捐赠的患者遗体进行了解剖，这是为了精确了解新冠病毒对患者的攻击损害，从而进一步对症下药，研制并完善新冠疫苗。尽管新冠肺炎夺走了数千条生命，但治愈者更多，到底中药、西药谁更管用？医生以及科研工作者也正在研究探索中，相信不久的将来我们一定会彻底攻克新冠病毒，使人类免受其害，最终达到治愈效果，所以关键是要看疗效。

【案例评析】 实践是检验真理的唯一标准。事实胜于雄辩,实践最具有权威性;同时也反映了实践作为真理检验标准,是确定性与不确定性的统一。

(二)把握真理和谬误的辩证关系

追求真理的过程,也是不断地反对谬误、修正错误的过程,因为真理和谬误是根本对立的;同时,真理和谬误的对立又是相对的,它们在一定条件下可以相互转化。所以,我们只有了解了真理和谬误的根本对立,了解了二者的相互转化及转化的条件,了解了二者既对立又统一的辩证关系,才能更好地去追求真理。

1. 真理和谬误是根本对立的

如果说真理是人们对客观事物及其规律的正确反映,那么,谬误则是人们对客观事物及其规律的歪曲反映,是同客观事物的发展相违背的认识。真理和谬误是相比较而存在、相斗争而发展的,马克思曾经把真理比作"燧石",认为它受到的敲打越厉害则发出的光辉越灿烂。习近平也指出:"只要我们善于聆听时代声音,勇于坚持真理、修正错误,二十一世纪中国的马克思主义一定能够展现出更强大、更有说服力的真理力量。"[①] 可见,在确定的条件下真理和谬误是根本对立的,不能说真理包含谬误,也不能说谬误包含真理,我们要敢于坚持真理,反对谬误,不断地修正错误。因为真理是正确的认识,终将被实践所证实;而谬误是错误的认识,终将被实践所驳斥,真理暂时的困境或谬误暂时的得逞都是不会长久的。真理既是绝对的又是相对的,不等于说真理既是正确的又包含了错误,真理的相对性和错误是两个完全不同的概念。

2. 真理和谬误又是统一的

真理和谬误是根本对立的,不等于说真理和谬误之间就没有联系,真

[①] 习近平. 决胜全面建成小康社会 夺取新时代中国特色社会主义伟大胜利——在中国共产党第十九次全国代表大会上的报告[M]. 北京:人民出版社,2017:26.

理和谬误是相比较而存在的,没有真理就没有谬误,反之亦然。真理和谬误之间在一定条件下是可以互相转化的。

一方面,真理在一定条件下可以转化为谬误。首先,真理是具体的。把一个具体的真理,抽象化为一种绝对的正确认识,不分地点、场合与范围,真理就会被转化为谬误。例如把"平面几何学"运用到立体空间中,就转化为谬误。其次,真理是全面的。真理往往是对事物相互联系的整体进行的正确认识,如果割裂了整体之间的联系只抓住某个片段,真理也会转化为谬误。例如,盲人摸象就没有抓住事物的整体,只抓住某些片段,因此是错误的。

另一方面,谬误在一定条件下也可以转化为真理。如前所述,真理是具体的、全面的,如果把它进行"抽象化"或"割裂开来"就会转化为谬误,使之再回到具体或整体中来,谬误又会转化为真理。同时,谬误还可以为真理的实现提供条件,有些正确的认识往往必然会经过谬误才能达到,如学习骑车或开车,学习游泳或跳舞,谁能不犯错误呢?"失败乃成功之母"就是讲这样的道理。

总之,要追求真理,就要把握真理和谬误的对立统一。这个原理告诉我们,坚持真理、反对谬误,把握真理和谬误转化的条件是很重要的,不能掉以轻心。

(三)坚持真理和价值的统一

1. 价值及其主要特征

作为哲学范畴,价值是指在实践基础上形成的主体和客体之间的意义关系,是客体对个人、群体乃至整个社会的生活和活动所具有的积极意义。价值具有主体性、客观性、多维性和社会历史性四个基本特性,它们是价值本质的表现。

与真理的客观性相对,价值的首要特性就是其主体性。价值的主体性是指价值直接同主体相联系,始终以主体为中心。价值关系的形成依赖于主体的存在。没有主体,就不存在价值关系;同一客体可能对不同主体具有不同的价值。价值是随主体、客体以及主客体关系的变化而变化的。同时，价值关系的形成依赖于主体的创造，使客体潜在的价值转化为现实的存在。

【案例点击】 苏东坡、王安石和宋神宗关于酒色财气的组诗

北宋大文豪苏东坡到大相国寺拜访他的好友佛印和尚，恰值佛印外出，苏东坡就在禅房住下，无意中看到了禅房墙壁上留有一首佛印题的诗，其诗云："酒色财气四堵墙，人人都在里面藏。谁能跳出圈外头，不活百岁寿也长。"苏东坡看后，另有所思，就提起笔来在佛印的诗旁边附和了一首："饮酒不醉是英豪，恋色不迷最为高；不义之财不可取，有气不生气自消。"又一日，宋神宗在王安石的陪同下，来到大相国寺游览，他们看到了佛印和苏东坡的题诗，感到颇有趣，神宗让王安石也和一首。王安石写道："无酒不成礼仪，无色路断人稀；无财民不奋发，无气国无生机。"宋神宗大为赞赏，也乘兴题写了一首："酒助礼乐社稷康，色育生灵重纲常；财足粮丰家国盛，气凝太极定阴阳。"

【案例评析】 这是一组关于酒色财气的妙趣横生的组诗，由于作诗的人所处的立场和格局不同，对于同样的酒色财气四种事物也就产生了截然不同的评价。佛印和尚的诗从证悟佛家之空性来谈，提倡完全和酒色财气相绝缘，出离世间，是佛家的出世思路。苏东坡的诗强调对待酒色财气关键是把握一个度，恪守中庸之道，是从儒家个人修身方面来谈。王安石和宋神宗则从酒色财气对国家社稷的积极作用方面来谈，肯定了酒色财气中所蕴含的积极因素，一个是贤相的眼界，一个是王者的格局。

2. 价值评价与核心价值观

价值评价是主体对客体的价值以及价值大小所作的评判或判断，因而也被称作价值判断。价值评价通过揭示客体对于主体的意义，形成对客体的不同态度，如肯定或否定、喜欢或反感、美或丑、善或恶、公正或偏私等。

价值评价是对客观价值关系的主观反映。评价是关于主客体之间价值关系的认识，是对客体对于主体需要的意义的判断。能否作出正确判断，

专题七　如何把握真理与价值的关系？

取决于人对客体和主体的双重认识，这种认识不仅包括对客体属性和规律的认识，也包括对主体的规定性和需要等的认识。只有对主体和客体都有了正确认识，才能对主客体间的价值关系作出正确评价。

【案例点击】"造假"引发的思考

近年来，一幕幕的造假事件频繁浮出水面，披露在社会大众的视野中。学历造假、食品造假、团购网抽奖造假等一系列报道时时刺激着人们敏感的神经。出现这些问题的原因不外乎就是部分商家为了降低成本，在利益的驱动下，为了追求暴利，利用现代化的技术手段，制假贩假，而学历造假则是期望通过捷径来帮助自己成功。学历造假、团购网抽奖造假导致个体行为失信，而食品造假失去的不仅是企业自身的声誉，还有可能对人民的健康造成危害，更有甚者将致人死亡。科学技术在食品生产中已经被广泛应用，然而科技运用一旦与"损人利己"的价值选择相结合，就使得人们面临越来越多的生存危机。因此，企业发展必须以广大人民群众的生命健康为最高目标，这也是科学发展观与和谐社会建设的内在要求。

对民族与国家来说，最持久、最深层的力量是全社会共同认可的核心价值观，因为它承载着一个民族、一个国家的精神追求，体现着一个社会评判是非曲直的价值标准。近年来，对历史人物进行曲解的"奇闻轶事"、对抗战英雄进行否定的舆论争论，甚至对抗疫成就的漠视，时时都会见诸各种报道，虚无主义的情绪逐渐在当代青年的价值观认知中弥漫。我们应该在警惕价值观上的虚无主义的同时，自觉坚持社会主义核心价值观。社会主义核心价值观体现的是社会主义精神文明所倡导的为中国特色社会主义和共产主义奋斗的社会政治理想，为人民服务的人生观，崇尚科学、追求真理的科学观，集体主义的道德观，真善美相统一的积极、健康的审美观等。习近平指出：

> 人类社会发展的历史表明，对一个民族、一个国家来说，最持久、最深层的力量是全社会共同认可的核心价值观。核心价值观，承载着一个民族、一个国家的精神追求，体现着一个社会评判是非曲直

的价值标准。①

3. 真理和价值的关系

人们的实践活动总是受着真理尺度和价值尺度的制约。首先，真理和价值是有区别的。实践的真理尺度是指在实践中人们必须遵循正确反映客观事物本质和规律的真理。只有按照真理办事，才能在实践中取得成功。实践的价值尺度是指在实践中人们都是按照自己的尺度和需要去认识世界和改造世界。这一尺度体现了人的活动的目的性。

其次，真理和价值又是有联系的。马克思指出："动物只是按照它所属的那个种的尺度和需要来构造，而人却懂得按照任何一个种的尺度来进行生产，并且懂得处处都把固有的尺度运用于对象；因此，人也按照美的规律来构造。"② 这里所说的"任何一个种的尺度"实际上就是把事物的本质和规律作为实践活动的客观依据或条件，即客体尺度；而人内在的社会性需要就是人类活动的内在动力和根据，即主体尺度。坚持客体尺度，就是坚持真理原则，坚持主体尺度，就是坚持价值原则，真理和价值在实践过程中相互统一。

【案例点击】如何进行新冠肺炎的防控工作

2020年3月2日，习近平在北京考察新冠肺炎防控科研攻关工作时强调：人类同疾病较量最有力的武器就是科学技术，人类战胜大灾大疫离不开科学发展和技术创新。要把新冠肺炎防控科研攻关作为一项重大而紧迫任务，综合多学科力量，统一领导、协同推进，在坚持科学性、确保安全性的基础上加快研发进度，尽快攻克疫情防控的重点难点问题，为打赢疫情防控人民战争、总体战、阻击战提供强大科技支撑。③

【案例评析】"在坚持科学性、确保安全性的基础上加快研发进度，尽快攻克疫情防控的重点难点问题"，习近平的这一论述充分体现了实践活

---

① 习近平关于社会主义文化建设论述摘编 [M]．北京：中央文献出版社，2017：112.
② 马克思恩格斯选集（第1卷）[M]．北京：人民出版社，2012：57.
③ 习近平．为打赢疫情防控阻击战提供强大科技支撑 [J]．求是，2020 (6).

动中尊重客观规律性与自觉发挥主观能动性，坚持真理与实现价值两个维度的辩证统一。

基于实践的具体性和历史性，真理尺度与价值尺度的统一也是具体的和历史的，二者的统一会随着实践的发展而不断发展到更高级的程度，真理由相对向绝对转化，人的需要和利益也日益多元。然而，真理尺度与价值尺度能否达到具体的、历史的统一，仍然必须通过实践来检验。总之，追求真理还要坚持真理和价值的统一。坚持真理原则是科学精神的体现，坚持价值原则是人文精神的体现，二者不可偏废，我们既要反对真理观上的实用主义，也要反对价值观上的虚无主义。

三、认识世界和改造世界

理解真理和追求真理的过程，实际上就是认识世界和改造世界的过程，换句话说，认识是为了获得真理，坚持在实践中把握真理性认识和价值选择的统一，目的是更好地指导实践，更好地认识世界和改造世界。如何理解这一认识世界和改造世界的现实过程？当我们有了真理性认识，有了正确的价值导向的时候，又该如何实现认识世界和改造世界的统一呢？

（一）认识世界和改造世界的含义及其关系

认识世界和改造世界是人类两种基本的活动，理解和追求真理不可能离开这两种活动，实际上主要是为这两种活动服务的。

1. 认识世界

所谓认识世界就是主体在实践的基础上，对客体进行能动反映的活动，这种反映是正确的就是真理。所以，认识世界的过程，就是了解事物的本质和发展规律，不断地理解和发现真理的过程。

2. 改造世界

所谓改造世界就是主体按照自身的需要和价值尺度，去创造理想世界的过程，这个过程即追求真理和实现价值的过程。人类的活动是在意识指导下进行的活动，有很强的目的性，这种按照自身目的使世界发生变化的活动就是改造世界。当然，改造世界既包括改造客观世界，也包括改造主观世界。

3. 认识世界和改造世界的关系

认识世界和改造世界是辩证统一的关系。一方面，认识世界的目的是改造世界。人们认识世界不是目的，目的是改造世界，使世界更适合于人类生存的需要。另一方面，改造世界以正确地认识世界为前提。离开了正确地认识世界，改造世界或许就变成了人为造成的各种灾害，如空气污染、水土流失、乱砍滥伐等。

那么，我们应该如何去认识世界和改造世界呢？

（二）认识世界和改造世界的过程是从必然走向自由的过程

1. 必然

"必然"也可以称为必然性，就是指在事物联系和发展过程中一定如此的、不可避免的趋势，它是事物发展中的一种确定不移的趋势，必然性和规律性是同等程度的概念。人们在没有认识必然、认识规律之前，往往只是感受到必然性和规律性的制约，而一旦认识了必然并利用必然为自己谋福利就走向了自由。

2. 自由

所谓"自由"就是对必然性的认识和对客观世界的改造。马克思主义认识论的目的，说到底是改造世界，既改造客观世界，也改造主观世界，提升自己的认识能力，改造主客观世界的关系。而认识世界和改造世界的过程，就是从必然王国走向自由王国的过程。

3. 自由和必然的关系

自由和必然的关系类似于主观能动性和客观规律性的关系，自由以尊重和利用必然为前提，实现自由是有条件的，不能违背客观规律；而人们想实现自由就必须充分发挥自己的能动作用，不发挥主观能动性就很难实现自由。

专题七 如何把握真理与价值的关系?

【案例点击】 马克思关于"必然王国"和"自由王国"的论述

马克思在《资本论》中说:"事实上,自由王国只是在必要性和外在目的规定要做的劳动终止的地方才开始;因而按照事物的本性来说,它存在于真正物质生产领域的彼岸。像野蛮人为了满足自己的需要,为了维持和再生产自己的生命,必须与自然搏斗一样,文明人也必须这样做;而且在一切社会形式中,在一切可能的生产方式中,他都必须这样做。这个自然必然性的王国会随着人的发展而扩大,因为需要会扩大;但是,满足这种需要的生产力同时也会扩大。这个领域内的自由只能是:社会化的人,联合起来的生产者,将合理地调节他们和自然之间的物质变换,把它置于他们的共同控制之下,而不让它作为盲目的力量来统治自己;靠消耗最小的力量,在最无愧于和最适合于他们的人类本性的条件下来进行这种物质变换。但是,这个领域始终是一个必然王国。在这个必然王国的彼岸,作为目的本身的人类能力的发展,真正的自由王国,就开始了。但是,这个自由王国只有建立在必然王国的基础上,才能繁荣起来。工作日的缩短是根本条件。"①

【课堂讨论】 上述材料给了我们哪些启示呢?

人的生命活动不同于动物的活动,动物在自然"必然性"的界限内活动,不得不单向度地遵循各种必然性规律;但是,人是具有"有意识"的生命活动,人的生命活动一方面遵循着各种客观规律性,另一方面又有"超越性"和"目的性"的维度,这恰恰是人的高贵之处。也就是说,人作为一种理想性的存在者,把世界改造成真善美的世界,把自己的理想不断变成现实,这是一个创造的过程,体现为人的合目的性。与此同时,在改造客观世界的过程中,人的主观世界也得到了改造和提升。由此可见,认识世界和改造世界的过程,既是求真的过程,也是一个求善求美的过程。这正是一个不断从必然走向自由的过程。

---

① 马克思恩格斯文集(第7卷)[M].北京:人民出版社,2009:928-929.

(三) 认识世界和改造世界的方法论意义

认识世界和改造世界的过程，也是理解真理和追求真理的过程，同样也是由必然走向自由的过程。中国共产党正是在这个过程中形成了自己正确的思想路线，以及由此生发出来的思想方法，才带领全国人民取得社会主义革命、建设和改革的一次次胜利和飞跃。

1. 党的思想路线

通过对马克思主义认识论的学习，我们看到，想问题办事情必须从实际出发，要如实地反映实际情况，主观符合客观，尊重事物发展的规律，坚持实践标准，反对主观主义。否则实践活动就不可能成功。我们党正是在长期的革命、建设和改革中，逐渐形成了自己的正确的思想路线，这条正确的思想路线在认识和改造世界过程中，具有重要的方法论意义。

党的思想路线的基本内容是：一切从实际出发，理论联系实际，实事求是，在实践中检验和发展真理。党的思想路线也是不断丰富和发展的，后来党的思想路线又增加了"解放思想""与时俱进""理论创新"等方面的内容，成为中国共产党为人民服务的理想信念。习近平指出：

> 中国共产党人的理想信念，建立在马克思主义科学真理的基础之上，建立在马克思主义揭示的人类社会发展规律的基础之上，建立在为最广大人民谋利益的崇高价值的基础之上。我们坚定，是因为我们追求的是真理。我们坚定，是因为我们遵循的是规律。我们坚定，是因为我们代表的是最广大人民根本利益。①

2. 党的思想路线的主要体现

党的思想路线体现了很多有价值的思想方法，可以说是对马克思主义认识论中的方法论所进行的高度概括和总结。具体讲，有以下几点。

第一，一切从实际出发、实事求是。所谓一切从实际出发，就是从客观存在的事实出发，按照客观世界的本来面目去认识世界，而不带有任何

---

① 习近平谈治国理政（第2卷）[M]. 北京：外文出版社，2017：50.

专题七 如何把握真理与价值的关系?

外在的主观偏见。所谓实事求是,是在从实际出发的基础上研究和探索事物发展的规律性,尊重规律并按照规律办事。毛泽东同志曾经对这个概念进行了全面的解释,"实事求是"曾因被视为党的思想路线的核心,故长期以来党的思想路线又叫"实事求是的思想路线"。

第二,理论联系实际,坚持实践标准。理论联系实际是由实践和认识的辩证关系所决定的,实践决定认识,认识对实践有反作用。坚持实践标准,是由于实践是检验真理的唯一标准所决定的。

第三,解放思想、与时俱进。解放思想是在坚持马克思主义的前提下,打破传统观念和习惯势力的束缚,研究新情况、解决新问题。邓小平同志对这个概念进行过详尽的说明。关于与时俱进,江泽民同志在党的十六大报告中作了这样的解释:与时俱进就是要求党的全部理论和工作要体现时代性,把握规律性,富有创造性。与时俱进同马克思主义的"开放性"特征是一致的。

坚持党的思想路线,就要不断地进行创新。人类认识世界和改造世界的过程,是一个包含创新的发展过程。创新就是破除与客观事物进程不相符合的旧观念、旧理论、旧模式、旧做法,在继承历史发展成果的基础上,发现和运用事物的新联系、新属性、新规律,更有效地进行认识世界和改造世界的活动。创新是社会发展的不竭动力,人类发展进步的历史就是不断创新的历史。人类的创新活动具有丰富的内容和表现。归结起来讲,主要是理论创新和实践创新两个基本方面,它们集中体现了人类在认识世界和改造世界中的创新活动。习近平提出:

> 要根据时代变化和实践发展,不断深化认识,不断总结经验,不断进行理论创新,坚持理论指导和实践探索辩证统一,实现理论创新和实践创新良性互动,在这种统一和互动中发展二十一世纪中国的马克思主义。[1]

总之,人们在实践进程中所取得的真理与价值的统一,始终是具体

---

[1] 习近平关于社会主义文化建设论述摘编[M].北京:中央文献出版社,2017:65.

的、历史的统一。实践没有尽头，同样，人们真理性的认识和价值性的理解以及两者之间现实的统一，始终都处于辩证发展的历史进程之中。只有坚持理论创新和实践创新之间的良性互动，才能真正立于时代发展的潮头，才能在把握历史进步方向的同时，真正为个体自由的实现准备好必要的精神条件。

专题小结

本专题以应该如何理解和追求真理为线索，介绍了什么是真理、真理的客观性及真理的绝对性和相对性的辩证关系等，揭示了追求真理就要坚持实践是检验真理的唯一标准、把握真理和谬误的对立统一、坚持真理和价值的统一。马克思主义认为，认识世界和改造世界的过程，也就是认识和追求真理的过程，在这一过程中要理解认识世界和改造世界的关系、了解从必然走向自由的过程，掌握认识世界和改造世界的方法论意义。

中国共产党在长期的革命、建设和改革中，在认识和追求真理以及认识和改造世界的过程中，形成了一条实事求是的思想路线，这条思想路线可以理解为是对辩证唯物主义思想的方法论概括，对指导中国特色社会主义的发展有重大意义。马克思主义哲学是辩证唯物主义和历史唯物主义的统一，在辩证唯物主义中唯物论、辩证法、认识论三者是统一的，把辩证唯物主义基本思想运用于对社会历史的分析就产生了历史唯物主义。那么，历史唯物主义是如何分析人类社会的本质和发展呢？历史唯物主义揭示了人类社会有哪些基本规律呢？这些问题将在下一个专题中得到解答。

延伸阅读

1. 毛泽东. 实践论［M］//毛泽东选集（第1卷）. 北京：人民出版社，1991.

2. 邓小平. 解放思想，实事求是，团结一致向前看［M］//邓小平文

专题七 如何把握真理与价值的关系？

选（第2卷）. 北京：人民出版社，1994.

3. 习近平. 在哲学社会科学工作座谈会上的讲话［M］. 北京：人民出版社，2016.

思考题

1. 如何理解真理及真理的客观性？
2. 试述真理的绝对性和相对性的辩证关系及其现实意义。
3. 为什么说实践是检验真理的唯一标准？
4. 怎样理解真理和谬误的辩证关系？
5. 简述真理与价值的辩证关系。
6. 简述认识世界和改造世界的关系及方法论意义。

（撰写人：薛晋锡）

专题八　社会基本矛盾及其运动规律是什么？

一、教学目的与要求

（一）知识目标

1. 了解社会存在和社会意识及辩证关系。
2. 把握人类社会基本矛盾及其运动规律。
3. 了解社会形态更替的一般规律。

（二）能力目标

1. 提高运用唯物史观分析和解决问题的能力。
2. 增强正确认识社会发展规律的自觉性与能力。

（三）情感和价值观目标

1. 树立正确的社会历史观和人生价值观。
2. 自觉运用唯物史观反对唯心史观。
3. 自觉投身于中国特色社会主义建设的实践。

二、针对的学生主要思想困惑

1. 社会发展是否有规律可循？

2. 学习历史唯物主义有什么作用？

三、针对的错误思潮与模糊认识

1. 历史是英雄人物创造的。
2. 马克思主义是经济决定论。

四、教学难点重点

1. 社会存在与社会意识及辩证关系。
2. 生产力与生产关系的矛盾运动及其规律。
3. 经济基础与上层建筑之间的矛盾运动及其规律。

五、教学时数

3 课时

授课导入

马克思主义为我们提供了辩证唯物主义和历史唯物主义世界观和方法论，前面学习了辩证唯物主义相关内容，从这个专题开始进入历史唯物主义的学习，历史唯物主义的研究对象主要是人类社会的普遍本质和一般发展规律。

【学习视频】历史中的时代

社会历史绵延不绝，社会历史现象扑朔迷离、纷繁复杂，如古代朝代的更迭、近代大国的崛起、资本主义的经济危机、中国的腾飞、英国脱欧、特朗普上台、当代国际形势的风云变幻，以及时下新冠肺炎疫情蔓延导致的全球抗疫，等等。而对社会及其历史发展的思考也伴随着人类社会的始终，所以就有了下面的问题。

【课堂提问】社会生活的本质是什么？社会发展是否有规律可循？社会发展的根本动力是什么？谁是历史的创造者？

对这些问题或"历史之谜"，马克思主义给出了自己的解答。马克思一生有很多贡献，最重要的贡献有两个：唯物史观和剩余价值学说。唯物史观（或历史唯物主义）就是对这些问题的解答。这些解答构成了马克思主义对社会本质、社会基本矛盾、社会运动规律等的正确认识，为我们正确认识人类社会历史及其发展趋势提供了科学的理论指导。下面就来看看马克思主义唯物史观是如何解答这些问题的。有的同学可能会问，学习唯物史观有什么意义呢？破解历史之谜对当代中国社会发展和个人生活有什么价值？为什么要学它？

习近平在中央政治局第十一次集体学习时强调，推动全党学习历史唯物主义基本原理和方法论，更好认识国情，更好认识党和国家事业发展大势，更好认识历史发展规律，更加能动地推进各项工作。习近平指出：

> 在革命、建设、改革各个历史时期，我们党运用历史唯物主义，系统、具体、历史地分析中国社会运动及其发展规律，在认识世界和改造世界过程中不断把握规律、积极运用规律，推动党和人民事业取得了一个又一个胜利。……历史和现实都表明，只有坚持历史唯物主义，我们才能不断把对中国特色社会主义规律的认识提高到新的水平，不断开辟当代中国马克思主义发展新境界。[①]

这是从国家的发展角度谈的，那么对个人的生存和发展有什么意义呢？我们每个人都生活在社会历史中，只有把握好这些问题，才能更好地规划自己的生活。历史观是世界观的重要组成部分，对我们人生观、价值观都有重要的影响。

那么，人类社会的本质是什么？人类社会发展有规律吗？要解决这个问题，必须从社会存在与社会意识关系问题入手。社会存在与社会意识关系问题也恰恰是社会历史观的基本问题。那么，何为历史观？历史观就是

---

① 习近平. 坚持历史唯物主义不断开辟当代中国马克思主义发展新境界 [J]. 求是，2020 (2).

专题八 社会基本矛盾及其运动规律是什么？

人们对于社会历史的总的看法和根本的观点，它是哲学基本问题在社会历史观上的表现。社会存在和社会意识的关系问题，不仅是社会历史观的基本问题，也是人们社会实践中的根本问题，同时也是划分历史唯物主义和历史唯心主义的分水岭，正确认识这一问题是解决其他社会历史观问题的基础和前提。

一、社会存在、社会意识及其辩证关系

在对待社会历史发展及其规律问题上，历来存在两种根本对立的观点：一种是唯物史观，另一种是唯心史观。

（一）两种根本对立的历史观

1. 唯心史观

在马克思主义产生之前，唯心史观一直占据统治地位，占统治地位的原因主要有认识论根源、社会根源、阶级根源三个方面。马克思主义产生以前的历史观主要有以下两种：一是神学历史观。主要盛行于古代和中世纪时期，如欧洲的奥古斯丁提出的"创造主"、黑格尔提出的"世界精神"，以及中国古代孔子、孟子提出的"天命观"等，这种神学历史观就是用一种超自然的力量即神灵的意志解释人类历史，把"上帝"或"天命"看作主宰国家兴亡、民族盛衰、人生祸福荣辱的最高力量。二是人道主义历史观。文艺复兴时期，同神道主义相对立的人道主义兴起。人道主义历史观主张人的主观意志决定历史发展，把社会历史归结为个人的独立发展，人的意识或心理因素成了支配历史的决定力量。如费尔巴哈主张用人的理性、意志和情感甚至宗教来理解历史的伟大转折。

【课堂提问】这两种历史观你同意哪一种，或者都不同意？为什么？

【教师讲解】神学历史观既否定了历史的客观性，也否定了人的能动性，因而历史被神化了。人道主义历史观肯定了人的理性的力量，但夸大了人的主观意志的作用，否认了历史的客观性。这两种观点都是错误的。

唯心史观的主要缺陷是：至多考察了人的活动的思想动机，而没有进

一步考究思想动机背后的物质动因和经济根源,因而从社会意识决定社会存在的前提出发,把社会历史看成精神发展史,根本不懂得社会历史的客观规律,根本不懂得人民群众在社会历史发展中的决定作用。

2. 唯物史观

与唯心史观相反,马克思主义坚持的是唯物主义历史观,强调人民群众在历史发展中的作用。在抗击新冠肺炎疫情过程中,习近平反复强调的"打赢疫情防控这场人民战争,必须紧紧依靠人民群众"① 就是唯物史观的核心思想。正如达尔文发现了有机界的规律一样,马克思发现了人类社会发展的客观规律②,科学地解决了社会存在与社会意识的关系问题,创立了唯物史观。马克思在1859年总结自己的理论和实践活动时,明确指出:

> 人们在自己生活的社会生产中发生一定的、必然的、不以他们的意志为转移的关系,即同他们的物质生产力的一定发展阶段相适合的生产关系。这些生产关系的总和构成社会的经济结构,即有法律的和政治的上层建筑竖立其上并有一定的社会意识形式与之相适应的现实基础。物质生活的生产方式制约着整个社会生活、政治生活和精神生活的过程。不是人们的意识决定人们的存在,相反,是人们的社会存在决定人们的意识。社会的物质生产力发展到一定阶段,便同它们一直在其中运动的现存生产关系或财产关系(这只是生产关系的法律用语)发生矛盾。于是这些关系便由生产力的发展形式变成生产力的桎梏。那时社会革命的时代就到来了。随着经济基础的变更,全部庞大的上层建筑也或慢或快地发生变革。③

这一段话深刻地概述了唯物史观的基本思想,是我们考察人类社会历史及其发展规律的基本理论依据。历史唯物主义与历史唯心主义争论的焦

---

① 习近平. 在统筹推进新冠肺炎疫情防控和经济社会发展工作部署会议上的讲话 [M]. 北京:人民出版社,2020.
② 马克思恩格斯文集(第3卷) [M]. 北京:人民出版社,2009:601.
③ 马克思恩格斯文集(第2卷) [M]. 北京:人民出版社,2009:591-592.

点，实际上就是社会存在与社会意识的关系问题。所以，要想正确认识社会发展的本质和基本规律，就要正确地理解社会存在、社会意识及二者的辩证关系。

（二）社会存在

社会存在也称社会物质生活条件，是社会生活的物质方面，主要包括自然地理环境、人口因素和物质生产方式。

1. 自然地理环境

自然地理环境是人类社会生存和发展永恒的、必要的条件，是人们生活和生产的自然基础。自然地理环境为人们提供了社会生活和生产资料的来源，因而它的优劣直接影响劳动生产率的提高，促进或延缓社会的发展进程。我们看到，四大文明古国都是产生在自然地理环境较好、较适宜早期人类生存的地区，直接决定着文明的起源和发展。随着科学技术的发展，人们对自然环境的依赖相对减小，但是，无论何时，人类都要受制于地理环境，所谓"靠山吃山，靠水吃水"讲的就是这个意思。

中国传统文化历来强调人与自然的和谐，反对"涸泽而渔""焚林而猎"。马克思认为，应当合理地调节人与自然之间的物质变换，在最无愧于和最适合人类本性的条件下进行这种物质变换。① 恩格斯也提出了自然界"对人进行报复"以及"人类同自然的和解"问题。新中国成立以来，虽然有一段时间曾经出现了过分开发自然资源导致生态环境恶化的问题，但是，党中央很快扭转了这一局面，在社会中大力加强生态保护理念宣传，特别是党的十八大以来，习近平反复强调自然环境的保护，强调要"像保护我们的眼睛一样保护生态环境，像对待生命一样对待生态环境"，在社会中大力倡导绿色发展方式和生活方式，加强生态文明建设，还提出了著名的"两山理论"：

> 我们既要绿水青山，也要金山银山。宁要绿水青山，不要金山银

---

① 马克思恩格斯文集（第7卷）[M].北京：人民出版社，2009：928-929.

山,而且绿水青山就是金山银山。①

生态文明建设事关中华民族永续发展和"两个一百年"奋斗目标的实现,保护生态环境就是保护生产力,改善生态环境就是发展生产力。②

当今世界面临日益严重的生态、环境、人口、资源等全球性危机,人与自然关系也面临失衡的危险,只有保护好生态环境,人类社会才可能保持可持续发展。坚持人与自然和谐共生,建设生态文明,是中华民族永续发展的千年大计。我们要从自己做起,爱护生态环境,形成健康生活方式,建设美丽中国。

【案例点击】新冠肺炎疫情带来的启示

新冠肺炎疫情全球蔓延,抗疫期间,整个世界都像被按下了暂停键,往日街道的车水马龙、人群的熙熙攘攘以及人间的生气勃勃都被冷冷清清、寂静无声所代替,尽管新冠肺炎疫情的源头尚不清楚,但毋庸置疑我们人类赖以生存的自然环境肯定是出了问题,血的教训告诉我们,人与自然要和谐相处,尊重自然,敬畏自然,而不是肆意破坏掠夺,以人类为中心,否则就会遭到自然的报复。

2. 人口因素

人口因素也是重要的社会物质生活条件,对社会发展起着制约和影响的作用。人是从事物质生产活动和其他一切社会活动的主体,是一切社会关系的承担者,没有人就没有社会。人口过多或过少、人口密度过大或过小、人口质量的高或低等因素都会对生产发展和社会进步产生加速或延缓的作用。但是,人口因素本身还要受社会生产状况和社会制度的制约,人们是否生儿育女、生多少,是由很多社会因素所决定的。

【案例点击】"地理环境决定论"和"人口决定论"

地理环境决定论。18 世纪法国启蒙哲学家孟德斯鸠(Montesquieu)在

---

① 习近平总书记系列重要讲话读本 [M].北京:人民出版社,2016:230.
② 习近平总书记系列重要讲话读本 [M].北京:人民出版社,2016:233-234.

专题八　社会基本矛盾及其运动规律是什么？

《论法的精神》一书中系统阐述了关于社会制度、国家法律、民族精神"系于气候的本性""土地的本性"的观点。到了19世纪，地理环境决定论成为社会学中的一个学派，主要代表人物是德国的F.拉采尔。他认为，地理因素，特别是气候和空间位置，是人们的体质和心理差异、意识和文化不同的直接原因，并决定着各个国家的社会组织、经济发展和历史命运。地理环境决定论在18～19世纪是流行的自然主义思潮的一部分。这种思潮曾在反对宗教神学、探索社会发展的客观性方面起过一定的历史作用。但它夸大自然环境对社会生活和社会发展的作用，以自然规律代替社会规律则是错误的。

马尔萨斯的人口理论。英国的经济学家马尔萨斯（1766～1834）认为，生活资料的增长永远赶不上人口的增长，并将此看作造成人类社会失业、饥饿、贫困、战争的根本原因。他倾向于用道德限制（包括晚婚和禁欲）手段来控制人口增长，甚至认为没有能力抚养子女的无产阶级和广大劳动人民不要结婚。

马尔萨斯的《人口论》是资产阶级人口理论的代表作，影响很大，但具有反科学的实质。他主张用失业、饥饿、瘟疫、战争手段来消灭大量"过剩人口"，则露骨地暴露出他的《人口论》的反动本质。但作为资产阶级的人口学家，他的一些有关人口的思想资料还是有参考价值的。

【课堂提问】 地理环境和人口因素是社会发展的决定力量吗？

无论是地理环境还是人口因素，都不能脱离社会生产而发生作用，都不能决定社会的性质和社会形态的更替。地理环境决定论和人口决定论是错误的。

那么究竟决定社会的力量是什么呢？

3. 物质生产方式

物质生产方式，简称生产方式，是指人们为获取物质生活资料而进行的生产活动的方式，它是生产力和生产关系的统一体。物质生产方式是社会存在和发展的基础及决定力量。马克思说："任何一个民族，如果停止劳动，不用说一年，就是几个星期，也要灭亡。"① 在人们的社会物质生活条件中，生产方式是社会历史发展的决定力量。首先，物质生产活动及生产方式是人类社会赖以存在和发展的基础，是人类其他一切活动的首要前提。其次，物质生产活动及生产方式决定着社会的结构、性质和面貌，制约着人们的经济生活、政治生活和精神生活等全部社会生活。最后，物质生产活动及生产方式的变化发展决定整个社会历史的变化发展，决定社会形态从低级向高级的更替和发展。

（三）社会意识

社会意识是社会生活的精神方面，是社会存在的反映。社会意识具有复杂的结构，可以从不同角度对其进行划分。

1. 个体意识和群体意识

根据不同的主体，社会意识分为个体意识和群体意识。个体意识是个人对自己独特的生活经历及实践活动的反映，是个体实践的产物。群体意识则是人们对这样或那样不同的群体的共同生活经历和实践活动的反映，是群体实践的产物。个体意识和群体意识是个别和一般的关系，群体意识存在于个体意识中，个体意识包含群体意识，二者在一定条件下可以相互转化。

2. 社会心理和社会意识形式

根据不同的层次，社会意识分为社会心理和社会意识形式。社会心理是自发形成的一些情感、情绪、信念、爱好、习惯等，是初级的浅层次的社会意识。社会意识形式则是思想家自觉创立的理论化、系统化的社会意识，如哲学、道德、宗教、数学、物理、化学等。社会心理是社会意识形式的基础，社会意识形式对社会心理有重大的指导作用。

3. 社会意识形态和非意识形态

就社会意识形式来看，根据与经济关系、阶级关系的不同，社会意识

---

① 马克思恩格斯文集（第 10 卷）[M]. 北京：人民出版社，2009：289.

分为意识形态和非意识形态。社会意识形态是直接为社会经济基础服务的,在阶级社会有很强烈的阶级性,主要表现形式有政治法律思想、道德、艺术、宗教、哲学等。与之相反,非意识形态不直接服务于经济基础,在阶级社会也没有明显的阶级性,如数学、物理、化学、生物等则属于非意识形态。意识形态和非意识形态之间也是相互制约、相互影响、相互渗透的。

(四) 社会存在和社会意识的辩证关系

1. 社会存在决定社会意识

马克思说:"不是意识决定生活,而是生活决定意识。"① 这句话明确地指出了社会存在决定社会意识。原因何在呢? 社会存在决定社会意识主要表现在以下三个方面:第一,社会存在是社会意识内容的客观来源,社会意识是社会物质生活过程及其条件的主观反映。社会意识根源于社会存在,是对以实践为基础的不断发展变化的现实世界的反映。第二,社会意识是人们社会物质交往的产物。社会意识同语言一样,是在生产中由于交往活动的需要而产生的。第三,随着社会存在的发展,社会意识也相应地或迟或早地发生变化和发展。社会意识是具体的、历史的。总之,社会意识以理论、观念、心理等形式反映社会存在。这是社会意识对社会存在的依赖性。但社会意识并非消极被动地受制于社会存在,它既依赖于社会存在,又有其相对独立性。

【案例点击】 中国古代审美变化的启示

战国时期的赵国,本来以"长袍礼服"为美,后来经过赵武灵王改革,人们逐渐以"胡服骑射"为美。在汉朝,人们以"瘦小灵巧"为美,如当时的赵飞燕据说能够在一个大鼓上跳舞。到了唐朝,又出现以"富态"为美的转变,当时的杨贵妃就是典型代表。这些情况说明了什么呢?

2. 社会意识的相对独立性

社会意识的相对独立性是指社会意识在从根本上受到社会存在决定的

---

① 马克思恩格斯文集(第1卷) [M]. 北京:人民出版社,2009:525.

同时，还有自己特有的发展形式和规律。其主要表现在：首先，社会意识与社会存在发展的不完全同步性和不平衡性。从社会的横向即从同一时代的不同国家来看，社会经济发展水平较高的国家，某些社会意识形式的发展水平却低于社会经济发展水平较低的国家；与之相反，社会经济发展水平较低的国家，某些社会意识形式的发展水平却可以超过社会经济发展水平较高的国家。恩格斯在对比了英、法、德等欧洲国家的经济发展和思想发展状况之后说："经济上落后的国家在哲学上仍然能够演奏第一把小提琴"①，讲的就是这个道理。

【案例点击】中国和欧洲的一个共同现象

我国春秋战国时期思想非常活跃，出现了"百家争鸣"的生动局面，但经济比较落后，还处于由奴隶社会向封建社会的过渡阶段。但是，秦始皇统一六国以后，出现了焚书坑儒、罢黜百家的局面，到了汉朝"独尊儒术"，而社会经济比以前有了发展，进入到封建社会。无独有偶，欧洲也出现过这种情况，奴隶社会思想活跃、百家争鸣，但封建社会"独尊宗教"，而封建社会的经济比奴隶社会有了巨大发展。这些情况说明了什么呢？

其次，社会意识内部各种形式之间的相互影响及各自具有的历史继承性。任何时代的社会意识，都和以前时代的社会意识有联系，它的产生和发展要以前人所积累的思想材料为前提，继承前人的思想成果；社会意识的各种形式以不同方式从不同的角度对社会存在做出不同的反映，彼此有不同的特点，彼此也相互影响。

【案例点击】马克思主义理论产生的原因

马克思主义产生的原因固然有社会经济、阶级根源，但同时受到当时德国古典哲学、英国政治经济学、英法空想社会主义等思潮的深刻影响，这种影响直接导致了马克思主义三个重要组成部分的产生。同时，马克思主义产生还与当时的科学发展密切相关，如细胞学说、能量守恒和转化定

---

① 马克思恩格斯选集（第4卷）[M]．北京：人民出版社，1995：704．

专题八 社会基本矛盾及其运动规律是什么？

律、生物进化论等。这些情况说明了什么呢？

再次，社会意识对社会存在能动的反作用。这是社会意识相对独立性的突出表现。先进的社会意识反映了社会发展的趋势和要求，对社会发展起着积极的促进作用；落后的社会意识不符合社会发展的趋势和要求，对社会发展起着消极的阻碍作用。习近平指出：

> 在这场严峻斗争中，各级党组织和广大党员、干部冲锋在前、顽强拼搏，充分发挥了战斗堡垒作用和先锋模范作用。广大医务工作者义无反顾、日夜奋战，展现了救死扶伤、医者仁心的崇高精神。人民解放军指战员闻令而动、敢打硬仗，展现了人民子弟兵忠于党、忠于人民的政治品格。广大人民群众众志成城、守望相助，特别是武汉人民和湖北人民识大体顾大局、自觉配合疫情防控工作，展现了坚忍不拔的顽强斗志。广大公安民警、疾控工作人员、社区工作人员等坚守岗位、日夜值守，广大新闻工作者不畏艰险、深入一线，广大志愿者等真诚奉献、不辞辛劳，为疫情防控作出了重大贡献。①

习近平的这段讲话反映了社会意识对社会存在的反作用原理。由于万众一心、众志成城，我国的疫情才很快得以控制，逐步恢复生产和生活的正常状态。社会意识的能动作用是通过指导人们的实践活动实现的。思想本身并不能自我实现，要实现思想就要付诸实践，而社会实践的主体是人民群众。

（五）社会存在和社会意识辩证关系原理的意义

1. 能够帮助人们树立科学的历史观

唯物史观对历史观基本问题的科学回答，宣告了唯心史观的彻底破产。马克思主义从社会生活的各种领域划分出经济领域，从一切社会关系中划分出生产关系，并把它视作决定其余一切关系的基本的、原始的关

---

① 习近平. 在统筹推进新冠肺炎疫情防控和经济社会发展工作部署会议上的讲话 [M]. 北京：人民出版社，2020.

系，进而将一切社会关系归结于生产关系，将生产关系归结于生产力发展的高度，从而把社会形态的发展看作自然历史过程，破解了"历史之谜"，揭示了人类社会发展的规律。把握这两个"划分"、两个"归结"的思想，对于认识社会历史具有重要意义。

2. 对中国特色社会主义建设具有重要指导意义

文化是社会意识的重要组成部分。思想文化的发展既决定于社会存在发展的要求，又对社会存在发展起能动作用，主要表现在：其一，文化为社会发展提供思想保证。文化通过维护或批判现实社会，影响着社会发展的方向。其二，文化为社会发展提供精神动力。其三，文化为社会发展提供凝聚力量，教化社会成员，规范人们行为，凝聚社会共识，促进民族意识和民族精神的形成。其四，文化为社会发展提供智力支持，促进生产力发展和社会全面进步。

社会存在与社会意识辩证关系原理对中国特色社会主义文化建设意义更大。中国特色社会主义文化是凝聚和激励全国各族人民的重要力量，它积淀着中华民族最深层的精神追求，代表着中华民族独特的精神标识，是中国人民胜利前行的强大精神力量，因此要大力弘扬社会主义先进文化。正如习近平所指出的：

> 要坚持社会主义先进文化前进方向，用社会主义核心价值观凝聚共识、汇聚力量，用优秀文化产品振奋人心、鼓舞士气，用中华优秀传统文化为人民提供丰润的道德滋养，提高精神文明建设水平。①

二、生产力、生产关系及其矛盾运动规律

歌德曾把历史称为"上帝的神秘作坊"，社会的发展是偶然性的跳跃，无迹可寻。梁启超认为"历史为人类心力所造成，心力既非物理的或数理的因果律所能支配，历史绝无必然的法则为之支配"。波普尔认为，人类

---

① 习近平关于社会主义先进文化建设论述摘编［M］. 北京：中央文献出版社，2017：12.

专题八　社会基本矛盾及其运动规律是什么？

历史是受知识进化所影响，而人类知识进化是无规律可循的，所以人类历史无规律。究竟社会历史的发展有无规律，社会发展的根本动力是什么？唯心主义一般否认人类历史的规律性，而马克思主义从社会存在与社会意识之间的辩证关系出发，进一步揭示了社会基本矛盾，从而发现了社会的运动规律。马克思认为，虽然人类社会与自然界相比更为复杂，但它与自然界一样也存在客观规律。

【课堂提问】人类社会发展的规律是什么？

生产力与生产关系矛盾运动的规律和经济基础与上层建筑矛盾运动的规律，是人类社会发展的两个基本规律。首先，生产力与生产关系矛盾运动的规律，是人类社会发展的基本规律，深刻地理解和掌握这一规律具有重要的意义。

【案例点击】工作方式的变化

随着现代信息技术的飞速发展，人们往往借助网络就能完成工作任务，可以不用去单位现场办公，出现在家办公、弹性工作制等工作方式。这就是生产力的发展导致的生产关系发生了变化。

（一）生产力和生产关系

人类要生存和发展，首先必须解决衣食住行等物质生活资料问题，要解决这个问题必须进行生产实践活动。

1. 生产力

生产力是人类在生产实践中形成的改造和影响自然以使其适合社会需要的物质力量。它具有客观现实性和社会历史性。生产力具有复杂的系统结构，其独立性要素主要有三个：一是劳动资料，即人们在生产中所运用的一些物质手段和物质条件，其中，最重要的是生产工具，生产工具是衡量生产力水平的主要标志。正如马克思所说："各种经济时代的区别，不在于生产什么，而在于怎样生产，用什么劳动资料进行生产。"[①]

[①] 马克思恩格斯文集（第5卷）[M]．北京：人民出版社，2009：210．

二是劳动对象,即被引入到生产过程中的自然物或人造物。没有被引入到生产过程的东西只能是潜在的劳动对象。劳动对象是生产力的重要因素,在生产力发展中起重要作用。

三是劳动者,即具有一定劳动能力并从事生产实践活动的人,劳动者是生产力中最活跃的因素,也是生产力中的决定因素。有时人们把生产力分为"人"的因素和"物"的因素两类,人的因素是劳动者,物的因素是劳动资料和劳动对象,合称为"生产资料"。

科学技术是一种"渗透性"因素,它可以渗透到劳动资料、劳动对象、劳动者中去,并通过它们推动生产力的发展。所以,生产力中还包含科学技术。在新冠肺炎疫情期间,习近平强调了科学技术对疫情防控的重要作用,他指出:

> 人类同疾病较量最有力的武器就是科学技术,人类战胜大灾大疫离不开科学发展和技术创新。要把新冠肺炎防控科研攻关作为一项重大而紧迫任务,综合多学科力量,统一领导、协同推进,在坚持科学性、确保安全性的基础上加快研发进度,尽快攻克疫情防控的重点难点问题,为打赢疫情防控人民战争、总体战、阻击战提供强大科技支撑。①

在现代,科学技术发展日新月异,日益成为生产发展的决定性因素。从这个意义上说,科学技术是先进生产力的集中体现和主要标志,是第一生产力。

从生产力的历史变革来看,目前我国生产力状况是生产力发展速度很快,但不充分;生产力发展不平衡,表现为地区、行业等不平衡。党的十九大报告指出:"中国特色社会主义进入新时代,我国社会主要矛盾已经转化为人民日益增长的美好生活需要和不平衡不充分的发展之间的矛盾。"生产力与生产关系是不可分割地相互联系着的。

---

① 习近平. 为打赢疫情防控阻击战提供强大科技支撑 [J]. 求是,2020 (6).

2. 生产关系

生产关系是人们在物质生产过程中形成的不以人的意志为转移的经济关系。生产关系是社会关系中最基本的关系，其他社会关系如家庭关系、师生关系、宗教关系、政治关系等，都受生产关系的支配和制约。生产关系包括生产资料所有制关系、生产中人与人的关系，以及产品的分配关系。其中，生产资料的所有制关系是最基本的、具有决定意义的方面。因为：第一，它是人们进行物质资料生产的前提；第二，它决定了生产关系的后两个方面；第三，它是区分不同生产方式、判定社会经济结构性质的客观依据。生产关系有两种基本类型：一种是以生产资料公有制为基础的生产关系；另一种是以生产资料私有制为基础的生产关系。当代中国社会的生产关系是以公有制为主体，多种所有制并存的生产关系。

生产力和生产关系是社会生产不可分割的两个方面。在社会生产中，生产力是生产的物质内容，生产关系是生产的社会形式，二者的有机结合和统一，构成社会的生产方式。生产力与生产关系并不是独立存在的，二者存在辩证的关系，从而构成二者的矛盾规律。

（二）生产力和生产关系的矛盾运动规律

1. 生产力和生产关系的辩证关系

生产力与生产关系的相互关系是：生产力决定生产关系，生产关系又反作用于生产力。

第一，生产力决定生产关系。在两者的矛盾运动中，生产力是居支配地位、起决定作用的方面。首先，生产力状况决定生产关系的性质。马克思说："手推磨产生的是封建主的社会，蒸汽磨产生的是工业资本家的社会。"[①] 可见，生产力状况是生产关系形成的客观前提和物质基础。

其次，生产力的发展决定生产关系的变革。马克思说："为了不致失掉文明的果实，人们在他们的交往方式不再适合于既得的生产力时，就不

---

① 马克思恩格斯文集（第1卷）[M]. 北京：人民出版社，2009：602.

得不改变他们继承下来的一切社会形式。"①

当生产关系不能适应生产力的发展要求时,人们就要变革旧的生产关系,建立新的生产关系,以适应生产力的发展。

第二,生产关系对生产力具有能动的反作用。其主要表现为两种情形:当生产关系适合生产力发展的客观要求时,它对生产力的发展起推动作用;当生产关系不适合生产力发展的客观要求时,它就会阻碍生产力的发展。生产关系对生产力反作用的实际过程和情形是十分复杂的,应具体问题具体分析。

2. 生产关系一定要适合生产力状况的规律

生产力与生产关系的相互作用是一个过程,表现为二者的矛盾运动。这种矛盾运动中的内在的、本质的、必然的联系,就是生产关系一定要适合生产力状况的规律,亦称生产力与生产关系的矛盾运动规律,是社会形态发展的普遍规律。这一规律就内容看,其概括了生产力决定生产关系,生产关系对生产力具有能动的反作用的两个方面。从过程上看,这一规律表现为生产关系对于生产力总是从基本相适合到基本不相适合,再到基本相适合,生产力和生产关系的这种矛盾运动循环往复、不断推动社会生产发展,进而推动整个社会逐步走向高级阶段。

3. 生产力和生产关系矛盾运动规律的意义

生产力与生产关系矛盾运动规律具有极为重要的理论意义和现实意义。

第一,这一规律第一次科学地确立了生产力的发展是"社会进步的最高标准"。② 马克思明确指出,判断一个变革时代不能以该时代的意识为依据,相反,这个意识必须"从社会生产力和生产关系之间的现存冲突中去解释"③。正是根据上述根本观点,马克思主义为正确认识社会和历史提供

---

① 马克思恩格斯文集(第10卷)[M]. 北京:人民出版社,2009:43-44.
② 列宁全集(第16卷)[M]. 北京:人民出版社,1988:209.
③ 马克思恩格斯文集(第2卷)[M]. 北京:人民出版社,2009:592.

专题八　社会基本矛盾及其运动规律是什么？

了基本观点和方法。

第二，这一规律是马克思主义政党制定路线、方针和政策的重要依据。马克思主义政党必须自觉地认识和把握这一规律，把发展和解放生产力作为社会主义的根本任务。在全面深化改革中，要把坚持发展作为解决我国所有问题的关键，推动我国社会生产力不断向前发展，进而推动社会的全面进步和人的全面发展。

人类社会的发展除了受生产力与生产关系矛盾运动的规律支配之外，经济基础与上层建筑矛盾运动的规律是人类社会发展的另一个基本规律，深刻地理解和掌握这一规律同样具有重要的意义。

三、经济基础、上层建筑及其矛盾运动规律

社会运动是一种复杂的运动，在社会形态的更替过程中，社会的发展最初是因为生产力和生产关系的矛盾引起和推动的。但是，生产力和生产关系矛盾的解决有赖于经济基础和上层建筑矛盾的解决，因为上层建筑保护着自己的经济基础（生产关系）。例如，在资产阶级革命前夕，由于生产力的发展使封建的生产关系成为束缚生产力发展的桎梏，而封建的上层建筑，如国家政权、法律、思想等又维护着自己的经济基础。因此，资产阶级为了发展资本主义，就要联合广大人民群众先推翻封建政权，建立新的资产阶级占统治地位的社会形态。只有这样，才能促进生产力的发展和社会的进步。马克思曾把社会比喻为一座大厦，把社会关系区分为经济基础和上层建筑。所以，了解经济基础、上层建筑及二者的辩证关系和矛盾运动规律，也是很重要的。

（一）经济基础和上层建筑

1. 经济基础

经济基础是指由社会一定发展阶段的生产力所决定的生产关系的总和。把握经济基础这个概念要注意以下两点：第一，经济基础是指生产关系。经济基础和生产关系是同一个内容、两个不同的术语，当它同生产力

相对应时是生产关系,而与上层建筑相对应时就是经济基础。第二,经济基础是与一定生产力相对应的生产关系的总和。除了占统治地位的生产关系以外,一定社会通常还包括旧生产关系的残余或新生产关系的萌芽。当然,三者之间存在主次之分。由于占统治地位的生产关系代表着统治阶级的利益,因而他们会千方百计地维护这种主次关系,这就需要上层建筑的帮助与参与。

2. 上层建筑

上层建筑是建立在一定经济基础之上的意识形态以及相应的制度、组织和设施。上层建筑由两部分组成:一是意识形态,又称为观念上层建筑,包括政治法律思想、道德、艺术、宗教、哲学等思想观点;二是政治法律制度及设施和政治组织,又称为政治上层建筑,包括国家政治制度、立法司法制度和行政制度,国家政权机构、政党、军队、法庭、监狱等政治组织形态和设施。观念上层建筑和政治上层建筑的关系是:首先,政治上层建筑是在一定意识形态指导下建立起来的,是统治阶级意志的体现。其次,政治上层建筑一旦形成,就成为一种现实的力量,影响并制约着人们的思想理论观点。在整个上层建筑中,政治上层建筑居主导地位,国家政权是核心。了解了经济基础与上层建筑的含义,那么,二者的关系及运动规律又是怎样的呢?

(二) 经济基础和上层建筑的矛盾运动规律

1. 经济基础和上层建筑的辩证关系

经济基础和上层建筑不是互不相关的,而是一种辩证统一关系。具体表现在以下两个方面。一方面,经济基础决定上层建筑。原因在于:首先,经济基础决定上层建筑的产生。任何上层建筑的产生、存在和发展,都能直接或间接地从社会的经济结构中得到说明。其次,经济基础的性质决定上层建筑的性质。有什么样的经济基础就有什么样的上层建筑。最后,经济基础的变更必然引起上层建筑的变革,并决定着其变革的方向。

专题八 社会基本矛盾及其运动规律是什么？

【案例点击】 管仲谈国家兴亡

《管子》："凡有地牧民者，务在四时，守在仓廪。国多财，则远者来；地辟举，则民留处；仓廪实，则知礼节；衣食足，则知荣辱；上服度，则六亲固；四维张，则君令行。……四维不张，国乃灭亡。"这就是说，经济基础决定上层建筑，无论国家、团体或是个人首先要解决的是生存问题。

另一方面，上层建筑对经济基础具有能动的反作用。集中表现在上层建筑为经济基础的服务上：首先，在服务方向上，为自己的经济基础的形成和巩固服务，确立或维护其在社会中的统治地位。其次，在服务方式上，统治阶级总是利用和依靠自己政治上、思想上的统治地位，通过国家政权和意识形态的力量，排除异己势力及其思想，力图将社会特别是经济关系控制在"秩序"的范围之内，维护自己经济基础的统治地位和根本利益。最后，在服务效果上，上层建筑的反作用可能是积极的进步的，也可能是消极的衰退的，当它为适合生产力发展要求的经济基础服务时，就成为推动社会发展的进步力量，反之，就会成为阻碍社会发展的消极力量。

2. 上层建筑一定要适合经济基础状况的规律

经济基础与上层建筑相互作用构成二者的矛盾运动。经济基础与上层建筑相互作用的矛盾运动规律，就是上层建筑一定要适合经济基础状况的规律。这里的"一定要适合"表明：经济基础状况决定上层建筑的发展方向，决定上层建筑相应的调整或变革，而不允许上层建筑长时期落后于或不适应自己的发展；上层建筑的反作用，也必须取决于和服从于经济基础的性质和客观要求，而不允许上层建筑脱离自己的发展状况和水平。

3. 经济基础和上层建筑矛盾运动规律的意义

在当代中国，深入理解上层建筑一定要适合经济基础状况的规律，有重要的现实意义。完善社会主义经济基础，以促进生产力发展的同时，加快上层建筑领域的改革。要积极稳妥地推进上层建筑领域的改革和发展，使人民群众不断获得切实的经济、政治、文化利益。经济基础和上层建筑的矛盾运动规律,是我国进行政治体制改革的重要理论依据,是建立社会主义法治、发展社会主义民主政治等的重要理论基础。

(三) 经济基础和上层建筑的统一——社会形态

马克思、恩格斯揭示的生产力与生产关系矛盾运动的规律和经济基础与上层建筑的矛盾运动规律,是人类社会发展的一般规律。这些规律决定了社会形态的更替和历史发展的基本趋势。但由于具体情况千差万别,特定社会在发展过程中又会表现出不同的特点。

1. 社会形态更替的一般规律

我们平时所说的社会形态是关于社会运动的具体形式、发展阶段和不同质态的范畴。或者说,经济基础与上层建筑的辩证统一体就是社会形态。

依据生产关系性质的不同,马克思主义把人类社会历史划分为原始社会、奴隶制社会、封建制社会、资本主义社会和共产主义社会(其第一阶段是社会主义社会)五种社会形态。它们依次更替,构成社会历史运动的一般过程和一般规律。

2. 社会形态更替的特殊形式

上述社会形态的更替只是一般性的规定,由于社会发展是复杂而曲折的,因此,每个国家和民族在自身的发展过程中,并不必然地走过所有的社会形态,而是体现出一定的特殊性和偶然性。

例如,有的国家在发展中经历了所有社会形态的依次更替,有的国家则跨越了一个甚至几个社会形态;有的国家在历史发展某个阶段上,表现出来的社会形态特征并不典型,有的国家则较为典型,还有的国家的社会形态长期陷于停滞状况、甚至由先进转为长期落后。总而言之,世界上的事物总是复杂多面的,社会形态的更迭也同样如此。即使是同一种社会形态,在不同国家也会显现出不同特点,这就体现了社会形态更替形式的多样性。正是在这个意义上,列宁指出:"世界历史发展的一般规律,不仅丝毫不排斥个别发展阶段在发展的形式或顺序上表现出特殊性,反而是以

专题八　社会基本矛盾及其运动规律是什么？

此为前提的。"① 这是对社会形态更替统一性与多样性辩证关系的符合历史实际的概括。

【课后讨论】中国社会发展为什么要坚持走中国特色的社会主义道路？

历史表明，中国人民在中国共产党的领导下，历经千辛万苦、艰难曲折，历史地选择了走中国特色社会主义道路，是正确的选择。今天中国特色社会主义进入了新时代，我们比历史上任何时期都更接近中华民族伟大复兴的目标，比历史上任何时期都更有信心、有能力实现这个目标。

最后，需要补充强调的是，我们说社会存在决定社会意识、生产力决定生产关系、经济基础决定上层建筑等，但绝不能因此简单地把马克思主义理解为"经济决定论"，因为社会存在不仅仅指经济，意识的相对独立性、上层建筑的反作用也是非常巨大的，在特定情况下甚至发挥着决定性的影响，因而要具体问题具体分析。

专题小结

社会历史观的基本问题是社会存在和社会意识的关系问题，根据二者关系的不同可划分为唯物史观和唯心史观。马克思科学地解决了社会存在与社会意识的关系问题，创立了唯物史观。社会存在与社会意识的辩证关系是社会存在决定社会意识；社会意识具有相对独立性，突出表现为社会意识对社会存在具有能动的反作用。二者的辩证关系原理对于树立科学历史观和指导文化建设具有重要意义。

马克思主义从社会存在与社会意识之间的辩证关系出发，进一步揭示了社会基本矛盾，从而发现了社会运动的两大规律，即生产力与生产关系矛盾运动的规律和经济基础与上层建筑矛盾运动的规律。马克思、恩格斯揭示的生产力与生产关系矛盾运动的规律和经济基础与上层建筑的矛盾运动规律，是人类社会发展的一般规律，决定了社会形态的更替和历史发展

---

① 列宁专题文集：论社会主义 [M]．北京：人民出版社，2009：357-358．

的基本趋势。由于社会发展的复杂性和曲折性，社会形态的更替体现了统一性和多样性、必然性与选择性、前进性与曲折性。历史表明，中国人民在中国共产党的领导下，历经千辛万苦、艰难曲折，历史地选择了走中国特色社会主义道路，是正确的选择。

总之，我们从社会存在出发理解了社会的本质，而社会存在中最主要的力量是生产方式，生产方式中生产力和生产关系矛盾的解决，又牵涉经济基础和上层建筑的矛盾。那么，生产力和生产关系、经济基础和上层建筑的矛盾是如何推动社会发展的？社会基本矛盾又具体表现为哪些其他动力？历史是由谁创造的？这些问题将在下一个专题中得到解决。

延伸阅读

1. 政治经济学批判·第一分册［M］//马克思恩格斯文集（第2卷）.北京：人民出版社，2009.
2. 习近平. 坚持历史唯物主义不断开辟当代中国马克思主义发展新境界［J］. 求是，2020（2）.

思考题

1. 为什么说生产方式是社会发展的决定性力量？
2. 社会存在、社会意识及其辩证关系和方法论意义。
3. 怎样理解生产力、生产关系及其矛盾运动规律？
4. 怎样理解经济基础、上层建筑及其矛盾运动规律？
5. 如何理解社会形态更替的统一性和多样性？

（撰写人：周晓桂）

专题九　推动社会历史发展的力量是什么?

一、教学目的与要求

(一) 知识目标

1. 理解社会基本矛盾与社会主要矛盾的关系。
2. 把握社会发展的动力系统。
3. 掌握人民群众在历史发展中的作用。

(二) 能力目标

1. 提高根据社会发展规律科学分析和解决问题的能力。
2. 增强运用群众史观分析和解决实际问题的能力。

(三) 情感和价值观目标

1. 树立正确的历史观并指导人生价值观。
2. 自觉运用群众史观反对英雄史观。
3. 增强投身于中国特色社会主义建设的自觉性。

二、针对的学生主要思想困惑

1. 是什么力量在推动着社会的发展?
2. 如何理解人民群众是历史的创造者?

三、针对的错误思潮与模糊认识

1. 人民群众创造历史只是一套说辞而已。
2. 英雄人物决定历史发展。

四、教学难点重点

1. 社会基本矛盾是社会发展的根本动力。
2. 人民群众是历史的创造者。

五、教学时数

3 课时

授课导入

专题八介绍了人类社会的本质及社会基本矛盾运动规律,那么,社会的发展是谁推动的呢?谁是历史的真正主人和创造者呢?带着这些问题,我们进一步深入学习历史唯物主义。

历史唯心主义者认为,推动历史发展的动力是人的主观意志,或者是某种冥冥中的天意、外在于人类世界的不可感知的力量。工业革命和现代科技的飞速发展深刻地改变着人类社会的同时,也挑战着宗教神学和唯心主义哲学的论断。时代呼唤建立在实证基础上的历史理论,真实而非想象地、科学而非迷信地揭示出人类历史发展的动力,并以经验证据证明自己的结论。社会发展的实践带给人们"世道必进"的信念,也正是社会发展的实践促使人们去探寻真实的历史发展动力。这就是唯物史观诞生的历史背景。那么,历史唯物主义是如何理解这样的问题呢?

专题九 推动社会历史发展的力量是什么？

一、社会历史发展的动力

唯物史观超越了唯心史观，它没有停留在"精神动力"的层面上认识社会历史，而是透过历史的表象，进一步探寻并发现了社会历史深处的动力：物质生产方式是社会发展的基础，在此基础上形成的生产力和生产关系的矛盾、经济基础和上层建筑的矛盾是社会发展的基本矛盾和根本动力，根源于社会基本矛盾的阶级斗争、社会革命、社会改革等，在社会发展中各具不同的重要作用。

（一）社会基本矛盾在社会发展中的作用

社会基本矛盾就是指生产力和生产关系之间的矛盾、经济基础和上层建筑之间的矛盾。如前所述，它们贯穿一切社会形态之中和每一社会形态的始终，决定着其他一切社会矛盾的存在和发展，决定着整个社会的基本面貌、社会发展的必然阶段和客观趋势。解决这两对矛盾构成了人类社会实践的重要内容。

1. 社会基本矛盾是历史发展的根本动力

社会基本矛盾是历史发展的根本动力，它在历史发展中的作用主要表现在以下方面。

首先，生产力是社会基本矛盾运动中最基本的动力因素，是人类社会发展和进步的最终决定力量。生产力是社会存在和发展的物质基础，是不能任意选择的物质力量和历史活动的前提。生产力决定生产关系的性质，进而决定其他社会关系的基本面貌，决定世界发展的历史进程。正如马克思、恩格斯所指出的，大工业开创了世界历史，"它使每个文明国家以及这些国家中的每一个人的需要的满足都依赖于整个世界，因为它消灭了各国以往自然形成的闭关自守的状态"。[①] 人类历史从此变成了世界历史。

其次，社会基本矛盾特别是生产力和生产关系的矛盾，决定着社会中

[①] 马克思恩格斯文集（第1卷）[M]. 北京：人民出版社，2009：566.

其他矛盾的存在和发展。当旧的生产关系成为生产力发展的桎梏时，生产力就必然要求改变或变革生产关系，而一旦生产关系或经济基础状况发生变化，就会同原有的上层建筑发生矛盾，并要求改变旧的上层建筑。社会基本矛盾的变化、发展又会引发其他社会矛盾的产生和发展。正是从这个意义上说，"一切历史冲突都根源于生产力和交往形式之间的矛盾"。[①] 经济基础和上层建筑的矛盾也会影响和制约着生产力和生产关系的矛盾。生产关系或经济基础的变化，不仅决定于生产力的发展，而且受制于社会意识形态和政治法律制度即上层建筑的变化或变革。

最后，社会基本矛盾具有不同的表现形式和解决方式，并从根本上影响和促进社会形态的变化和发展。社会基本矛盾的尖锐化，会导致代表或拥护不同生产关系、政治法律制度的阶级之间的矛盾尖锐化，阶级之间的利益矛盾积累到一定程度就会引发阶级斗争甚至社会革命，进而促使一定社会形态的变迁、更替。在同一社会形态的发展中，社会基本矛盾通常是通过改革的方式来解决的。

2. 社会基本矛盾与社会主要矛盾的关系

在社会领域，除了社会基本矛盾，还有社会主要矛盾。社会基本矛盾和社会主要矛盾不是同一个概念，也不是同一层次的矛盾。一般来说，社会基本矛盾是其他一切社会矛盾的根源，规定和制约着社会主要矛盾的存在和发展，社会主要矛盾是社会基本矛盾的具体体现。

社会基本矛盾，即生产力和生产关系、经济基础和上层建筑的矛盾，贯穿并制约着社会发展的全过程，规定社会发展过程的基本性质。在实际生活中，社会基本矛盾往往要通过具体的社会矛盾表现出来，而各种具体矛盾的变化发展会导致社会发展呈现出一定的阶段性特征。我们不仅要认识社会基本矛盾，而且要在此基础上认识社会中的各种具体矛盾，特别是社会主要矛盾。我们在工作中经常说的要认识和抓住影响全局的主要问题，其实说的就是要认识和抓住主要矛盾。

---

① 马克思恩格斯文集（第1卷）[M]. 北京：人民出版社，2009：567-568.

专题九 推动社会历史发展的力量是什么？

在社会发展过程的矛盾系统中，各种矛盾的地位和作用是不平衡的，存在主要矛盾和非主要矛盾的区别。社会主要矛盾是处于支配地位、在社会发展过程一定阶段上起主导作用的矛盾。社会主要矛盾的存在和发展，规定或影响着社会非主要矛盾的存在和发展。在社会发展一定阶段上，由于社会经济、政治、文化等因素的变化，原有的社会主要矛盾会朝着两个方面转化：一是社会主要矛盾双方的内容发生一定变化；二是矛盾地位发生变化，原来的主要矛盾转化为从属地位的矛盾，而原来的某个非主要矛盾则上升为占支配地位的主要矛盾。由于社会主要矛盾发生了变化，它所影响的社会发展过程也发生了变化，主要表现为社会发展过程出现了新的阶段性特点。

正确认识和把握社会主要矛盾，是无产阶级政党正确判断形势和确立工作重心的客观依据。毛泽东说：

> 对于矛盾的各种不平衡情况的研究，对于主要的矛盾和非主要的矛盾、主要的矛盾方面和非主要的矛盾方面的研究，成为革命政党正确地决定其政治上和军事上的战略战术方针的重要方法之一，是一切共产党人都应当注意的。①

社会主要矛盾及其转化的原理，对于指导中国特色社会主义实践具有重要意义。我们党对社会主义建设规律的探索，与对我国社会主要矛盾的认识有着密切的联系。

党的十九大报告对社会主要矛盾作出新的重大判断，牢牢把握住了新时代中国的基本国情，是习近平新时代中国特色社会主义思想的重要内容，具有重大意义。我国社会主要矛盾的变化需要我们及时调整工作的着力点。我国社会主要矛盾的变化是关系全局的历史性变化，对党和国家工作提出了许多新要求。我国社会主要矛盾的变化及其引起的工作着力点调整，对世界形势和格局也将产生积极意义。

---

① 毛泽东选集（第1卷）[M]. 北京：人民出版社，1991：326-327.

知识链接

我国社会主要矛盾的变化

1. 新民主主义革命时期

帝国主义和中华民族的矛盾,封建主义和人民大众的矛盾,这些就是近代中国社会的主要的矛盾……而帝国主义和中华民族的矛盾,乃是各种矛盾中的最主要的矛盾。①

2. 社会主义改造时期

新民主主义革命在全国胜利和土地制度改革在全国完成以后,国内主要矛盾已经转为工人阶级和资产阶级之间、社会主义道路和资本主义道路之间的矛盾。②

3. 社会主义建设初步探索时期

我国完成了社会主义改造,社会主要矛盾已经是人民对于建立先进的工业国的要求同落后的农业国的现实之间的矛盾,已经是人民对于经济文化迅速发展的需要同当前经济文化不能满足人民需要的状况之间的矛盾。③

4. 改革开放和社会主义现代化建设时期

在社会主义改造基本完成以后,我国所要解决的主要矛盾,是人民日益增长的物质文化需要同落后的社会生产之间的矛盾。④

---

① 毛泽东选集(第2卷)[M].北京:人民出版社,1991:631.
② 毛泽东年谱(1949-1976)(第1卷)[M].北京:中央文献研究室,2013:560.
③ 中共党史参考资料(八)[M].北京:人民出版社,1980:524.
④ 改革开放三十年重要文献选编(上)[M].北京:人民出版社,2008:212.

> **5. 中国特色社会主义新时代**
>
> 中国特色社会主义进入新时代，我国社会主要矛盾已经转化为人民日益增长的美好生活需要和不平衡不充分的发展之间的矛盾。①

（二）阶级斗争和社会革命在阶级社会发展中的作用

社会基本矛盾集中体现在阶级之间的利益斗争中，因而阶级斗争是阶级社会发展的直接动力。社会革命是阶级斗争发展到一定阶段的产物，是推动社会发展的重要动力。

1. 阶级斗争是阶级社会发展的直接动力

列宁对阶级作了如下的界定：

> 所谓阶级，就是这样一些大的集团，这些集团在历史上一定的社会生产体系中所处的地位不同，同生产资料的关系（这种关系大部分是在法律上明文规定了的）不同，在社会劳动组织中所起的作用不同，因而取得自己所支配的那份社会财富的方式和多寡也不同。所谓阶级，就是这样一些集团，由于它们在一定社会经济结构中所处的地位不同，其中一个集团能够占有另一个集团的劳动。②

阶级是一个经济范畴，是一些经济集团，因此划分阶级的唯一标准是经济标准。阶级斗争是阶级社会客观存在的必然现象，并贯穿阶级社会的全部发展过程。

阶级斗争是指经济利益根本冲突的不同阶级之间的斗争，包括经济斗争、思想斗争、政治斗争三种基本形式，其中，最高形式是政治斗争。那么，为什么说阶级斗争是阶级社会发展的直接动力呢？

首先，阶级斗争对社会发展的推动作用最明显地表现在社会形态质变的过程中。在阶级社会，任何一次社会形态的更替都是通过阶级斗争来完

---

① 习近平. 决胜全面建成小康社会夺取新时代中国特色社会主义伟大胜利——在中国共产党第十九次全国代表大会上的报告［M］. 北京：人民出版社，2017：11.

② 列宁专题文集：论社会主义［M］. 北京：人民出版社，2009：145.

成的。当社会基本矛盾尖锐化时，当旧的生产关系不再适应生产力的发展，变成生产力发展的桎梏时，维护旧的生产关系的反动阶级，就会同代表新生产力发展要求的先进阶级形成尖锐的对抗。这时，只有阶级斗争，推翻反动阶级的统治，才能建立新的社会形态，以解放和发展生产力，推动社会的前进。

其次，阶级斗争推动社会发展的作用，还表现在同一社会形态的量变过程中。被剥削阶级在反对剥削阶级的斗争中，不断迫使统治阶级作出让步，使其不得不调整某些经济关系和政策，从而使社会矛盾得到一定程度的缓和，也就或多或少地推动了生产力的发展和社会的进步。

需要说明的是，阶级斗争及其作用在任何时候都要受到一定社会历史条件的制约。对于阶级斗争，要从不同时代生产发展的状况、社会基本矛盾的状况来说明，不能片面否认或夸大阶级斗争的作用。

阶级分析方法为我们透过复杂的阶级社会现象，认识阶级社会的本质和规律，提供了科学的指导。如何看待马克思主义阶级分析法和阶级斗争在当代的意义？首先，阶级分析法是科学的分析社会力量的方法。阶级关系是客观存在的，阶级斗争根源于阶级之间物质利益的根本对立，根源于社会经济关系的冲突。一切阶级斗争，归根结底都是围绕经济利益这个轴心展开的。其次，阶级关系不仅是阶级斗争，还有阶级联合的状况，而阶级关系也是社会利益关系的一种。因此阶级斗争概念不能涵盖所有的社会政治现象。再次，阶级关系、阶级斗争往往在社会大变革的年代更容易观察到，而在和平与发展年代较为隐蔽、不直接凸显，它更经常地体现为意识形态领域的斗争，阶级关系则体现为各阶层关系和各个社会利益群体之间的关系。最后，有人依据和平发展年代阶级斗争形势不明显的特征，来否定阶级斗争和阶级分析法的意义，这是错误的。我国正处于并将长期处于社会主义初级阶段，由于国内外因素的影响，阶级斗争还将在一定范围内长期存在，在某种条件下还有可能激化，但它已经不是社会的主要矛盾。尤其应当注意，意识形态领域的阶级斗争始终存在，在一定条件下还会显性化和复杂化。

2. 社会革命是阶级斗争的最高形式

社会革命有广义和狭义之分。广义的社会革命是指在社会基本矛盾运动基础上的社会生活的全面变革，包括人与自然的关系、人与人的社会关系、思维方式、思想观念的重大变革。狭义的社会革命主要是指社会形态的变更，即新的社会形态取代旧的社会形态。这里讲的社会革命，主要是指狭义上的社会革命，其突出特征就是通过革命推翻反动阶级的统治、政权转移到革命阶级手里。社会革命是社会基本矛盾尖锐化的结果，是阶级斗争的最高形式。生产力的发展和旧的生产关系、经济基础的发展和旧的上层建筑之间出现矛盾冲突，是社会革命爆发的根本原因。社会革命的实质就在于革命阶级推翻反动阶级的统治，用新的社会制度代替旧的社会制度，解放生产力，推动社会发展。

马克思有一个著名的论断，这就是"革命是历史的火车头"。[①] 他之所以作出这一论断，理由在于：首先，社会革命是实现社会形态更替的重要手段和决定性环节；其次，社会革命能充分发挥人民群众创造历史的积极性和伟大作用；最后，社会革命发现和锻炼人才，为新社会的建立培养干部。无产阶级革命将为消除阶级对抗，并充分利用全人类的文明成果促进社会全面进步创造条件。当然，还需要区分社会革命与政权变更的异同。要认识到，真正的社会革命往往在社会形态更替时更容易观察到。单纯的政权更替并不一定是社会革命。

（三）改革在社会发展中的作用

1. 改革是社会发展的重要动力

社会基本矛盾运动的结果，不仅表现为通过革命实现一种新的社会制度取代旧的社会制度，而且表现为通过改革实现社会制度的自我调整和完善。改革是同一种社会形态发展过程中的量变，是推动社会发展的又一重要动力。我国自20世纪70年代末以来进行的改革，是社会主义制度的自

---

① 马克思恩格斯文集（第2卷）[M]. 北京：人民出版社，2009：161.

我完善和发展。

改革之所以是社会发展的重要动力,主要是因为:首先,改革为旧的社会向新的社会过渡提供了量的积累。每一次重大的改革都是向新社会的迈进创造了条件,当条件完全具备以后就会实现质的飞跃。其次,改革能促进生产力发展和推动社会进步。改革也是由于社会基本矛盾运动引起的,是为了解决生产关系不适应生产力、上层建筑不适应经济基础而做的调整,因而可以促进生产力的发展和推动社会进步。所以,改革是在一定程度上解决社会基本矛盾、促进生产力发展、推动社会进步的有效途径和手段。在一定社会形态的量变过程中,当社会基本矛盾发展到一定程度但又尚未激化到引起社会革命的程度时,需要依靠改革的途径或手段,来改变与生产力不相适应的生产关系和与经济基础不相适应的上层建筑。

2. 改革和革命的区别

改革和革命都能起到促进生产力发展和推动社会进步的作用,那么,二者的区别何在呢?首先,规模不同。革命往往是疾风暴雨式的、轰轰烈烈的大规模的群众运动;改革则不像革命那样规模巨大,尽管其影响也是深远的。其次,方式不同。革命往往是被统治者发动的,由下而上进行的;改革则往往是统治者发动的,是由上而下进行的。最后,目的不同。革命往往是为了推翻现有的政权,用新政权取代旧政权;改革则是以巩固统治者的地位、维护原有政权为目的的。当然,就改革能够通过量变引起质变来看,有人说改革也是一场革命,是二次革命,这种说法也是可以理解的。

在社会主义国家,改革越来越成为社会发展的主要推动力量。改革只有进行时,没有完成时。当前,我国已进入全面深化改革的新时期。只有通过进一步改革,才能更好地解决我国发展面临的一系列突出矛盾和问题,不断推进中国特色社会主义制度自我完善和发展。中国的社会主义改革是一场广泛而深刻的伟大变革,从性质上看,它是社会主义制度的自我完善和自我发展。习近平将党领导人民奋斗的全部历程统称为一场伟大的社会革命。他指出:

专题九　推动社会历史发展的力量是什么？

中国特色社会主义不是从天上掉下来的，而是在改革开放40年的伟大实践中得来的，是在中华人民共和国成立近70年的持续探索中得来的，是在我们党领导人民进行伟大社会革命97年的实践中得来的。①

新时代中国特色社会主义是我们党领导人民进行伟大社会革命的成果，也是我们党领导人民进行伟大社会革命的继续，是一场具有许多新的历史特点的伟大社会革命，必须一以贯之进行下去。

（四）科学技术在社会发展中的作用

科学作为一种理论，是人们在认识客观规律的基础上形成的知识体系及相应的活动，包括自然科学、社会科学、思维科学等。技术是科学的物化，有生产技术和非生产技术之分，它们都是人类改造自然的手段和方法。马克思对科学技术的历史作用作过精辟而形象的概括，认为科学是"最高意义上的革命力量"。② 近代以来，科技革命极大地推动了社会历史的进步。每一次科技革命，都不同程度地引起生产方式、生活方式和思维方式的深刻变化和社会的巨大进步。

1. 科学技术是推动社会发展的强大杠杆

首先，对生产方式产生了深刻的影响。其一，改变了社会生产力的构成要素。科技发展使生产自动化程度提高，大大地改变了脑力劳动与体力劳动的比例，使劳动力结构向着智能化趋势发展。其二，改变了人们的劳动形式。微电子技术的出现和广泛应用，使智能机器代替了人的部分脑力劳动，使人们的劳动方式经历了由机械自动化走向智能自动化、由局部自动化走向大系统管理和控制自动化的根本性变革。其三，改变了社会经济结构，特别是导致产业结构发生变革。新的技术革命在推动传统产业现代化的同时，使第三产业在国民经济中所占的比重日益提高。产业结构的变

---

① 习近平在学习贯彻党的十九大精神研讨班开班式上发表重要讲话强调：以时不我待只争朝夕的精神投入工作开创新时代中国特色社会主义事业新局面 [N]. 人民日报，2018-01-06.
② 马克思恩格斯全集（第19卷）[M]. 北京：人民出版社，1963：372.

化又导致就业结构的变化,从事第三产业的人数比例迅速增长,科技人员和管理人员的比例日益增长。科技革命推动了生产规模的扩大,进而推动了生产的分工和协作的广泛发展,并使生产社会化的程度进一步提高,最终必然导致生产关系的变革。

其次,对生活方式产生了巨大影响。现代科技革命把人们带入了信息时代,现代信息技术为人们提供了处理、存储和传递信息的手段,给学习、工作带来了极大便利。现代化的交通、通信等手段,为人们的交往提供了方便。劳动生产率的提高,使人们自由支配的闲暇时间增多,为人的自由而全面的发展创造了更多条件。

最后,促进了思维方式的变革。现代科技革命对人的思维方式产生了重要影响,主要表现为新的科学理论和技术手段通过影响思维主体、思维客体和思维工具,引起思维方式的变革。在现代科技革命条件下,人们获得了新的知识理论结构,能够运用新的理论工具和现代化技术手段去研究一系列新现象、新领域、新课题。

2. 科学技术是一把双刃剑

科学技术能够通过促进经济和社会发展以造福于人类,科学技术的作用既受到一定客观条件如社会制度、利益关系的影响,也受到一定主观条件如人们的观念和认识水平的影响。

(1) 科学技术的积极作用。科学技术的发展标志着人类改造自然能力的增强,意味着人们能够创造出更多的物质财富,对社会发展有巨大的推动作用。

【案例点击】科学技术为打赢疫情防控阻击战提供强大支撑

"要加速推进新型检测试剂、抗体药物、疫苗和诊疗方案等科技攻关,坚持临床研究和临床救治协同,中西医结合、中西药并用,加快推广应用已经研发和筛选的有效药物,提升救治水平。"①

"纵观人类发展史,人类同疾病较量最有力的武器就是科学技术,人

---

① 习近平. 在湖北省考察新冠肺炎疫情防控工作时的讲话 [J]. 求是, 2020 (7).

类战胜大灾大疫离不开科学发展和技术创新。"①

(2) 科学技术的消极后果,一种是认识的局限,另一种是制度的恶果。例如,在资本主义条件下,科学技术常常成为促成资本迅速增殖的工具,有时这种发展是损害人的主体性、毁坏环境和损坏社会公平的;世界上的霸权主义者凭借科技优势,迫使他国接受国际贸易中不公平的规则。

二、人民群众在历史发展中的作用

推动社会历史发展的动力是多方面的。单个人的意志并不能决定历史的发展,但单个人的意志也包含在历史发展的动力系统中。因此,个人对于历史发展不仅不是没有作用的,有时候还会发生很大的作用。更重要的是,历史是千千万万个个体的实践来推动的。人们不是处于历史的宿命之中,只能逆来顺受,毫无作为,而是可以通过一定的条件来改变和创造历史。但是创造历史需要遵循一定的规律,需要把握和尊重社会发展的根本动力、直接动力。

(一) 人民群众是历史的创造者

【课堂讨论】怎样看待美国大片中经常出现的英雄拯救世界的故事情节?

【教师讲解】美国大片中,不乏英雄拯救世界的情节。比如《美国队长》以"二战"为背景,创造了一个被科学实验制造出的超级战士形象。美国队长不仅单枪匹马对抗邪恶,拯救几百名被俘的美国士兵,而且最终也几乎是凭借一己之力破坏了九头蛇组织毁灭世界的计划。作为文艺作品,这样的情节和人物设计无可厚非。但是稍微有些历史知识的人都明白,历史的现实和影视作品中呈现出来的状况,恰恰相反:"二战"不是这样简单爆发的,也不会凭少数超级英雄的作为而结束;不是少数英雄创造历史和拯救群众,而是千千万万普通士兵和群众的努力成就了如巴顿、艾森豪威尔这样的英雄伟名。

---

① 习近平. 为打赢疫情防控阻击战提供强大科技支撑 [J]. 求是, 2020 (6).

我们看到，无论是文艺作品，还是传统上的历史记录，帝王将相才子佳人都是最亮眼的主角儿。这种记录历史的方式根源于"英雄史观"。"英雄史观"认为历史由杰出的人物、伟人、英雄们创造，普罗大众更多是处于盲从、无知和跟随的境地。这样的历史观很容易造成轻视人民、鄙视劳动者的视角和理念，同时又着力歌颂明君贤臣、高尚的贵族、宅心仁厚的地主……在我们时代则是各种既有财富、地位，形象光鲜，同时又人品端正的"霸道总裁"。

那么在事实上，是谁创造了历史呢？谁是历史的真正主人呢？

1. 群众史观和英雄史观的对立

在谁是社会历史创造者的问题上，历来存在群众史观和唯心史观的对立，群众史观就是历史唯物主义历史观，而英雄史观则是唯心主义历史观，它从社会意识决定社会存在的基本前提出发，否认物质资料的生产方式是社会发展的决定力量，抹杀人民群众的历史作用，宣扬少数英雄人物创造历史。与之相反，群众史观则从社会存在决定社会意识的基本前提出发，肯定了物质资料的生产方式是社会发展的决定力量，认为人民群众是历史的创造者。

英雄史观的产生有其深刻的认识根源、社会历史根源和阶级根源。从认识根源看，英雄史观之所以产生，主要是因为人们的认识停留在历史现象的表面，把活跃在历史前台的少数英雄人物的作用尤其是他们的意识的作用加以夸大并绝对化，而无视广大人民群众及其历史活动的作用。从社会历史根源看，英雄史观的产生同社会生产力水平较低，大多数人从事物质资料的生产活动，少数人从事政治统治、垄断精神文化生活有关。从阶级根源看，统治者为了维护本阶级的利益，需要宣扬唯心史观，抹杀广大人民群众的历史作用。这是英雄史观得以产生并长期占据统治地位的重要原因。

唯物史观在考察谁是历史创造者时坚持了如下原则：第一，唯物史观立足于现实的人及其本质来把握历史的创造者。现实的人，是基于自身需要和社会需要而从事一定实践活动、处于一定社会关系中、具有能动性的

专题九　推动社会历史发展的力量是什么？

人。第二，唯物史观立足于整体的社会历史过程来探究谁是历史的创造者。社会历史就其整体而言，是一定的群体的认识活动和实践活动及其产物的演进过程。第三，唯物史观从社会历史发展的必然性入手来考察和说明谁是历史的创造者。第四，唯物史观从人与历史关系的不同层次上考察谁是历史的创造者。它不是对历史表象的经验描述，而是对历史本质的逻辑把握。

2. 人民群众在创造历史过程中的决定作用

所谓人民群众，从质上看，是指一切对社会历史发展起推动作用的人；从量上看，是指社会人口中的绝大多数。在不同的历史时期，人民群众有着不同的内容，包含不同的阶级、阶层和集团，但其中最稳定的主体部分始终是从事物质资料生产的劳动群众。在当代中国，凡是拥护、参加和推动中国特色社会主义事业的人都属于人民群众的范畴。

人民群众是历史的创造者，这是马克思主义最基本的观点之一，也是唯物史观的重要体现。人民群众是历史的创造者，具体表现在以下方面。

其一，人民群众是社会历史实践的主体，在创造历史中起决定性的作用。人民群众的总体意愿和行动代表了历史发展的方向，人民群众的社会实践最终决定历史发展的结局。

其二，人民群众是社会物质财富的创造者。人民群众创造的社会物质财富，是社会得以存在和发展的物质保障。人民群众的这一创造作用同生产力是社会发展的最终决定力量原理具有逻辑上的一致性，因为作为人民群众主体的劳动群众，乃是生产力的体现者。

其三，人民群众是社会精神财富的创造者。首先，人民群众的社会实践活动是科学、文化、艺术的唯一源泉；其次，劳动群众为人们从事精神文化活动提供了一切物质手段和物质条件；最后，劳动知识分子在精神财富的创造过程中起着极其重要的作用。

其四，人民群众是社会变革的决定力量。社会变革根源于社会基本矛盾，但生产关系一定要适合生产力发展状况的规律、上层建筑一定要适合经济基础发展状况的规律不可能自发地起作用，必须通过人民群众这一社会变革的主体才能实现其作用。当然,人民群众创造历史的活动受到一定社会历史条件的制约,如政治条件、经济条件、精神文化条件等。

中国特色社会主义是中国人民开创和推进的伟大事业。以习近平同志为核心的党中央提出坚持以人民为中心的思想,创造性运用和发展了唯物史观关于人民群众创造历史的基本原理。坚持以人民为中心的思想,鲜明地体现了马克思主义政党的政治立场和执政理念,体现了共产党人的价值取向和工作导向。坚持以人民为中心的思想,站在时代和历史的高度,总结和概括了人民群众在中国特色社会主义实践中的伟大创造作用和主体地位,充分反映和顺应了人民群众的根本利益诉求,深刻阐明了中国共产党作为执政党的历史使命,进一步明确了实现人民对美好生活向往的奋斗目标。

【案例点击】 紧紧依靠人民群众坚决打赢疫情防控阻击战

"要紧紧依靠人民群众,充分发动人民群众,提高群众自我服务、自我防护能力。"这是习近平2020年3月10日在湖北省考察新冠肺炎疫情防控工作时的讲话。

"紧紧依靠人民群众,坚决把疫情扩散蔓延势头遏制住,坚决打赢疫情防控的人民战争、总体战、阻击战。"①

"基层党组织和广大党员要发挥战斗堡垒作用和先锋模范作用,广泛动员群众、组织群众、凝聚群众,全面落实联防联控措施,构筑群防群治的严密防线……紧紧依靠人民群众坚决打赢疫情防控阻击战。"②

3. 人民群众创造历史的方法论意义

人民群众创造历史的方法论意义,主要在于无产阶级政党必须坚持党的群众观点和群众路线。马克思主义群众观点的主要内容包括:坚信人民

---

① 习近平. 在北京市调研指导新冠肺炎疫情防控工作时的讲话 [EB/OL]. [2021-03-21]. http://www.chinanews.com/gn/2020/02-11/9087813.shtml.

② 习近平做出重要指示要求各级党组织和广大党员干部 团结带领广大人民群众坚决贯彻落实党中央决策部署 紧紧依靠人民群众坚决打赢疫情防控阻击战 [EB/OL]. [2021-03-21]. http://news.cctv.com/2020/01/27/ARTItK9TLPCxaDPPtw5akWNp200127.shtml.

> 专题九　推动社会历史发展的力量是什么？

群众自己解放自己的观点，全心全意为人民服务的观点，一切向人民群众负责的观点，虚心向群众学习的观点。

【学习视频】习近平讲以人民为中心和利比亚撤侨

群众路线是我们党的生命线和根本工作路线，也是我们党的优良传统。群众路线是群众观点的具体应用，即一切为了群众，一切依靠群众，从群众中来，到群众中去。群众路线是我们党在革命、建设、改革时期不断取得胜利的不可须臾离开的重要法宝。在中国特色社会主义新时代，习近平强调了在新形势下坚持群众路线教育实践活动的重要性：

> 群众路线是我们党的生命线和根本工作路线。开展党的群众路线教育实践活动，是我们党在新形势下坚持党要管党、从严治党的重大决策，是顺应群众期盼、加强学习型服务型创新型马克思主义执政党建设的重大部署，是推进中国特色社会主义的重大举措，对保持党的先进性和纯洁性、巩固党的执政基础和执政地位，对全面建成小康社会，具有重大而深远的意义。①

4. 理解人民群众创造历史时要注意的问题

在理解这"人民群众是历史的创造者"这一重要思想时，需要注意两个问题：

第一，承认人民群众创造历史，不代表在所有问题上都遵循"多数决定论"。人民群众创造历史是个宏观的历史判断，应用于宏观层面，是历史唯物主义的深刻判断，不应机械和庸俗地把这一原则运用到微观具体的事件上来，有时候真理掌握在少数人手里。"多数决定"是一个具体的民主方法，不是"群众史观"的直接应用，要注意区分。从宏观角度，在历史长河上来看，人民是历史的英雄。但在某些具体情况下，多数人可能是被蒙蔽的，或由于自身局限作出了错误的判断，这都是可能发生的。相信群众，不代表放任自流，不要核心和领导。遵循民主，不代表不要集中、

---

① 习近平谈治国理政（第1卷）[M]．北京：外文出版社，2014：365．

不要专家意见。对于西方国家近年来流行的民粹主义、反智主义倾向等错误，必须特别警惕和反对。

第二，个人与集体的协调问题。不能抽象地谈个人权利，不能盲目跟随西方自由主义理论大谈人权高于主权，贬低国家的价值。应该明确，群体解放是个人自由的先决条件，这一点在西方同样如此。没有强大的国家，个人权利根本无从保障。事实上，近年来西方一些国家将个人自由推向绝对，造成公民对国家和社会责任感丧失，单方面强调个人的权利，已经造成社会凝聚力下降以及种种光怪陆离的乱象。中国人正是缘于对近代积贫积弱历史的彻骨体会，才将爱国主义、集体主义作为最深刻的历史智慧来铭记的。关于个人的幸福、权利的保障、自由的实现问题，"十八大"以来，党和政府高度重视民生问题，"十九大"强调满足人民生活幸福追求的目标，都体现了对这个维度的深刻理解。个人与集体、主权与人权是相得益彰、互相促进的。把个人幸福与国家强大完全对立起来的说法，是一种错误的人生观和世界观。

马克思和恩格斯在《共产党宣言》中指出："每个人的自由是一切人自由的先决条件。"个人不仅可以在社会历史发展中承担自己的责任，作出自己的贡献，而且历史的发展最终是要落实到个人的身上。每个平凡的人都可以为历史进步作出贡献，成为历史发展"合力"的一部分。每个人享受着前辈们的劳动成果，同时也应当为未来更美好的时代创造条件。这才是对群众史观和历史唯物主义的深层把握。

（二）个人在社会历史中的作用

1. 个人及其本质

人民群众创造历史的活动是通过个人进行的，理解"人民群众是历史的创造者"，不能忽略个人在社会发展中的作用。个人是指在社会历史实践活动的单个人，个人总是具体的、历史的。离开了个人，人民群众有可能就变成一句空话，当把每个人组织起来，就变成了创造历史的"合力"。唯物史观认为，现实的人（个人）在本质上都是一切社会关系的总和。它

专题九 推动社会历史发展的力量是什么？

告诉我们：第一，人的本质是社会关系特别是生产关系的产物。因为在社会关系中，生产关系是最基本、最重要的关系。第二，人的本质是具体的而不是抽象的。人的本质是具体关系的产物，抽象的人性、抽象的本质是根本不存在的。第三，人的本质是社会属性，而不是自然属性。人的本质不是吃喝穿住等生物性，而是工人、农民、科学家等社会性，个人永远不能脱离社会而生存与发展。第四，人的本质是变化发展的而不是永恒不变的。过去关于"性恶、性善"的争论就在于把人的本质抽象化和凝固化了，似乎本质是不变的。唯物史观强调个人与社会的统一，要求人们从一定的社会关系包括阶级关系中去认识和把握一定群体和个人的本质及作用。

2. 辩证理解和评价个人的历史作用

每个人尽管在历史上发挥作用的性质和程度各有不同，但都会在历史上留下自己的印记。有的人作用大些，可称为"历史人物"；有的人作用小些，可称为"普通个人"。历史人物是一定历史事件的主要倡导者、组织领导者或思想理论、科学文化的重要代表人物。历史人物对历史发展有深刻影响，甚至有时能够决定个别历史事件的格局，从而导致历史发生重大变化。杰出人物是历史人物中对推动历史发展作出重要贡献或起重要作用的人。在历史发展进程中，新的历史任务往往是由具有进步意义的历史人物首先发现或提出来的。杰出的科学家、思想家、艺术家、教育家等的创造性活动，对于人类科学文化的发展和社会进步有着巨大的推动作用。

但是，说历史人物比普通个人的作用大一些，不等于说人类社会就是由历史人物创造的，"英雄人物决定历史发展"是错误的观点。因为他们只是站在历史的"中轴线"上，对历史起到直接的推动或阻碍作用，历史的最终结果是历史人物和普通个人组成的"合力"造成的，而这个合力就是"人民群众"。所以，不管什么样的历史人物，在历史上发挥什么样的作用，都要受到社会发展客观规律的制约，而不能决定和改变历史发展的总进程和总方向。

【案例点击】 鲁迅谈拿破仑

鲁迅在谈到拿破仑时说过这样一段话：有一回拿破仑过阿尔卑斯山，说"我比阿尔卑斯山还高"。这何等英伟，然而不要忘记他后面跟着许多兵。倘没有兵，那只有被后面的敌人捉住或者赶回，他的举动、言语都离不开了英雄的界限，要归入疯子一类。

【案例点击】 科学家的贡献

国家杰出贡献奖获得者袁隆平、屠呦呦、钱学森等科学家都用自己的努力和智慧为国家建设作出了杰出贡献。我们能否从这些科学家所作出的杰出贡献中，得出精英创造历史的观点？

【课堂讨论】 上述材料说明了什么？给了我们什么样的启示？

马克思主义提供了宏观和历史的视角，理解个人在社会历史中的作用。任何历史人物的出现，特别是杰出的政治人物的出现，都体现了必然性与偶然性的统一。时势造英雄，杰出人物的出现具有必然性。杰出人物会因其智慧、性格因素对社会进程发生影响，但这些作用仅仅是历史进程中的偶然现象，只能够成为社会发展的个别原因。历史人物的作用性质取决于他们的思想、行为是否符合社会发展规律，是否符合人民群众的意愿。只有顺应历史发展的要求和人民群众的意愿，历史人物才能起到推动社会前进的积极作用。

评价历史和人物也要坚持科学方法。唯物史观主张、评价历史人物时应该坚持历史分析法和阶级分析法。历史分析方法要求从特定的历史背景出发，根据当时的历史条件，对历史人物的是非功过进行具体的、全面的考察。要尊重历史事实，如实反映历史人物与当时社会历史条件的关系，如实反映历史人物的历史作用和历史地位。历史人物本身是发展变化的，同一个历史人物在不同的历史时期可能会有不同的历史作用，有时甚至会有性质相反的历史作用。在评价无产阶级领袖人物时，同样应该坚持历史分析方法和阶级分析方法。

同时，分析历史人物还要采取矛盾分析法，要进行辩证分析。习近平在评价毛泽东等老一辈革命家时，一方面，对他们进行了高度赞扬，指出

专题九　推动社会历史发展的力量是什么？

他们都是从近代以来中国历史发展的时势中产生的伟大人物，都是从近代以来中国人民抵御外敌入侵、反抗民族压迫和阶级压迫的艰苦卓绝斗争中产生的伟大人物，都是走在中华民族和世界进步潮流前列的伟大人物。另一方面，又指出他们的认识和行动也会受时代条件限制，也会存在失误和错误。他特别强调：

> 不能因为他们伟大就把他们像神那样顶礼膜拜，不容许提出并纠正他们的失误和错误；也不能因为他们有失误和错误就全盘否定，抹杀他们的历史功绩，陷入虚无主义的泥潭。①

这些论述闪耀着历史唯物主义的光辉，对于我们分析和评价包括革命领袖在内的历史人物具有重要指导意义。如果把前述群众、阶级及其政党、个人，特别是其中的领袖和历史人物等几个范畴综合起来，可以看出它们之间存在这样一种关系：群众是划分为阶级的，阶级通常是由政党领导的，政党是由领袖或历史人物来主持的。群众、阶级、政党、领袖构成一个环环相扣、相互依存的有机整体。理解它们之间的辩证关系，有助于全面深入地把握历史唯物主义群众史观，与一切唯心史观和精英史观区分开来。

专题小结

本专题重点探讨了怎样理解社会发展的动力和创造者的问题，它与专题八一起构成历史唯物主义的基本内容。在本专题中，分析了社会基本矛盾是社会历史发展的根本动力，社会基本矛盾在阶级社会是通过阶级斗争完成的，社会革命是阶级斗争的最高形式。同时，改革是社会发展的重要动力，科学技术是推动社会发展的强大杠杆，但科学技术是一把双刃剑。需要特别强调的是，无论是社会基本矛盾，还是阶级斗争、社会革命、

---

① 习近平. 在纪念毛泽东同志诞辰120周年座谈会上的讲话[M]. 北京：人民出版社，2013：12.

社会改革或科学技术，都是通过人完成的。所以，人民群众是社会历史的创造者，而人民群众创造历史是通过无数个人来实现的。个人又分为历史人物和普通个人，人民群众创造历史是"合力"创造历史，这就是群众史观，夸大个别英雄人物的"唯心史观"是错误的。人民群众创造历史的原理，要求我们必须坚持党的群众观点和群众路线，分析历史要采取偶然和必然相统一的方法、历史主义方法、阶级斗争方法、矛盾分析法等。

从唯物史观的基本观点看，其基本观点有着内在逻辑上的一致性：首先，社会存在决定社会意识，社会存在是社会的本质；其次，社会存在中最主要的方面是生产方式即生产力和生产关系的统一；再次，生产力和生关系的矛盾运动是社会发展最主要的决定力量，解决二者的矛盾又涉及经济基础和上层建筑的矛盾，两对矛盾运动共同构成推动社会发展的根本动力。最后，人民群众是历史的创造者。历史唯物主义（或唯物史观）为我们分析资本主义社会和社会主义社会发展的基本规律提供了指导，那么，人类社会的基本规律是怎样的呢？我们如何运用历史唯物主义去分析资本主义和社会主义发展的基本规律呢？请继续后面的学习。

延伸阅读

1. 毛泽东. 中国社会各阶级的分析［M］//毛泽东选集（第1卷）. 北京：人民出版社，1991.

2. 毛泽东. 关于正确处理人民内部矛盾的问题［M］//毛泽东文集（第7卷）. 北京：人民出版社，1999.

3. 习近平. 在党的群众路线教育实践活动总结大会上的讲话［N］. 人民日报，2014－10－09.

4. 习近平. 坚持历史唯物主义不断开辟当代中国马克思主义发展新境界［J］. 求是，2020（2）.

专题九 推动社会历史发展的力量是什么？

思考题

1. 为什么说社会基本矛盾是社会发展的根本动力？
2. 简述阶级斗争、社会革命、社会改革、科学技术同社会基本矛盾的关系。
3. 结合我国科学技术领域的重大成就，谈谈科技在社会发展中的重要作用。
4. 结合人民群众是历史创造者的原理，谈谈你对以人民为中心思想的理解。

（撰写人：于丹）

专题十　资本主义是一个怎样的社会？

一、教学目的与要求

（一）知识目标

1. 认识和理解马克思的劳动价值论。
2. 了解和把握资本主义经济制度的本质。
3. 把握资本主义政治制度和意识形态的本质。

（二）能力目标

1. 增强通过商品经济现象把握价值规律的能力。
2. 提高透过现象认识资本主义本质的能力。

（三）情感和价值观目标

1. 通过马克思劳动价值论自觉批判各种拜物教。
2. 通过分析资本主义本质增强对社会主义的认同感。
3. 加深对马克思主义劳动价值论的理解和信念。

二、针对的学生主要思想困惑

1. 为什么劳动二重性是理解政治经济学的枢纽？
2. 如何理解商品拜物教、货币拜物教和资本拜物教？

3. 怎样理解社会主义市场经济的意义和价值？

三、针对的错误思潮与模糊认识

1. 新自由主义思潮。
2. 商品经济永恒论。

四、教学难点重点

1. 私有制基础上商品经济的基本矛盾。
2. 价值规律及其作用。
3. 劳动力商品的价值和使用价值。

五、教学课时

3 课时

教 学 正 文

授课导入

前面学习了马克思主义哲学的基本内容，从这个专题开始进入对社会发展基本规律的分析。当今世界存在的主要社会形态是资本主义社会和社会主义社会，后者是对前者的批判和超越，因此我们有必要首先分析资本主义社会及其发展规律。马克思主义追求的理想社会制度是共产主义，这个结论是在批判资本主义社会弊端，揭示其制度根源的基础上得出的。马克思主义继承了空想社会主义对资本主义社会的批判传统，在唯物史观和剩余价值学说的基础上，创立了批判资本主义制度最深刻、最彻底的学说。我们今天说马克思主义没有过时，正是基于资本主义制度不断爆发的经济和社会危机一再证明其理论批判的科学性。只要资本主义制度仍然存在，人们就必然会一再到马克思那里去寻找问题的答案，马克思主义就不会过时。同时，对资本主义社会经济运行规律的科学揭示，是科学社会主义理论的基础。今天，我们就来深入了解马克思主义视域下的资本主义社会是怎样的一种存在。

一、资本主义是一个高度发达的商品社会

马克思在《资本论》的开篇写道："资本主义生产方式占统治地位的社会的财富，表现为'庞大的商品堆积'。"① 在纷繁复杂的社会元素中，马克思敏锐地捕捉到资本主义社会与之前的社会制度存在的本质区别，商品经济发展到高度发达的程度，以至于社会财富要以商品的形式来存在，以货币的形式来衡量。因此，马克思对资本主义社会经济运行规律的揭示就是从剖析商品开始的。

（一）商品二因素和生产商品的劳动的二重性

商品经济不是从来就有的，而是在一定历史条件下，作为自然经济的对立物而产生和发展起来的。与自然经济自给自足的生产生活方式不同，商品经济是以交换为目的而进行生产的经济形式。它是在原始社会末期，随着私有制和社会分工的发展而产生的。在奴隶社会和封建社会有所发展，但不占主导地位。在资本主义社会，商品经济成为普遍的经济形式。

1. 商品二因素

商品是用来交换、能满足人的某种需要的劳动产品。用来交换、满足需要、劳动产品是一个物品成为商品的必要条件。商品具有使用价值和价值两个因素或两种属性。

使用价值是商品能满足人的某种需要的有用性，是商品的自然属性，反映的是人与自然之间的物质关系。使用价值构成社会财富的物质内容，因为商品是为交换而生产的，是去满足别人的、社会的需要的。使用价值是交换价值的物质承担者。交换价值是一种使用价值同另一种使用价值相

---

① 马克思恩格斯文集（第5卷）[M]. 北京：人民出版社，2009：47.

专题十 资本主义是一个怎样的社会？

交换的量的关系或比例。

价值是凝结在商品中的无差别的一般人类劳动，即人的脑力和体力的耗费。价值是商品的社会属性。任何有用物品都具有使用价值，但只有其是劳动产品并且是商品时才具有价值。具有不同使用价值的商品之所以能够按一定比例相交换，正是因为它们都具有价值，在劳动耗费上具有质的同一性。商品交换实际上是商品生产者之间的劳动交换，商品的价值在本质上体现了生产者之间交换劳动的社会关系。

商品的使用价值和价值之间是对立统一的关系。一方面，商品的使用价值和价值是相互排斥的，对于商品的生产者和使用者任何一方而言，二者不可兼得。另一方面，使用价值和价值是商品的两个不可或缺的因素。使用价值是价值的物质承担者，价值寓于使用价值之中。

2. 生产商品的劳动的二重性

商品是劳动产品，马克思将生产商品的劳动进一步区分为具体劳动和抽象劳动。具体劳动是指生产一定使用价值的具体形式的劳动。抽象劳动是指撇开一切具体形式的、无差别的一般人类劳动，即人的脑力和体力的耗费。生产商品的具体劳动创造商品的使用价值，抽象劳动形成商品的价值。具体劳动和抽象劳动是同一种劳动的两种规定。任何一种劳动，一方面是特殊的具体劳动，另一方面又是一般的抽象劳动，这就是劳动的二重性。正是劳动的二重性决定了商品的二因素。

具体劳动和抽象劳动也是对立统一的关系。一方面，具体劳动和抽象劳动是商品生产者的同一劳动过程的两个方面，它们在时间和空间上是统一的。另一方面，具体劳动和抽象劳动又分别反映劳动的不同属性，具体劳动反映的是人与自然的关系，是劳动的自然属性；抽象劳动反映的是商品生产者的社会关系，是劳动的社会属性。

在马克思之前，英国古典政治经济学已经认识到了商品二因素，提出了劳动创造价值的观点，甚至认识到决定商品价值量的是社会必要劳动量。马克思对英国古典政治经济学的超越在于提出了劳动二重性理论，第一次确定了什么样的劳动形成价值、为什么形成价值以及怎样形成价值，从而为揭示剩余价值的真正来源、创立剩余价值理论奠定了基础。同时，劳动二重性理论为马克思的资本有机构成理论、资本积累理论、社会资本再生产理论等一系列重要理论的创立奠定了基础。因此，劳动二重性理论成为"理解政治经济学的枢纽"。

（二）商品价值量的确定与比较

1. 商品价值量的概念

商品的价值是凝结在商品中的无差别的人类劳动，这是价值的质的规定。基于这个质的规定，商品的价值量是由劳动者生产商品所耗费的劳动量决定的，而劳动量是按照劳动时间来计算的。既如此，岂不是越磨洋工，生产出来的商品价值量越大？当然不是。

2. 决定商品价值量的社会必要劳动时间

决定商品价值量的，不是生产商品的个别劳动时间，而是社会必要劳动时间。马克思说："社会必要劳动时间是在现有的社会正常的生产条件下，在社会平均的劳动熟练程度和劳动强度下制造某种使用价值所需要的劳动时间。"①

可见，在劳动力素质和生产条件一定的情况下，生产商品的劳动时间是有一个标准的，那就是社会必要劳动时间。

生产商品所需要的社会必要劳动时间不是一成不变的，它会随着劳动生产率的变化而变化。劳动生产率水平越高，单位时间内生产的商品数量越多，生产每件商品所需要的社会必要劳动时间就越少，单位商品的价值量就越小，反之就越大。商品的价值量与生产商品所耗费的劳动时间成正比，与劳动生产率成反比。影响劳动生产率的因素很多，主要有劳动者的平均熟练程度、科学技术的发展程度及其在生产中的应用、生产过程的社会结合、生产资料的规模和效能以及自然条件等。

---

① 马克思恩格斯文集（第5卷）[M]. 北京：人民出版社，2009：52.

3. 影响商品价值量的简单劳动和复杂劳动

具体劳动的形式千差万别，不同的劳动之间如何进行价值量的衡量呢？这就涉及简单劳动与复杂劳动的关系问题了。简单劳动是指不需要经过专门训练和培养的一般劳动者都能从事的劳动。复杂劳动是指需要经过专门训练和培养，具有一定文化知识和技术专长的劳动者所从事的劳动。形成商品价值量的劳动是以简单劳动为尺度的，复杂劳动等于自乘的或多倍的简单劳动。在以私有制为基础的商品经济条件下，复杂劳动转化为简单劳动，不是商品生产者自觉计算出来的，而是在商品交换过程中自发实现的。

(三) 价值形式的发展与货币的产生及作用

1. 价值形式的发展与货币的产生

商品交换是以货币为媒介进行的。货币是在长期交换过程中形成的固定充当一般等价物的商品。它是经历价值形式的四个发展阶段（简单的或偶然的价值形式、总和的或扩大的价值形式、一般价值形式、货币形式），最终从商品中分化出来的充当一般等价物的特殊商品。

2. 货币的作用和功能

货币的产生使整个商品世界分化为两极，即各种具体商品和货币，分别代表使用价值和价值，从而使商品内部使用价值和价值的矛盾发展为外在的商品和货币的矛盾。货币的产生有利于解决商品交换的困难，促进了商品经济的发展，但也使商品交换中买和卖的过程相割裂，为经济危机的发生提供了可能。马克思把商品向货币的转换称为"商品的惊险的跳跃"，这个跳跃一旦不成功，导致的结果将是商品占有者的损失，甚至破产。货币具有五种基本职能，即价值尺度、流通手段、贮藏手段、支付手段和世界货币。

(四) 价值规律及其作用

1. 价值规律的基本内容及表现形式

价值规律是商品生产和商品交换的基本规律。这一规律的主要内容和客观要求是：商品的价值量由生产商品的社会必要劳动时间决定，商品交换以价值量为基础,按照等价交换的原则进行。价值规律贯穿商品经济的全部过程,它既支配商品生产,又支配商品流通。在商品经济中,价值规律的表现形式是,商品的价格围绕商品的价值自发波动。受供求关系影响,商品价格总是时而高于价值,时而低于价值,不断围绕价值上下波动。但是从较长的时间来看,价格高于价值的部分和低于价值的部分可以相互抵消,商品的平均价格和价值仍然是一致的。

2. 价值规律的作用

价值规律通过价格变化反映供求情况,调节劳动力和生产资料在不同部门之间的出入,实现有效资源配置。具体来看,价值规律的作用表现在以下三个方面:第一,自发地调节生产资料和劳动力在社会各生产部门之间的分配比例。价值规律的调节是自发完成的。第二,自发地刺激社会生产力的发展。竞争的外部压力和追求超额剩余价值的内在动力促使资本家不断改进生产技术,提高劳动生产率,在客观上推动了社会生产力的进步。第三,自发地调节社会收入分配。市场竞争会自发奖励个别劳动时间低于社会必要劳动时间的生产者,淘汰生产技术落后的生产者,实现收入分配的差异化。

价值规律在调节经济活动时会产生一些消极后果。比如,因调节的盲目性和滞后性导致社会资源浪费;生产者为了保持竞争优势,限制技术扩散,保守经营秘密,阻碍技术进步;导致收入两极分化;等等。因此,对于价值规律调节资源配置的作用,我们要辩证看待。既不能一味排斥市场调节的作用,也不能盲目崇拜市场调节,当前我们尤其要防止新自由主义思潮的侵蚀。

知识链接

作为一种经济学说,新自由主义起源于20世纪二三十年代,但由于其保守的立场及不切实际的政策主张,长期被西方学界边缘化,也无法获

专题十 资本主义是一个怎样的社会？

得当局的青睐。60年代末70年代初，西方国家出现经济增长停滞和通货膨胀并存的"滞胀"局面且日趋严重，战后一直处于主流地位的凯恩斯主义宏观经济政策失效。于是，国际垄断资本选择了符合它们最大利益的新自由主义理论作为新的官方经济学。

撒切尔夫人和里根先后于1979年和1981年在英、美两国上台执政后，实施私有化、放松市场管制、"金融去监管化"等自由化改革，进而在西欧掀起了80年代的私有化浪潮。进入90年代后，随着"华盛顿共识"的出笼，新自由主义的理论体系趋于完备成型，具体转化为以自由化、私有化、市场化为核心和标志的政策纲领。此后，在一些西方国家和国际组织的推动下，新自由主义迅速向拉美、原苏东社会主义国家和亚非发展中国家蔓延开来。

就其核心而言，以"华盛顿共识"为代表的新自由主义政策主张可以概括为"三化"，即自由化、私有化和市场化。自由化，就是主张推行自由贸易，放松甚至取消金融管制，全面开放金融领域。私有化，就是主张一切财产应属于私人，对国有企业及公共服务实行普遍私有化。市场化，就是反对政府干预，主张让市场机制自发调节包括生产要素、私人产品和公共产品在内的一切社会资源。

新自由主义政策推行前期，西方发达国家的"滞胀"困境有所缓解，一些拉美国家也一度恢复了短暂的经济增长。然而，与有限的成绩相比，它带来的问题更多、矛盾更严重，并很快以不同形式先后在各国爆发。新自由主义泛滥造成的后果包括以下几个方面：经济增长减速甚至陷入衰退；私有化导致国有资产流失和经济主权削弱；失业问题突出；全球范围结构失衡和金融泡沫膨胀；金融危机和经济危机频发。

诺贝尔经济学奖获得者斯蒂格利茨撰文指出：新自由主义一直是为某些利益集团服务的政治信条，从来没有得到经济学理论的支撑。在2009年二十国集团峰会闭幕新闻发布会上，英国首相戈登·布朗公开宣布了"华盛顿共识"的终结。2009年2月，澳大利亚总理陆克文专门撰

> 文批判新自由主义，指出"本次危机正是过去30年来自由市场理论主宰经济政策的最终恶果"。①

3. 商品经济一般规律对社会主义市场经济的意义

马克思所揭示的商品经济的一般规律对社会主义市场经济建设同样具有重要指导意义。从商品经济的产生和存在条件来看，当前我国在社会主义条件下仍然存在社会分工，虽然国有企业是全民所有制性质，但每一个企业都是独立的生产经营单位，独立核算成本和收益，它们之间的物资流通同样需要通过交换来实现。因此，社会主义、公有制与市场经济并不矛盾，完全可以进行结合。改革开放以来，我国取得巨大的经济发展成就与社会主义市场经济体制的建立密切相关。我国社会主义市场经济的成功就在于，有效地结合了社会主义制度与市场经济的优势，既保持了公有制经济的主导地位，发挥政府调节的作用，又利用了市场对资源配置的决定性地位。

正如习近平指出的：

> 在社会主义条件下发展市场经济，是我们党的一个伟大创举。我国经济发展获得巨大成功的一个关键因素，就是我们既发挥了市场经济的长处，又发挥了社会主义制度的优越性。我们是在中国共产党领导和社会主义制度的大前提下发展市场经济，什么时候都不能忘了"社会主义"这个定语。之所以说是社会主义市场经济，就是要坚持我们的制度优越性，有效防范资本主义市场经济的弊端。我们要坚持辩证法、两点论，继续在社会主义基本制度与市场经济的结合上下功夫，把两方面优势都发挥好，既要"有效的市场"，也要"有为的政府"，努力在实践中破解这道经济学上的世界性难题。②

---

① 李文. 新自由主义的经济"成绩单"[J]. 求是，2016（16）.
② 习近平关于社会主义建设论述摘编[M]. 北京：中央文献研究室，2017：64.

专题十　资本主义是一个怎样的社会？

【案例点击】 商品经济的一般规律对我国供求关系的影响

2020年2月以来，我国的居民消费价格同比增长幅度持续下降，从2月份的"5时代"经历3月的"4时代"，进入4月的"3时代"。从环比看，食品价格下降，成为带动CPI下降的主要因素。4月份CPI下降0.9%，其中，食品价格下降3%，影响CPI下降约0.7个百分点（见图10-1）。究其原因，4月份，随着生产生活秩序的逐渐恢复和天气转暖，鲜菜供应量增加，价格环比下降8.0%，生猪产能加快恢复，猪肉供给持续增加，价格继续下降7.6%，鲜果和鸡蛋供应充足，价格均下降2.2%。

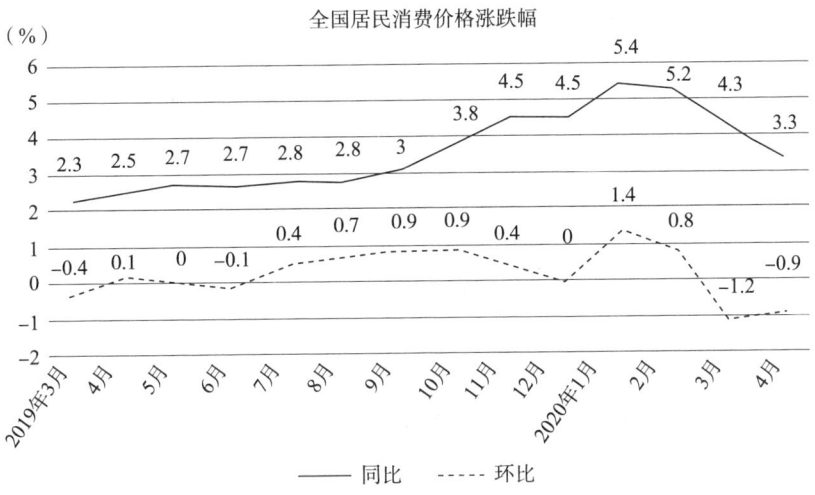

图 10-1　2019~2020 年我国部分 CPI 变化趋势

这个案例反映了价值规律中供求影响价格的情形。我国在发展社会主义市场经济的过程中也要遵循商品经济的一般规律，只有及时调整市场供求，稳定市场价格，才能使社会经济健康发展。

（五）商品经济的基本矛盾和马克思的劳动价值论

1. 以私有制为基础的商品经济的基本矛盾

商品的使用价值和价值的矛盾、生产商品的具体劳动和抽象劳动的矛盾，根源于私人劳动和社会劳动的矛盾。私人劳动和社会劳动的矛盾构成私有制商品经济的基本矛盾，这一矛盾贯穿商品经济发展过程的始终，决定着商品经济的各种内在矛盾。

首先，私人劳动和社会劳动的矛盾决定了商品经济的交换本质。私人劳动要得到社会认可，转化为社会劳动，只有通过交换来实现。其次，私人劳动和社会劳动的矛盾决定了商品的使用价值和价值的矛盾以及生产商品的具体劳动和抽象劳动之间的矛盾。具体劳动形成使用价值，代表了劳动的私人属性，抽象劳动形成价值，代表了劳动的社会属性，这两个序列的统一是以私人劳动转化为社会劳动为基础的。最后，私人劳动和社会劳动的矛盾决定着商品生产者的命运。商品生产者的商品只有卖出去，成功转化为社会劳动，其劳动耗费才能获得补偿，否则，再生产就无法进行。

私有制商品经济下私人劳动和社会劳动之间的矛盾通过商品的运动、价值的运动、货币的运动决定商品生产者的命运，这使得商品、价值以及货币似乎是物的自然属性，又似乎具有超越这个自然属性的神秘性。这种物与物的关系以其虚幻形式掩盖人与人之间的社会关系的情形，马克思称为拜物教，商品拜物教和货币拜物教都是如此。在资本主义制度下，这个矛盾进一步发展成资本主义的基本矛盾，即生产社会化和生产资料资本主义私人占有之间的矛盾。与之相反，在公有制社会则能由于制度本身的优越性，而克服这种矛盾。

【课堂讨论】公有制对克服价值规律消极影响有何作用？

【教师讲解】我国社会主义市场经济的公有制基础为克服价值规律的消极后果、体现社会主义的价值理念奠定了坚实基础。

其一，国资央企在扶贫攻坚战中发挥中流砥柱作用。国资央企利用技术、人才、资金和产业优势，积极投身脱贫攻坚工作中。从贫困地区和群众最急需、最迫切的实际问题、基础保障等问题入手，积极改善当地的交通、电力、通信、水利、医疗等基础服务，同时，以产业项目扶持、扶贫扶智扶志为抓手，积极扶持当地产业发展，促进当地劳动力就业和经济社会的全面发展。

其二，国资央企在疫情防控阻击战中坚决扛起使命担当。以央企担当

专题十　资本主义是一个怎样的社会？

创造工程"奇迹"，排除一切困难快速提高疫情病例收治能力。中国建筑所属中建三局，牵头扛起10天内建设1000张床位火神山医院、1600张床位雷神山医院这一重大政治任务，制定"小时制"作战地图，发起施工大会战，2000余名管理人员、12000余名作业工人、2000余台套机械设备，24小时昼夜不停施工。武汉火神山医院、雷神山医院分别于2月1日、6日如期建成。以央企精神扛起紧急重任，不计代价转产疫情防控所需的重点医疗物资。面对疫情防控物资紧缺，在中央企业均不生产医用防护服、口罩等医疗物资的情况下，国资委党委紧急成立由主要负责同志担任组长的医疗物资保障专项工作组，组织中央企业摸底排查，及时确定转产重点企业，建立与中央企业集团、医疗物资生产一线单位联系的直通专线，每天协调、每天调度、每天监测、每天上报，用战时方式全力推进医疗物资生产。以央企力量做好基础保障，为疫情防控提供坚实支撑。电力、电信、粮食、航空运输等处于重要行业和关键领域的中央企业，全力保障好基础产品服务供应，积极服务疫情防控大局、稳定市场预期、稳定民众情绪。

其三，民营企业主动担当作为，成为大扶贫格局中的重要一环。党的十八大以来，民营企业按照国家"集中连片、突出重点、全国统筹、区划完整"的整体部署，以14个集中连片特殊困难地区、680个县为主战场，积极参与新一轮农村扶贫开发。2015年精准脱贫攻坚战全面打响以来，民营企业以建档立卡贫困村、贫困户为帮扶对象，以产业扶贫、就业扶贫、公益扶贫、消费扶贫为主要帮扶途径，组织发起了"万企帮万村"精准扶贫行动。民营企业的积极作为是其与社会主义社会相适应的重要体现，与我国公有制的主体地位和党的坚强领导密不可分。

2. 马克思劳动价值论的当代性

如上所述，马克思的劳动价值论主要包括商品的二因素和生产商品的劳动的二重性及其相互关系的理论、价值量的规定性及其变化规律的理论、价值形式的发展和货币起源的理论、商品经济的基本矛盾和基本规律及其作用的理论等方面的内容。马克思的劳动价值论产生于19世纪的蒸汽工业时代，今天的生产方式和劳动形式都发生了巨大变化，马克思的劳动价值论也要随着时代的变化和实践的深化而创新发展。比如，生产性劳动的内涵在社会主义市场经济条件下与在资本主义条件下是不同的。比如，随着生产自动化和智能化的发展，创造价值的劳动的具体形式发生了变化，复杂劳动要远远超过简单劳动，科技人员和经营管理人员在价值创造中的作用就要被充分重视和重新估计。面对时代提出的新课题，我们既要继承和坚持马克思的劳动价值论，又要发展它，使其在新时代依然保持强大生机和活力。

二、资本主义社会是以私有制和雇佣劳动为基础的社会

所谓雇佣劳动，是指在资本主义社会资本家占有生产资料、剥削工人剩余价值的劳动。历史唯物主义的基本原理告诉我们，人类社会的发展是一个由社会基本矛盾运动推动的社会形态更替的过程。资本主义制度不是从来就有的，也不会是人类历史的终结，它有自己产生、发展和衰亡的过程。

（一）资本主义经济制度的产生

1. 资本主义生产关系的产生

资本主义生产关系是从封建社会的经济结构中产生的，它萌芽于14世纪末15世纪初地中海沿岸的一些城市。资本主义生产关系产生于两个途径：一是从小商品经济分化出来，二是从商人和高利贷者转化而来。封建社会末期，由于生产力的发展，出现了新型的生产关系如老板和学徒，这是一种新型的雇佣关系，标志着资本主义生产关系的萌芽。由于两极分化，一部分商人和高利贷者逐渐转型成为资本家，而另一部分贫困潦倒、只能以出卖劳动力为生的人，变成了被雇用的工人。资产阶级和无产阶级两大对立的阶级由此萌芽产生。

2. 资本主义生产关系的扩展

新航道的开辟和世界市场的迅速扩大，要求商品生产以更大规模和更

专题十　资本主义是一个怎样的社会？

快速度的发展。为了创造社会化大生产的条件，资产阶级以暴力方式进行了资本的原始积累。一方面，用暴力手段剥夺农民的土地，为资本主义发展提供劳动力，英国"羊吃人"的圈地运动是典型表现。另一方面，通过殖民掠夺在世界范围内掠夺财富，为资本主义发展准备资本。自15世纪末开始，葡萄牙、西班牙、荷兰、英国、法国等国的新兴资产阶级，通过武力征服海外殖民地、屠杀当地居民、抢劫金银财宝、大批贩卖黑人、实行保护关税制度、进行商业战争等途径，掠夺了大量财富，大大加速了货币资本的积累。西方殖民者在300多年时间里，仅从中南美洲就抢走了250万公斤黄金、1亿公斤白银。1783～1793年的十年间，英国仅利物浦一地就贩运了33万多名黑人，奴隶贸易使非洲丧失的人口达1亿多。马克思指出：

>美洲金银产地的发现，土著居民的被剿灭、被奴役和被埋葬于矿井，对东印度开始进行的征服和掠夺，非洲变成商业性地猎获黑人的场所——这一切标志着资本主义生产时代的曙光。[1]

资本原始积累的历程表明，资产阶级的发家史就是一部罪恶的掠夺史。正如马克思所说："资本来到世间，从头到脚，每个毛孔都滴着血和肮脏的东西。"[2]

（二）劳动力成为商品与货币转化为资本

资本主义经济制度是以资本主义私有制和雇佣劳动为基础的一种剥削制度。资本主义经济制度的形成是以劳动力成为商品为前提条件的。所以，认识资本主义经济制度的本质必须从理解劳动力成为商品入手。

1. 劳动力成为商品

资本主义商品经济如此发达，以至于一切生产要素都成了可以进行市场交易的商品，劳动力也不例外。劳动力是指人的劳动能力，是人的脑力

---

[1] 马克思恩格斯文集（第5卷）[M]．北京：人民出版社，2009：860-861．
[2] 马克思恩格斯文集（第5卷）[M]．北京：人民出版社，2009：871．

和体力的总和。劳动力的使用即劳动。人的劳动是任何社会进行生产都不可缺少的基本条件、基本要素,没有劳动就不可能有人类社会的生存与发展。

劳动力成为商品,要具备两个基本条件:其一,劳动者是自由人,能够把自己的劳动力当作自己的商品来支配;其二,劳动者没有别的商品可以出卖,自由得一无所有,没有任何实现自己的劳动力所必需的物质条件。劳动力成为商品,标志着简单商品生产发展到资本主义商品生产的新阶段。在这一阶段,资本家与工人的关系,形式上是"自由""平等"的买卖关系,而实质上是资本家支配和剥削工人的雇佣劳动关系。马克思说:"罗马的奴隶是由锁链,雇佣工人则由看不见的线系在自己的所有者手里。"①

2. 劳动力商品的特点

像任何商品一样,劳动力商品也具有价值和使用价值。劳动力的价值,是由生产、发展、维持和延续劳动力所必需的生活必需品的价值决定的。它包括三个部分:第一,维持劳动者本人生存所必需的生活资料的价值;第二,维持劳动者家属的生存所必需的生活资料的价值;第三,劳动者接受教育和训练所支出的费用。劳动力价值的构成包含历史和道德的因素,其最低界限是由生活上不可缺少的生活资料的价值决定的。一旦劳动力价值降低到这个界限以下,劳动力就只能在萎缩的状态下维持。

3. 货币转化为资本

劳动力商品在使用价值上具有不同于其他商品的特殊性,即它在消费的过程中能够创造新价值,不但能够创造出资本家购买劳动力所付出的价值,而且能够创造出更大的价值。这部分多出来的价值就被资本家无偿占有了,马克思把它叫作剩余价值。一旦货币购买的劳动力带来剩余价值,货币也就变成了资本。资本的本质是一种生产关系,它反映了资本家和雇佣工人之间剥削和被剥削的关系。由于资本在运动过程中采取货币、生产

---

① 马克思恩格斯文集(第5卷)[M].北京:人民出版社,2009:662.

资料、商品等物质形态，资本家购买劳动力按照等价交换原则进行，于是人们在观念上形成一种错觉，似乎资本本身就有一种自我增殖的魔力，这就是资本拜物教。马克思通过对劳动力商品特殊使用价值的分析，揭示了剩余价值的真正来源。

（三）资本主义经济制度的本质

资本主义经济制度是生产资料归资本家所有的一种私有制形式。正是由于生产资料被资本家单方面占有，工人阶级不得不出卖自己的劳动力去维持生存。所以，资本主义所有制是雇佣劳动赖以存在的基础，是资本与雇佣劳动之间剥削与被剥削关系的根源。

三、资本主义政治制度和意识形态

根据历史唯物主义的基本原理，资本主义的政治制度和意识形态是资本主义的上层建筑，在本质上，它以资本主义的经济基础为根基，并为维护经济基础服务。正如列宁犀利地指出的那样，"所有一切压迫阶级，为了维持自己的统治，都需要两种社会职能：一种是刽子手的职能，另一种是牧师的职能"①，资本主义的政治制度和意识形态正是分别执行了刽子手的职能和牧师的职能。

（一）资本主义政治制度及其本质

1. 资本主义政治制度的内容

资本主义政治制度是资本主义经济制度的反映，是为资本主义经济制度服务而建立起来的。它包括对内和对外两个方面的职能，对内实行政治统治和社会管理，对外进行国际交往和维护国家安全及利益。国家的公共管理职能是服务于其政治统治职能的，对外职能则是对内政治统治职能的延伸。资本主义的政治制度主要包括资本主义的民主与法制、政权组织形式、选举制度、政党制度等，即资产阶级所标榜的资本主义民主制度。

---

① 列宁选集（第2卷）[M]. 北京：人民出版社，2012：478.

资本主义的政治制度是在资产阶级反对封建专制，维护自身利益、巩固自身政治统治的过程中逐渐形成和发展起来的，是资产阶级革命最重要的政治成果。资本主义政治制度的形成和发展在人类社会历史上起过重要进步作用。比如，它作为上层建筑，保护、促进、完善了资本主义生产方式，推动了社会生产力的大幅度发展；它结束了封建专制制度下的分封割据状态、等级压迫制度以及人身依附关系，使人们享有更多的社会政治自由；它在其历史发展中积累了丰富的政治统治和社会管理的经验，对推动社会进步具有重要意义。

2. 资本主义政治制度的本质

资本主义政治制度是资本主义国家实现其政治统治的具体方式。资本主义政治制度的本质是由资本主义国家的本质所决定的。资本主义国家是资产阶级进行阶级统治的工具。

由于资本主义政治制度在本质上是资产阶级进行政治统治和社会管理的手段，是为资产阶级利益服务的，因此，它不可避免地包含其阶级和历史的局限性。第一，资本主义民主是金钱操纵下的民主，实际是资产阶级精英统治下的民主。第二，法律名义上的平等掩盖着事实上的不平等。第三，资本主义国家的政党制本质上是一种维护资产阶级统治的政治制度。第四，政党恶斗相互掣肘，决策效率低下，激化社会矛盾。

对于资本主义政治制度，我们要坚持用辩证批判的态度去对待。资本主义政治制度中符合政治统治和社会管理一般规律的内容，我们可以学习借鉴，对于其作为资产阶级统治工具的阶级本质，我们必须深刻认识。

（二）资本主义意识形态及其本质

1. 资本主义意识形态的核心思想

资本主义意识形态是在资本主义国家中占统治地位、反映了作为统治阶级利益和要求的各种思想理论和观念的总和，其一以贯之的核心思想主要是，私有制神圣不可侵犯观念和个人主义价值观，以及与之相适应的自由、民主、平等、人权等观念。

2. 资本主义意识形态的本质

资本主义意识形态的本质可以概括如下：资本主义意识形态是资产阶级意识的集中体现，是资本主义社会条件下的观念上层建筑，是为资本主义的经济基础和资本主义国家的政治上层建筑服务的。资产阶级为了维护其政治统治，使人们接受和认同其意识形态，往往将带有其鲜明阶级印记的思想描绘成具有普遍意义的思想，这种意识形态又用歪曲的形式把资产阶级的特殊利益冒充为普遍利益。资产阶级甚至将其"自由""民主""人权"称为"普世价值"向其他国家渗透。

对于资本主义意识形态，我们应该用辩证的观点来分析。资本主义创造的精神文明成果有相当一部分是以意识形态的形式保存下来的，对于其中的文明进步成分，我们应该加以研究、借鉴和参考。对于其中具有鲜明阶级和历史局限性的内容，我们必须加以批判和摒弃。

【案例点击】 我国公布的美国人权状况[①]

美国每年根据捕风捉影、道听途说的材料拼凑年度国别人权报告，对不符合其战略利益的国家和地区的人权状况肆意歪曲贬低，却对自身持续性、系统化、大规模侵犯人权的斑斑劣迹置若罔闻、熟视无睹。针对这种情况，2020年3月13日，国务院新闻办公室发布《2019年美国侵犯人权报告》，对美国侵犯人权的状况进行了揭露。

——美国是世界上枪支暴力最严重的国家。2019年共发生415起大规模枪击事件，平均每天超过一起；共有39052人死于与枪支有关的暴力事件，每15分钟就有一人被枪杀。《今日美国报》评论称，"美国或已步入大规模枪击时代"。

——选举沦为富人的金钱游戏。2018年中期选举支出高达57亿美元，成为有史以来最昂贵的国会选举；10个最大的个人捐助者向超级政治行动委员会注资4.36亿美元。2020年总统选举筹资竞赛日趋狂热，所有参选

---

① 2019年美国侵犯人权报告［EB/OL］. (2020-03-13) [2021-04-15]. http://www.xinhuanet.com/world/2020-03/13/c_1125708063.htm.

人已筹集超过10.8亿美元竞选资金。

——美国在西方国家中贫富分化最严重。2018年基尼系数攀升至0.485，贫富差距创50年来新高。最富有的10%家庭占有美国全部家庭净资产的近75%。1989~2018年，最底层50%的家庭财富净增长基本为零。

——美国是目前唯一有数百万人处于饥饿状态的发达国家。人口普查局2018年的统计数据显示，美国有3970万贫困人口。每晚至少有50万美国人无家可归。有6500万人因医疗费用过高而放弃治疗。

——美国种族仇恨犯罪震惊世界。美国白人至上主义回潮，国内近年来发生的恐怖活动大多与白人至上主义暴力有关。埃尔帕索沃尔玛超市枪击案致22人死亡，白人枪手的行凶动机是对拉美裔的种族仇恨。评论认为，"美国一直处在白人至上恐怖主义的危机之中"。

——警察枪杀和残暴虐待非洲裔案件频发。非洲裔成年人被监禁的概率是白人成年人的5.9倍。联合国特别报告员指出，这种大规模的监禁是奴隶制及种族隔离所产生的余孽。

——就业和财富的种族差距惊人。在过去的40年里，非洲裔工人的失业率一直是白人的两倍。白人家庭的平均财富几乎是非洲裔家庭的10倍。以目前的趋势，非洲裔家庭积累的财富需要200多年才能达到白人家庭现在的水平。

——宗教不宽容持续恶化。皮尤研究中心的调查显示，82%的受访者认为穆斯林在美国面临歧视，64%的受访者认为犹太人在美国面临歧视。2018年，极端主义者制造了249起反犹事件。联合国报告认为，美国存在异常暴力化的反犹太主义。

——美国是高收入国家中女性处境最危险的国度。高收入国家被枪杀的女性中92%来自美国，美国女性被枪击致死的概率比其他高收入国家高21倍，美国平均每个月有52名女性被其伴侣枪杀致死。多达70%的美国女性曾遭受来自亲密伴侣的身体或性暴力。

——儿童贫困问题触目惊心。美国仍有1280万名儿童生活在贫困之中，5岁以下的贫困儿童数量多达350万，其中160万生活在极端贫困中。

专题十　资本主义是一个怎样的社会？

美国儿童保护基金批评道:"在全球最富有的国家,居然还有超过 1/5 的儿童每天都不得不面对无比残酷的现实——下顿吃什么,今晚睡哪里?"

——老年人贫困问题越来越严重。美国 60 岁以上的老年人中,每 12 人中就有 1 人缺乏足够的食物,总人数达 550 万。大约 40% 的美国中产阶级到 65 岁时将接近或陷入贫困。

——美国政府对待移民日趋严苛和非人道。"零容忍"政策导致大量儿童被迫与亲人分离。2017 年 7 月以来,移民当局在边境将 5400 多名儿童与父母分离。2018 年以来,共有包括 7 名儿童在内的 24 名移民在美国边境收容所拘留期间死亡。

——美国堪称"世界历史上最好战的国家"。2001 年以来,美国不断对外发动战争,花费的财政开支超过 6.4 万亿美元,造成的死亡人数超过 80 万,导致数千万人流离失所。

【案例点击】美英养老院成新冠肺炎疫情重灾区①

央视新闻援引美媒 2020 年 4 月 17 日报道,美国养老院系统内已经有至少 6900 人死于新冠肺炎。养老院也是英国疫情的"重灾区",截至 2020 年 4 月中旬,英格兰地区有超过 2099 家养老院出现过新冠肺炎疫情。一家养老院在疫情暴发后遭遗弃,87 名老人中有 80 人感染新冠病毒,其中 9 人死亡。因无人照顾,不少老人因饥饿和脱水身体虚弱甚至濒临死亡。

需要指出的是,在一些国家,这并非个例,其背后还有广泛的社会心理基础。在美国,有议员公然提出为了保经济,老人应做出牺牲放弃治疗;在海外社交平台上,把新冠病毒称为"老人清除者"的话题应和者众多。

否认老人的价值,放弃对老人的治疗和照顾,在人类社会中发生这样的集体行为,似乎只应存在于遥远的原始部落时期。然而,在 21 世纪,在一些以人类文明的代表者自诩、一些不遗余力推行所谓"普世价值"的国

---

① 杨建楠. 疫情下抛弃老人,不应成为文明国家的选项[EB/OL]. [2021-03-21]. https://k.sina.com.cn/article_2810373291_a782e4ab02001nxwn.html.

家里,这样的事情就赤裸裸地发生了。这无疑是文明的倒退,人性的丧失,令人毛骨悚然,必须予以坚决反对。

上述案例表明,资本主义的民主不过是有钱人的金钱游戏,其所宣扬的"自由""平等""人权"也不过是欺骗人民群众的幌子。资本主义的政治制度和意识形态本质上是维护资本主义经济基础和资产阶级政治统治的工具。

专题小结

资本主义生产关系的产生和资本主义生产方式形成的过程,与商品经济的发展有着密不可分的关系。商品经济的发展经历了简单商品经济与发达商品经济两个阶段,简单商品经济以生产资料私有制和个体劳动为基础,资本主义商品经济以生产资料私有制和雇佣劳动为基础,是商品经济的高级或发达形态。

商品是用来交换、能满足人的某种需要的劳动产品,具有使用价值和价值两个因素或两种属性,是使用价值和价值的矛盾统一体。生产商品的劳动可区分为具体劳动和抽象劳动,它们是同一劳动过程的两种规定。正是劳动的二重性决定了商品的二因素。商品的价值量由生产商品的社会必要劳动时间决定。货币是在长期交换过程中形成的固定充当一般等价物的商品。货币的出现使商品内在的使用价值和价值的矛盾发展为外在的商品和货币的矛盾。私人劳动和社会劳动的矛盾构成私有制商品经济的基本矛盾,这一矛盾贯穿商品经济发展过程的始终,决定着商品经济的各种内在矛盾及其发展趋势。

资本主义经济制度是以资本主义私有制和雇佣劳动为基础的一种剥削制度。资本主义经济制度的形成以劳动力成为商品为前提条件。劳动力商品在使用价值上具有特殊性,它在消费过程中能够创造新的价值,而且是大于自身价值的新价值。这部分多出来的价值就是被资本家无偿占有的剩余价值。一旦货币购买的劳动力带来剩余价值,货币也就变成了资本。资

专题十 资本主义是一个怎样的社会？

本是增殖价值的价值，它反映了资本家和雇佣工人之间剥削和被剥削的关系。资本主义所有制是雇佣劳动赖以存在的基础，是资本与雇佣劳动之间剥削与被剥削关系的根源。

资本主义政治制度是在资本主义经济基础之上建立的，它反映了资本主义社会的经济关系，反映了政治上占统治地位的资产阶级的要求。同时，资本主义政治制度作为上层建筑，又反过来保护其经济基础，为巩固和发展资本主义经济基础提供政治保障。资本主义意识形态是资本主义条件下的观念上层建筑，是资产阶级意识的集中体现，为资本主义的经济基础和资本主义国家的政治上层建筑服务。

延伸阅读

1. 马克思. 资本论（第1卷）[M] // 马克思恩格斯文集（第5卷）. 北京：人民出版社，2009：第一章《商品》，第三章《货币或商品流通》，第四章《货币转化为资本》，第二十四章《所谓原始积累》.
2. 恩格斯. 家庭、私有制和国家的起源 [M] // 马克思恩格斯文集（第4卷）. 北京：人民出版社，2009.

思考题

1. 商品二因素与劳动二重性是什么？
2. 价值规律及其作用是什么？
3. 资本原始积累的实质及途径是什么？
4. 货币如何转化为资本？
5. 如何理解资本主义的政治制度和意识形态？

（撰写人：董璐璐）

专题十一　资本主义必然灭亡的原因是什么？

教学设计思路

一、教学目的与要求

（一）知识目标

1. 认识资本主义生产的实质及其后果。
2. 理解马克思的剩余价值理论及其意义。
3. 了解资本主义基本矛盾及其表现。
4. 把握资本主义经济危机的本质及后果。

（二）能力目标

1. 提高运用剩余价值理论揭露资本主义生产关系剥削性的能力。
2. 提高通过资本主义基本矛盾把握资本主义发展趋势的能力。

（三）情感和价值观目标

1. 自觉立足无产阶级立场与资本主义剥削作斗争。
2. 坚定资本主义必然灭亡和社会主义必然胜利的信念。

二、针对的学生主要思想困惑

1. 资本是否剥削工人了？
2. 资本主义能否"带病生存"？

三、针对的错误思潮与模糊认识

1. 资本主义"劳资平等论"。
2. 资本主义制度"永恒论"。

四、教学重点难点

1. 剩余价值的内涵和来源。
2. 资本主义生产的基本矛盾和表现。
3. "无人工厂"的利润来源。

五、教学时数

6 课时

教 学 正 文

上一讲同学们了解到资本主义是一个高度发达的商品社会,其本质是以雇佣劳动为基础的剥削阶级社会,以此为基础形成了资本主义的经济制度、政治制度和意识形态,确立了资产阶级的全面统治。资本主义制度是人类文明史上的巨大进步,直到今天,依然有不可小觑的生命力。但是马克思运用唯物史观,通过对资本主义生产力和生产关系内在矛盾的分析,得出资本主义必然灭亡的结论。今天,我们就跟随马克思,一起深入到资本主义雇佣劳动关系内部,去看一看其中是不是有不可调和的矛盾?资本主义在这些矛盾的作用下,到底会发生什么?

授课导入

2020 年疫情飙升之下,时任美国总统的特朗普却频提复工。《卫报》认为,美国经济如何,事关特朗普的连任大计。为缓解疫情对经济的冲击,特朗普 2020 年 3 月 26 日强调,美国人民应在保持社交距离的前提下

"重返工作岗位",并希望在 4 月 12 日复活节到来前让美国大部分地区"恢复"商业活动。他还发推文称,隔离防疫的措施导致美国经济停顿,是本末倒置之举。他说:"我们不能让解决方案比问题本身更糟。"美国全国广播公司商业频道(CNBC)称,特朗普暗示,那些建议延长限制人员流动时间的专家是为了在政治上击败他,而不是为了保护美国人民免受新冠病毒的伤害。①

在疫情飙升的情况下,美国总统特朗普之所以频繁提出要复工复产,其目的就是要维护资本对剩余价值的追求。他甚至为此还说出了很多违背科学常识的奇葩言论,恶意揣测科学防疫建议。这足以表明,在巨大的公共卫生危机面前,生产剩余价值依然是资本主义社会最重要的事情,是资本主义社会的绝对规律。

一、生产剩余价值是资本主义生产方式的绝对规律

资本主义生产的直接目的和决定性动机,就是无休止地获取尽可能多的剩余价值。这种不以人的意志为转移的客观必然性就是剩余价值规律。马克思指出:"生产剩余价值或赚钱,是这个生产方式的绝对规律。"②

那么,资本剥削工人了吗?剩余价值是资本创造的,还是工人创造的呢?马克思带领我们深入到了剩余价值的生产过程中去,具体考察了资本的不同部分在剩余价值生产中的作用。

(一)剩余价值的生产过程和资本的不同部分在剩余价值生产中的作用

1. 剩余价值的生产

剩余价值是在资本主义的生产过程中生产出来的。资本主义的生产过程具有两重性,是生产物质资料的劳动过程和生产剩余价值的价值增殖过

---

① 疫情飙升之下特朗普频提复工,美国各界这么说…… [EB/OL]. [2021 - 03 - 21]. http://www.chinanews.com/gj/2020/03 - 27/9140040.shtml.
② 马克思恩格斯文集(第 5 卷)[M]. 北京:人民出版社,2009:714.

专题十一 资本主义必然灭亡的原因是什么？

程的统一。我们之前学过，所有生产商品的劳动都是具体劳动和抽象劳动的统一。千姿百态的具体劳动形成不同的使用价值；其中共同的体力脑力付出又是价值的凝结，资本主义生产过程也是一样，是生产使用价值的具体劳动和创造价值的抽象劳动的统一。

资本主义生产过程中的具体劳动只是生产使用价值，并把生产资料的价值转移到新产品中去，不会发生价值增殖，更不创造剩余价值。而资本主义生产中具有决定意义的是抽象劳动的价值创造过程。在这个过程中，劳动力不仅把自身的价值再创造出来，而且为资本家创造出了一部分剩余价值。因此，剩余价值是雇佣工人所创造的并被资本家无偿占有的超过劳动力价值的那部分价值，它是雇佣工人剩余劳动的凝结，体现了资本家与雇佣工人之间剥削与被剥削的关系。

对于"剩余价值"这个概念，要从来源、去向和特点三个方面去把握："来源"即它是由雇佣工人所创造的；"去向"即它被资本家无偿占有了；"特点"即它是超过了劳动力价值以上的那部分价值。所谓"超过了劳动力价值以上的那部分价值"，就是指超过资本家给予工人的工资以外所创造的价值。换句话说，工人的劳动分成两个部分：一部分是必要劳动，这部分的价值通过工资的形式得到了补偿；还有一部分是剩余劳动，这部分价值被资本家无偿占有了，就是剩余价值。有人说"资本家没有剥削工人"，其根据是工人必要劳动所创造的价值通过"工资"的形式得到了补偿；但本质上，资本家剥削了工人，因为工人剩余劳动所创造的价值被资本家无偿占有了，这就是资本家雇佣工人的秘密所在。

2. 资本不同组成部分在剩余价值生产中的作用

从剩余价值的生产过程我们不难发现，资本家投入生产的全部资本，并不是每一部分都发生了增殖。其中用于购买生产资料这种物化劳动的部分，在剩余价值生产过程中只发生了价值的转移，并没有发生价值的增殖，价值量是不变的，因此马克思称它是"不变资本"，一般用 c 表示。而资本投入的另一部分，即购买劳动力商品这种活劳动的部分，在剩余价值生产过程中，价值不是转移到新产品中去的，而是被工人再生产出来，

— 223 —

不仅如此，工人还额外生产出一定量的剩余价值，由于这部分资本的价值发生了增殖，是变化的，所以马克思称为"可变资本"，一般用 v 表示。由此，资本主义商品的价值构成公式就是 W = c + v + m（剩余价值）。

把资本区分为不变资本和可变资本，有助于我们进一步认清剩余价值的源泉，即剩余价值既不是由全部资本创造的，也不是由不变资本创造的，而是由可变资本雇佣的劳动者创造的。雇佣劳动者的剩余劳动是剩余价值的唯一源泉。这种划分也为确定资本家对雇佣劳动者的剥削程度提供了科学依据，即资本家对工人的剥削程度，要通过剩余价值和可变资本去比，而不是同全部资本去比，即 m/v，这个比率称作"剩余价值率（m'）"，亦称"剥削率"。

既然可变资本部分的增殖形成了剩余价值，那么是不是就意味着不变资本部分对于剩余价值的生产是可有可无的呢？显然不是。物质资料的生产只有劳动者和生产资料相结合才能进行，缺一不可。虽然劳动者的劳动是价值的唯一源泉，但生产资料也是生产的必要条件。在资本主义私有制下，生产资料归资本家所有，工人是受雇于资本家的活劳动，所以，资产阶级刻意混淆剩余价值生产的"条件"和"源泉"，强调剩余价值是其全部资本共同创造的，这就掩盖了资本剥削工人的事实。资本在本质上究竟是什么？是金钱吗？理解这个问题，我们来看一个马克思在《资本论》中引用的一个例子。

【案例点击】不幸的皮尔先生

皮尔先生把共值 5 万英镑的生活资料和生产资料从英国带到新荷兰（澳大利亚）的斯旺河去。皮尔先生非常有远见，他除此之外还带去了 300 名工人阶级成员——男工、妇女和儿童。可是，一到达目的地，"皮尔先生竟连一个替他铺床或到河边打水的仆人也没有了"。不幸的皮尔先生，他什么都预见到了，就是忘了把英国的生产关系输出到斯旺河去！①

依然很有钱的皮尔先生为什么在斯旺河不能继续获得剩余价值了呢？

---

① 马克思恩格斯文集（第 5 卷）[M]．北京：人民出版社，2009：878．

专题十一　资本主义必然灭亡的原因是什么？

我们发现，当货币不能购买到劳动力时，就无法建立起资本与劳动力之间的雇佣关系，因而脱离了这种特定生产关系的货币就只能是"货币"，不是会增殖的"资本"。可见，在本质上，"资本不是物，而是一定的、社会的、属于一定历史社会形态的生产关系"①，是资本通过购买劳动力，将其变作自己的可变资本，与自己手中的不变资本相结合，进行剩余价值生产的雇佣劳动关系。马克思非常形象地打比方说："黑人就是黑人。只有在一定的关系下，他才成为奴隶。纺纱机是纺棉花的机器。只有在一定的关系下，它才成为资本。"②

剩余价值是可变资本雇佣的活劳动，在生产出自身劳动力价值之外，为资本家创造的价值。所以，在工人的劳动日中，工人在生产自身劳动力价值之后，还剩下多大比例的劳动时间为资本家生产剩余价值，就是资本家们格外关心的事情了，这个时间越多，其他条件不变的情况下，资本能够获得的剩余价值也就越多，对资本也就越有利。下面我们就来具体看一下资本家们的做法，即剩余价值的生产方法。

（二）剩余价值生产的两种基本方法

资本家提高对工人剥削程度的方法是多种多样的，最基本的方法有两种，即绝对剩余价值的生产和相对剩余价值的生产。

1. 绝对剩余价值的生产

在资本主义制度下，工人的工作日包括必要劳动时间和剩余劳动时间两个部分。其中工人在必要劳动时间内生产自身的劳动力价值，而在剩余劳动时间内为资本家生产剩余价值。

绝对剩余价值生产方法是指在必要劳动时间不变的条件下，通过延长工作日的长度和提高劳动强度，使其绝对地超过必要劳动时间而生产剩余价值的方法。工作日越长，剩余劳动时间越长，资本家从工人身上榨取的剩余价值也就越多，从而剩余价值率就越高。

---

① 马克思恩格斯文集（第7卷）[M]．北京：人民出版社，2009：922．
② 马克思恩格斯文集（第1卷）[M]．北京：人民出版社，2009：723．

人们经常会发现，在一些资本主义企业中，加班加点成为一种惯例。真的是上班时间做不完工作吗？了解了绝对剩余价值生产方法，相信同学们就明白了，加班实质上就是一种延长工作日长度，在必要劳动时间一定的情况下，让工人付出更多的剩余劳动时间的方式。也许有同学还会有疑问，加班不是有加班费吗？加班时间越长，加班费给的也就越多，资本家怎么能得到更多的剩余价值呢？事实上，如果给付了加班费，那么工人生产加班费的价值的时间，就构成了加班总时间里的必要劳动时间，加班的总时间一定不会小于或等于这个必要劳动时间的，也就是说，加班总时间里一定会有剩余劳动时间，来为资本家获取更多的剩余价值提供无偿劳动。

理论上讲，资本家希望工人一天的劳动时间越长越好，但现实中工作日的长度受到了工人的生理需要和社会需要的双重制约，是不可能占满一天二十四小时的。具体的工作日时长，就是资本家和工人阶级之间反复博弈的结果。事实上，工人要求缩短工作日、反抗过度剥削的斗争从来就没有停止过。今天普遍执行的八小时工作日制度，正是工人阶级顽强斗争、付出流血代价换来的合法权益。这个胜利对于劳动阶级是如此不易和重要，以至于我们每年都会进行纪念，这就是"五一国际劳动节"的由来。

 知识链接

五一国际劳动节的由来

1886年5月1日，芝加哥的二十多万工人为争取实行八小时工作制而举行大罢工，经过艰苦的流血斗争，终于获得胜利。1889年7月14日，由各国马克思主义者召集的社会主义者代表大会，在法国巴黎隆重开幕。大会上，与会代表一致同意：把5月1日定为国际无产阶级的共同节日。中国人民庆祝劳动节的活动可以追溯至1918年。1949年12月，中央人民政府将"五一"定为法定的劳动节。

2. 相对剩余价值的生产

由于工人阶级的激烈反抗，通过延长工作日以获取更多剩余价值的绝对剩余价值生产方法就受到了一定的限制。但追逐剩余价值是资本的本性，在工作日不变的情况下，还有没有可能获得更多的剩余价值呢？在一个工作日内，必要劳动时间和剩余劳动时间是此消彼长的关系，所以，如果能降低必要劳动时间，即便工作日的总长度不变，资本家也能够获得更多的剩余价值。这种通过缩短必要劳动时间而相对的延长剩余劳动时间，就是相对剩余价值生产方法。相对剩余价值生产方法是一种更隐蔽的剥削方式，但要满足一定的条件才能实现。缩短必要劳动时间有赖于降低劳动力的价值，只有通过全社会劳动生产率的提高，才能在不减少劳动力生产和再生产生活消费品耗费的情况下，减少购买劳动力价值的费用，从而减少工人在劳动过程中的社会必要劳动时间。

那么，社会劳动生产率又为什么会提高呢？这还要到价值规律中去寻找答案。个别企业由于改进技术，提高劳动生产率，从而使商品的个别劳动时间少于社会必要劳动时间，个别价值低于社会价值，这个差额就是超额剩余价值。在竞争规律作用下，某个企业获得了超额剩余价值，其他企业就会争相效仿。当先进技术在部门内部普及后，部门平均劳动生产率就会提高。以此类推，各个部门都会由于资本对超额剩余价值的追求，客观上导致平均劳动生产率的提高。整个社会各个生产部门的劳动生产率普遍提高，导致生活资料的价值下降和补偿劳动力价值的必要劳动时间缩短，而剩余劳动时间相对延长，整个资本家阶级普遍获得更多的相对剩余价值。

可见，相对剩余价值生产是在全社会劳动生产率提高的条件下，全社会资本家都可以获得的一种剩余价值生产方法，它与资本主义发展的较高阶段相适应。而绝对剩余价值生产方法是单个资本家就能实现的，是剩余价值的基本生产方法，在资本主义发展的早期占有主要地位，同时将会贯穿资本主义社会始终。

【课堂讨论】"无人工厂"的利润从何而来？

马克思认为，工人的活劳动是一切利润的唯一源泉。第二次世界大战以后，资本主义国家经历了第三次科学技术革命，工业机器人、自动化生产线，甚至一部分所谓的"无人工厂"开始出现。资产阶级经济学家根据这些情况，宣称技术和科学已经"成为独立的剩余价值源泉"，马克思的剩余价值学说已不适用于现代资本主义。"无人工厂"不仅有利润，而且常常会比"有人工厂"利润更多。既然生产过程中不使用活劳动了，它的利润从何而来呢？难道真的如资产阶级经济学家们断言的那样，马克思的剩余价值学说过时了吗？资产阶级经济学家的观点肯定是不对的，他们并没有完全掌握马克思剩余价值理论的全部内容。根据所学，我们至少可以进行一部分驳斥。

首先，如果单个企业通过改进技术、提高劳动生产率，就会获得超额剩余价值。显然，无人工厂的全自动化生产线，比一般的生产线有更高的劳动生产率，因此其利润里面就有这个超额剩余价值。但超额剩余价值并不是本企业员工创造的，而是通过价值规律的作用，从生产部门内部其他企业工人创造的剩余价值中转移过来的一部分，是市场对高效率生产的一种自发奖赏。这部分超额剩余价值，也可以叫作超额利润，其实体依然是工人抽象劳动的凝结，只不过是其他企业工人劳动的凝结罢了，并没有改变马克思"工人劳动是剩余价值的唯一源泉"这个命题。

其次，表面上"无人"的工厂，真的没有一个活劳动吗？其实不然，只是生产过程中看不到了活劳动而已。众所周知，自动化生产线需要人来研究、设计，也需要人来维护和改进。这些隐藏在生产过程之外的活劳动，进行的是一种技术水平更高、复杂程度更高的劳动，这是复杂劳动，在其他条件不变的情况下，单位时间内他们能创造更多的价值。所以，看待工人劳动不能只是直观地看一个生产过程，马克思提出了一个"总体工人"的概念，从社会分工看整个工人群体。伴随科技水平的提高，知识型、技术型劳动力在总体工人中占比越来越大，相比较简单劳动者，能够创造更大的价值，这是不容忽视的一个现实情况。

专题十一 资本主义必然灭亡的原因是什么?

所以,不论是机器人、自动化生产线,还是"无人工厂"的大型机器设备,不管它们在规模上多么庞大,本质上依然是不变资本,在参加产品的生产时,只是把原有的价值转移到产品中去,而不创造新价值,更不能创造剩余价值。雇佣工人的剩余劳动仍然是无人工厂利润的唯一源泉。

(三) 剩余价值理论的意义

通过学习不变资本与可变资本、绝对剩余价值生产和相对剩余价值生产,我们不难发现马克思剩余价值理论的重大意义。

在理论上,剩余价值理论是马克思主义经济理论的基石,是无产阶级反对资产阶级、揭示资本主义制度剥削本质的锐利武器。在实践中,剩余价值理论深刻揭露了资本主义生产关系的剥削本质,指出了无产阶级革命的历史必然性。在结果上,剩余价值理论和唯物史观一起,揭示了资本主义的内在矛盾和阶级掘墓人,使社会主义由空想变为了科学。正是看到了这一理论的重要性,习近平指出:

> 在相当长时期内,初级阶段的社会主义还必须同生产力更发达的资本主义长期合作和斗争,还必须认真学习和借鉴资本主义创造的有益文明成果,甚至必须面对被人们用西方发达国家的长处来比较我国社会主义发展中的不足并加以指责的现实。

> 我们必须有很强大的战略定力,坚决抵制抛弃社会主义的各种错误主张,自觉纠正超越阶段的错误观念。最重要的,还是要集中精力办好自己的事情,不断壮大我们的综合国力,不断改善我们人民的生活,不断建设对资本主义具有优越性的社会主义,不断为我们赢得主动、赢得优势、赢得未来打下更加坚实的基础。[①]

那么,究竟如何看待资本主义的剥削现象呢? 资本主义在不到一百年的时间里,创造了比过去一切世代创造的全部生产力还要多、还要大的生产力,这能否证明这种剥削关系是合理的呢? 资本主义究竟是否可以"带

---

① 十八大以来重要文献选编(上)[M]. 北京: 中央文献出版社, 2014: 117.

病生存",永恒发展呢?

【课堂讨论】视频:《领风者》第五集中矿工儿子小托马与马克思的对话。

在这段视频中,小托马向马克思提出的问题,相信也是我们很多同学的困惑。为什么矿工生产的煤炭越多,矿工失业的也就越多?为什么一方面煤老板手中有堆积如山的煤炭卖不出去,另一方面却又有大量工人因为买不起煤而在寒风中瑟瑟发抖?应该指出的是,这种现象在资本主义社会的各个生产领域比比皆是,并不是小托马一家的偶然不幸。

资产阶级经济学家会把这些问题归结为工人的不思进取,或者是经验观察的经济周期性震荡,总而言之,要么是工人要为自身的贫困负责,要么是经济寒冬大家只能共同忍耐,资本家阶级是没有任何问题的,反而从某种意义上来说,还是被连累的受害者。事实到底是怎样的呢?视频中马克思回答小托马是资本家隐瞒了一个秘密,事实上这个秘密就是剩余价值,就是资本家对工人的剥削关系和寄生关系。相信小托马和我们都不能完全明白马克思寥寥数语的解释,相比较文艺作品中的简单和抽象,马克思在《资本论》中的分析要严谨、深刻得多。

二、资本积累与资本主义再生产

在马克思看来,资本主义是必然要灭亡的,原因就在于资本主义生产自其诞生之日起就具有不可克服的矛盾或对抗性。英国的吉登斯认为,资本主义始终存在着"所蕴含的潜力与这种潜力实现之不可能性之间的张力"[1]。一方面,资本主义制度释放的生产力为人类的自由和发展提供了无限可能;但另一方面,资本主义奉行的扩张性自由市场制度,在呼唤出大量物质财富的同时又创造出日益庞大的贫困人口,使得资本主义促进人自由发展的可能变成一种纯粹的空想,造成"人类生产力所创造出来的成就

---

[1] [英]吉登斯. 资本主义与现代社会理论[M]. 郭忠华,译. 上海:上海译文出版社,2007:19.

专题十一 资本主义必然灭亡的原因是什么？

与广大群众无法控制他们所生产的财富之间的异化，从而形成一种极端本末倒置的现象"。① 这种对抗性随着资本主义生产的不断发展而日益尖锐，最终引导资本主义走向灭亡。那么，这一过程究竟是怎样发生的呢？

（一）资本积累

1. 资本积累及其原因

什么是资本积累？把剩余价值转化为资本，或者说，剩余价值的资本化，就是资本积累。也就是说，资本家把赚来的钱（剩余价值）不是完全用于个人消费，而是不断地重新购买生产资料和劳动力，使资本不断积累和扩大，这就是资本积累。

资本家为什么要进行资本积累？资产阶级经济学家竭力鼓吹资本积累是为了"社会进步"，是资本家一种"节欲"的美德。他们把资本归结为资本家的节欲，而把利润说成是对资本家节欲美德的报酬。事实又是什么呢？资本家之所以要积累资本，主要有两个原因：第一，资本积累的内在动力是对剩余价值的贪婪追求，这是由资本主义生产的内在本性决定的。第二，出于竞争的需要，如果不扩大资本，就会在竞争中被吃掉，这是它的外在压力。马克思说：

> 竞争使资本主义生产方式的内在规律作为外在的强制规律支配着每一个资本家。竞争迫使资本家不断扩大自己的资本来维持自己的资本，而他扩大资本只能靠累进的积累。②

因为，资本主义再生产的特征是扩大再生产。资本家为了追逐更多的剩余价值和加强竞争中的实力，就必须进行资本积累。资本积累就是用从雇佣工人那里剥削来的剩余价值再购买工人的劳动力进行更大规模的生产，以榨取更多的剩余价值，所以资本积累的实质是资本家用无偿占有的工人创造的剩余价值扩大资本规模，进一步扩大和加强对工人的剥削和统

---

① ［英］吉登斯. 资本主义与现代社会理论［M］. 郭忠华，译. 上海译文出版社，2007：53.
② 马克思. 资本论（第1卷）［M］. 北京：人民出版社，2004：683.

治。可见，资本家进行资本积累有两个主要原因：一是资本家贪得无厌，具有绝对的致富欲；二是出于恐惧，怕在竞争中成为"大鱼吃小鱼"的牺牲品。

2. 资本积累导致人口过剩和生产过剩

为什么说资本积累具有对抗的性质？在资本主义条件下，由于劳动与所有权分离，劳动力成了商品，资本家靠占有工人的剩余价值，不断地增加不变资本的投入，以此更多地占有工人的剩余价值，从而造成资本积累中的一系列尖锐的对立和矛盾。资本积累的对抗性质突出表现为：人口过剩和资本过剩。这是由于资本有机构成不断提高引起的。所谓资本有机构成，通俗地讲就是资本运用于不变资本和可变资本的比例或构成，如90∶10。所谓资本有机构成提高是指，投入到不变资本的比例提高，可变资本减少。

资本家为了追求更多的剩余价值，增强竞争的能力，就需要不断地改进技术，更新设备，提高劳动生产率，这样就引起了资本有机构成的变化。因为资本家购买生产资料的部分——不变资本大了，可变资本就会相对变小，所以出现人口过剩，即出现机器排斥工人的现象。可变资本的减少就意味着用于购买劳动力的资本减少，就是降低了对工人的需求，因而造成大量工人失业。资本有机构成的提高，说明资本对劳动力的需求相对减少，造成所谓人口的过剩。其主要原因就是：第一，资本主义的机械化，不但产生了机器排斥工人的现象，而且由于机器的使用把许多工作变得简单了，妇女、儿童也加入了工业大军，使劳动力的供给大大增加；第二，由于竞争以及资本的积聚和集中，使城市和农村的小生产者和中小资本破产，变为以出卖劳动力谋生的雇佣劳动者。这样，一方面是资本对劳动力的需求相对减少，另一方面是劳动力的供给绝对增加，必然会形成相对过剩人口。

为什么会出现资本过剩？主要是因为资本不断集中造成的。所谓资本集中就是指个别资本通过结合而形成较大的资本。一方面，随着资本有机构成的提高，会使利润率下降（这主要是由不变资本增长过快引起的）。

专题十一　资本主义必然灭亡的原因是什么？

而利润是与剩余价值成正比的，利润率下降，就意味着资本家不能占有更多的剩余价值，资本家不愿再过多地投资，影响了资本的投入，于是，资本过剩了。另一方面，在激烈的竞争中小资本经不起竞争，使小资本失去了生产条件，成为闲置资本，也造成资本过剩。也就是说，利润率下降必然会使资本的使用受到限制。当追加资本不能增大利润量的，资本家自然不会再投入了，这就造成资本过剩。

可见，资本积累的结果造成了两个过剩、两种失业，它本意是发展生产，而实际上却破坏了原来的生产。当然这种过剩不是绝对过剩而仅仅是相对于生产剩余价值的需要，相对于追求更高的利润而没能用于生产。

3. 资本积累的后果

资本积累和资本主义生产有着密切的关系，资本积累会导致以下几个后果。

第一，造成两极分化。随着资本积累和生产规模的扩大，社会财富日益集中到少数大资本家手中，而社会财富的直接创造者——无产阶级则只占有少部分社会财富，财富占有的两极分化越来越严重。

第二，导致相对过剩人口和大量产业后备军。资本积累不但是社会财富占有两极分化的重要原因，而且是资本主义社会失业现象产生的根源。从上面的分析就可以得知：资本积累的后果造成了两种相对过剩、两种失业，原本发展生产的初衷却实则破坏了生产，这是一个客观存在的事实。之所以说是相对的，不是就整个社会生产的实际发展而言，而是由于他们不为资本所需要，所以才成为"过剩"或者"多余"的人，过剩人口的存在是资本主义生产方式的产物和存在的条件。

第三，资本积累的历史趋势是资本主义制度的必然灭亡和社会主义制度的必然胜利。这主要是从资本积累对生产社会化与资本主义私人占有之间的矛盾来揭示资本主义历史命运的。随着资本积累的增加，生产的社会化程度提高和私人占有的矛盾不断激化。这些都意味着，资本家追逐剩余价值的活动为资本家带来社会财富的同时，也在创造着资本主义被新社会形态所取代的条件。可见，资本积累本身带有对抗性质。其实，资本积累的对抗性来源于资本主义生产的对抗性，我们可以进一步分析资本主义的生产活动。

（二）资本主义再生产中的矛盾对抗

1. 资本主义再生产

资本主义生产是一种不断"再生产"的过程，这里有几个概念先要弄清楚。

第一，再生产：社会生产是连续不断地进行的，这种连续不断重复的生产就是再生产。任何社会要想存在和发展，都离不开这种再生产活动。马克思讲，离开生产不用说一年，就连几个星期都难以维持，这是连小孩子都知道的事情。所谓再生产又可以分为"简单再生产"和"扩大再生产"。

第二，简单再生产：资本家瓜分到剩余价值后，如果将其完全用于个人消费，则生产在原有规模的基础上重复进行，这叫资本主义简单再生产。这里要注意"如果"两个字，它是个虚拟词，就是说，资本主义生产不可能停留在简单再生产的活动上。在资本主义社会产生之前，人们的生产活动往往确实表现出简单再生产的特征，生产活动总是年复一年、简单地循环，比如种地、捕鱼、打猎，人们得到钱后用于消费、享乐！但是，资本主义生产不会这样，它要追求增殖。

第三，扩大再生产：资本家获得无偿占有的剩余价值后，并不是将其完全用于个人消费，而是将一部分转化为资本，用以购买追加的生产资料和劳动力，使生产在扩大的规模上重复进行，这就是资本主义扩大再生产。扩大再生产才是资本主义生产的特点，如前所述，这是由追求剩余价值的内因和竞争的外因造成的，是大势所趋，否则难以保证资本家的地位。也正是在这种动机的推动下，资本主义生产才在短短一百年的时间内超过了过去一切世代的总和。资本积累是资本主义扩大再生产的源泉。资本主义的再生产活动在积累资本和财富的同时，也进一步积累着矛盾和对抗。

专题十一　资本主义必然灭亡的原因是什么？

综上，资本主义生产的特点是扩大再生产，而资本主义生产无论是个别资本还是社会资本的运动都包含着无法克服的矛盾性。这种矛盾的必然结果，就是经常不断地爆发周期性的经济危机，直到资本主义社会的彻底灭亡！

2. 个别资本再生产过程中的矛盾

在资本主义社会，有着成千上万的企业，都是以个别资本活动的形式存在着。我们把各个企业那种独立发挥资本职能的资本叫作个别资本。个别资本的运动是通过资本的循环和周转实现的。资本循环是指资本从一种形式出发，经过一系列形式的变化，又回到原来出发点的运动。再生产活动是离不开资本循环的，这就是资本循环的活动。资本周转是指资本是在运动中增殖，资本必须不断地、周而复始地循环，才能不断地带来剩余价值。这种周而复始、不断反复的资本循环，就叫作资本的周转。可见，资本追求剩余价值是要不断地进行资本周转的，否则，很难带来价值增殖。

个别资本的运动依次要经历三个不同的阶段，采取三种不同的职能形式，即购买阶段—生产阶段—售卖阶段；分别履行货币资本职能、生产资本职能、商品资本职能。

第一个阶段是购买阶段，即生产资料与劳动力的购买阶段。资本家在市场上用货币购买生产资料、劳动力，处于流通阶段，是剩余价值生产的准备阶段。在这里，资本并没有发生数量上的变化，但发生了形态上的变化，产业资本执行的是货币资本的职能，为转化为生产资本做准备。

第二个阶段是生产阶段，这一阶段是生产资料与劳动力按比例结合在一起从事资本主义生产的阶段。在这个阶段，资本形式由生产资本转变为商品资本，是剩余价值的直接生产过程，结果是生产出包含剩余价值的新商品，这是资本再生产的决定性阶段。在这里，资本不仅发生了形态上的变化（生产资本—商品资本），而且在数量上也发生了变化，实现了价值增殖。所以，这个阶段是资本循环中具有决定性的阶段，即生产剩余价值的阶段。

第三个阶段是售卖阶段，即商品资本向货币资本的转化阶段。从资本形式上看，由商品资本又重新回到货币资本形式，资本家出卖了他的商品，取得了比原资本更多的货币。这个阶段又处于流通阶段，是资本家预付资本还原和剩余价值实现的阶段。剩余价值的生产在先，实现在后，在生产剩余价值时，它是否实现尚难确定；剩余价值的生产发生在企业，但它的实现是在市场上，包含剩余价值的产品是否为社会所需要，资本能否增殖，只有在市场上才能见分晓。这个阶段，是（增殖了的）商品资本（W′）向增殖的货币资本（G′）转化的阶段。通过流通，资本又一次出现形态上的变化。

总而言之，产业资本的三种职能形式与购买、生产、销售三个阶段相适应，与之相对的就是产业资本的三种职能形式，即货币资本、生产资本、商品资本。

需要补充说明的是，个别资本或产业资本的运动必须具备两个基本前提条件：产业资本的三种职能形式必须在时间上继起、空间上同时并存。但是，在资本主义生产条件下，这样的条件往往是得不到满足的，这样的条件经常遭到破坏，所以，个别资本的运动就在一定条件下无法正常持续进行下去，导致生产停顿或者出现危机。资本主义生产的一切危机，都由此而产生出来。我们可以继续分析：所谓产业资本的各种职能形式在空间上同时并存，就是说，资本家的全部资本必须按照一定比例分别处于三种状态：货币资本、生产资本和商品资本，各司其职，否则就会使它的运行中断。所谓产业资本的三种职能形式必须在时间上继起，就是说，每一种资本形式必须连续不断地通过各自循环的三个阶段，在时间上继起进行转化，否则就会使资本循环遭到破坏。那么资本家能够保障这一循环正常进行吗？不能。为什么？因为这个条件在资本主义制度下并不总是能够经常具备。那么，社会资本的运动是否会好一些呢？接下来，我们分析社会总资本的运动。

3. 社会资本再生产过程中的矛盾

在对个别资本的再生产和流通的规律性进行分析的基础上，马克思对社会总资本的再生产和流通也进行了深入分析，阐明了社会总资本再生产

专题十一 资本主义必然灭亡的原因是什么?

和流通的规律性,进一步揭露了资本主义生产所包含的对抗性矛盾。

什么是社会资本?就是通过广泛的买和卖的关系汇集而成的无数个别资本的总和。之所以要考察社会总资本运动,实际上就是研究社会总产品的实现问题,即工人和资本家从哪里获得自己的消费品?资本家从哪里获得生产资料?产品怎样满足这些需求和怎样使扩大再生产成为可能?

资本主义是高度商品化的社会,它的生产就是为了卖。每个企业都要依靠其他企业向自己提供生产资料,又要向其他企业销售自己的产品,它们互为前提,互为条件,构成社会总资本的运动。所以,个别企业的产品能否实现,必须进一步从全社会的高度来把握。这里有必要介绍一个新的概念——社会总产品。

所谓社会总产品就是社会在一定时期(通常为一年)所生产的全部物质资料的总和。社会再生产的核心问题是社会总产品的实现问题,即总供给和总需求、生产和消费、供和求之间能否达到平衡的问题,也就是社会总产品能否实现的问题。它表现为两种形态:一种是实物形态,根据用途可以分为生产资料和生活资料(第一部类和第二部类);另一种是价值形态——$c+v+m$(不变资本+可变资本+剩余价值)。要实现扩大再生产,就必须使在生产中所耗费的资本在价值上得到补偿,同时还要求实际生产过程中所耗费的生产资料和消费资料得到实物的替换。由于生产不断扩大,社会总产品也就不断增多,社会总产品的实现也就越来越复杂和困难。

社会总产品的实现是需要一定条件的,这就是两大生产部类之间要保持一定的比例平衡。所谓社会生产的两大部类是指社会总产品在物质形态上,根据其最终用途可以区分为用于生产性消费的生产资料和用于生活消费的消费资料。相应地,社会生产可以划分为两大部类:第一部类由生产生产资料的部门所构成,其产品进入生产领域。第二部类由生产消费资料的部门所构成,其产品进入生活消费领域。社会总产品的实现条件就是:社会总产品在实物上得到替换,在价值上实现补偿,客观上就要求两大部类内部各个产业部门之间和两大部类之间保持一定的比例关系。但这在资本主义条件下是十分困难的。为什么呢？因为资本主义是私有制，各个企业生产什么、生产多少，都由自己决定，目的是赚钱、获得最大利润，但从整个社会的角度来看，要求整个社会按比例发展，就很难实现，因为资本主义企业为了追求剩余价值而生产，资本主义生产本身就有无限扩大的趋势，但是，资本主义这种发展又受到支付能力需求的限制，必然会使总量平衡条件的实现遇到困难。

在资本主义发展的相当长时期内，由于生产资料的私有制和雇佣劳动制度所决定，两大部类的生产都是在价值规律和剩余价值规律的作用下自发进行的，具有严重的盲目性，这就导致两大部类生产在规模上和结构上经常处于失衡状态。这种失衡和脱节经常表现为生产过剩，实物替换和价值补偿难以顺利进行，严重时引发经济危机。经济危机的发生，实际上是资本主义条件下以强制的方式解决社会再生产的实现问题的途径，这种解决方式虽然最终也能够使社会再生产由失衡慢慢转变为平衡，却是以社会经济生活的严重混乱和瘫痪以及社会资源和财富的极大浪费为代价的。所以，这种以私有制为基础的高度商品化的社会必定不会维持长久，总要被更高的、更合理的社会制度所取代，这种取代应该说只是个时间问题。因为经济危机的破坏性是惊人的。这里就涉及由于资本主义生产中的对抗性矛盾所必然会造成的社会后果！

三、资本主义的基本矛盾与经济危机

（一）资本主义基本矛盾

生产社会化和生产资料资本主义私人占有之间的矛盾，是资本主义的基本矛盾。这也就是资本主义社会生产力和生产关系之间的矛盾。这一基本矛盾具体表现在以下两个方面：其一，生产无限扩大的趋势与劳动人民有支付能力的需求相对缩小的矛盾；其二，单个企业内部生产的有组织性和整个社会生产的无政府状态之间的矛盾。它表现为如下两个方面。

1. 生产无限扩大的趋势与劳动人民有支付能力的需求相对缩小的矛盾

出于竞争的需要，资本家获得剩余价值后，并不是将其完全用于个人

专题十一　资本主义必然灭亡的原因是什么？

消费，而是将一部分转化为资本，用于购买追加的生产资料和劳动力，使生产在扩大的规模上重复进行，这就是资本主义扩大再生产。把剩余价值转化为资本，或者说，剩余价值的资本化，就是资本积累。

资本家为了追求超额剩余价值，争相在扩大生产规模的基础上，提高生产技术和劳动生产率，使得资本中用于购买不变资本的比例越来越大，可变资本在资本总额中所占的比重日益下降。这种由资本的技术构成决定并反映技术构成变化的资本价值构成，叫作资本的有机构成（c/v）。

在资本主义生产过程中，资本有机构成的提高是一般趋势，其结果就是机器排挤工人，大批工人失业，形成相对过剩人口，即劳动力供给相对于资本对它的需要，过剩了。

于是，矛盾就出现了，工人越努力工作，创造的剩余价值越多，资本就越有可能进行资本积累；资本积累规模越大，资本有机构成的提高也就越快，工人失业状况也就越严重。由此，一方面是资本积累造成的资本生产规模的不断扩大，产品和财富向资本一极不断聚集；另一方面是工人越来越多地从生产领域被排挤出来，失去了工作就意味着没有工资，无法购买生活必需品，贫困在工人阶级这一极不断聚集。这就最终形成社会流通领域的生产无限扩大的趋势与劳动人民有支付能力的需求相对缩小的矛盾。

伴随社会生产力的进步，尤其是智能化机器的使用，机器排挤工人是一个普遍趋势。在资本主义制度下，它会造成两极分化，进而导致供求失衡，引发经济危机。那么在社会主义条件下，这一趋势又是如何应对的？社会主义和资本主义在这一问题上的主要区别是什么？

资本主义生产关系的最大特点，就在于生产资料归资本家占有，工人作为劳动者不能直接与生产资料相结合。机器取代工人，历史地看是一件好事情，工人可以从劳动中被解放出来，做更高级或更喜欢的事情。但在资本主义社会却变成了一件坏事情，除了暂时给少数资本家带来更多剩余价值之外，它造成工人失业和贫困、经济危机，以及长期来看的资本利润率下降。为什么好事会变成坏事呢？在于无论是工人生产还是机器生产的成果都属于资本家,而不是广大劳动者,这是资本主义私有制决定的。社会主义建立了公有制制度,铲除了人剥削人的制度基础,所以在社会主义国家,机器取代人工,工人虽然不再劳动了,但依然可以享用机器劳动的成果,这样有"钱"又有"闲"的生活,才是实现人的自由全面发展的客观条件。因此,我国有共享发展理念、强调劳动解放、追求个人自由全面发展目标,等等,这些都是在社会主义公有制基础上提出的,与资本主义有本质区别。

2. 单个企业内部生产的有组织性和整个社会生产的无政府状态之间的矛盾

马克思为了揭示资本主义再生产过程中存在的对抗性矛盾,构建了一个研究社会总资本再生产的理论模型,即将社会总产品在物质上划分为两大部类,在价值上划分为三个组成部分:生产生产资料的第一部类Ⅰ和生产消费资料的第二部类Ⅱ;每一部类内部又按照不变资本 c、可变资本 v 和剩余价值 m,在价值上分成三个组成部分。

社会再生产的顺利进行,要求生产中所耗费的资本在价值上得到补偿,同时要求实际生产过程中所耗费的生产资料和消费资料得到实物的替换,否则社会再生产就会停顿,人类社会的生存和发展就会受到威胁,这是不以人的意志为转移的客观规律。用公式表达,就是社会总资本在简单再生产情况下,第一部类的可变资本和剩余价值的总和,要等于第二部类不变资本的价值,即 Ⅰ($v+m$) = Ⅱc。这不仅是一个价值量的比例关系,还是商品结构上的比例要求,只有满足这个条件,社会再生产才能顺利进行。

由于生产资料的私有制和雇佣劳动制度所决定,资本主义两大部类的生产都是在价值规律和剩余价值规律的作用下自发进行的,具有严重的盲目性,这就导致两大部类生产在规模上和结构上经常处于失衡状态。这种失衡和脱节经常表现为生产过剩,最严重的就是引发经济危机。

这说明资本主义单个企业内部为了控制生产成本,提高利润率,往往会严格管理生产资料和工人;在整个社会生产的结构和比例上,却是各自

专题十一 资本主义必然灭亡的原因是什么?

为政,处于无政府状态。这一单个企业内部生产的有组织性和整个社会生产的无政府状态之间的矛盾,就是生产社会化和资本主义私人占有之间的矛盾在生产领域的直接体现。

说到供求,自由派资产阶级经济学家总是迷信市场,认为一个自由竞争的市场自动就会解决任何供求失衡的问题,从而实现社会经济的均衡发展。事实果然如此吗?众所周知,市场调节是建立在价值规律基础之上的,而"价值"这个劳动的社会尺度,其本质就是按比例分配社会劳动。但价值规律的这个自发作用带有盲目性和滞后性,导致分散的市场主体之间按比例分配劳动经常遭到破坏。不仅如此,建立在私有制基础上的资本主义社会生产,由于无法在生产的社会性和财产的私有性之间建立有效的联系,使得私有生产者无法自觉实现经济效益和社会效益的统一,一味追逐个体利益最大化,进一步加剧了市场的供求失衡,资本主义社会以"生产相对过剩"为主要特征的经济危机周期性爆发,就是最好的证明。所以无论是强调自由市场的西方供给学派,还是强调国家财政消费的凯恩斯需求管理学派,都把资本主义私有经济制度作为不可改变的制度前提,都在改变市场供求总量上兜圈子,要么陷于"市场失灵"束手无策,要么掉进经济"滞胀"旋涡难以自拔。我国社会主义市场经济以公有制为主体,强调"有效市场"和"有为政府"之间的辩证统一,在充分发挥市场自发配置资源的效率优势基础上,还发挥国家的制度优势,通过政府坚强有力地宏观调控和国有经济积极主动地创新引领,在保持社会公平基础上实现市场供求平衡,推动经济健康发展。习近平说:

> 供给侧和需求侧是管理和调控宏观经济的两个基本手段。需求侧管理,重在解决总量性问题,注重短期调控,主要是通过调节税收、财政支出、货币信贷等来刺激或抑制需求,进而推动经济增长。供给侧管理,重在解决结构性问题,注重激发经济增长动力,主要通过优化要素配置和调整生产结构来提高供给体系质量和效率,进而推动经

济增长。①

这是我们党在新的历史条件下，结合中国实际，对宏观经济中供求关系认识的新发展。资本主义基本矛盾激化的直接结果，就是爆发资本主义经济危机。

（二）资本主义经济危机

1. 经济危机的本质与原因

生产相对过剩是资本主义经济危机的本质特征，即生产相对于劳动人民有支付能力的需求来说显得过剩了，而不是与劳动人民的实际需要相比的绝对过剩。

经济危机的抽象的一般的可能性，首先是以货币为媒介的商品买卖在时间上分为两个相互独立的行为，延长了买卖链条，造成买卖双方信息上的不对称引起的。同时，赊购赊销方式也使整个信用关系有遭到破坏的可能。但是，这些仅仅是危机在形式上的可能性。真正导致资本主义经济危机爆发的根本原因还是资本主义的基本矛盾。正如马克思所指出的：

> 一切现实的危机的最终原因始终是：群众贫穷和群众的消费受到限制，而与此相对立，资本主义生产却竭力发展生产力，好像只有社会的绝对的消费能力才是生产力发展的界限。②

2. 经济危机的周期性与结果

资本主义经济危机具有周期性，一般包括四个阶段，即危机、萧条、复苏和高涨。这是由资本主义基本矛盾运动的阶段性决定的。但只要存在资本主义制度，经济危机就是不可避免的。

也许有人会说，即便资本主义周期性爆发经济危机，但不管怎样，资本主义自身总是能从危机中爬起来，并且在新的生产高度上重新走上发展的巅峰，熊彼特称之为"毁灭性创新"，这说明资本主义有自愈机制

---

① 习近平谈治国理政（第2卷）[M]. 北京：外文出版社，2017：253.
② 马克思恩格斯选集（第2卷）[M]. 北京：人民出版社，2012：586.

专题十一 资本主义必然灭亡的原因是什么？

和能力，可以一直发展下去，不一定像马克思所说会被社会主义所取代。深入研究资本主义经济发展周期就会发现，资本主义是靠"固定资本集中更新"强制矫正生产发展偏差，使社会经济在巨大社会财富浪费的基础上，另起炉灶重开张，慢慢走向复苏高涨的。姑且不论雇佣劳动关系基础上的追逐剩余价值的资本逻辑，一定会再次迎来由于工人支付能力下降导致的经济危机；即便对资本本身，它也难以为继。伴随资本有机构成的提高，资本雇佣的活劳动越来越少，导致资本利润率呈下降趋势。近些年来资本虚拟化和资本主义国家金融化的明显倾向，正是资本平均利润率下降背景下资本逐利本性的必然结果。为了对抗资本平均利润的下降，资本倾向雇佣更多的活劳动并提高剥削率，然而以人工智能为标志的新一代科技革命，必将极大推进生产无人化进程，迫使资本在占领高科技制高点和谋取高额利润之间做出取舍，当前面对新科技革命，以美国为代表的发达资本主义国家表现出的保守主义态度和发展乏力趋势，都说明了资本主义经济制度正在逼近其终点，唯有突破生产资料资产阶级私有制，在公有制基础上实现生产的平等化和收入的公平化，才能适应新生产力的发展要求。

不仅经济制度，资本主义的政治和文化制度也同样在将资本主义逼近终点。奉行个人至上的自由主义文化和看似保护每个公民自由权利的制度设计非但没有消灭和缓解一次次出现的经济金融危机，而且还在某种程度上加深着这种危机。欧美各国近年来此起彼伏的反对资本主义的声音，就是资本主义国家贫富悬殊日益严重、社会矛盾不断加剧等问题的反映。在2020年肆虐全球的新冠肺炎疫情中，以美国为首的西方资本主义长期存在的经济、政治、文化、社会矛盾充分暴露。美国的"甩锅"、退群、应对疫情失败等种种恶劣表现更是将"世界第一强国"的遮羞布撕扯得一干二净。事实表明，新冠全球战"疫"就是一面照妖镜。它全方位暴露了资本主义制度的弊端，凸显了坚持生产资料私有制的资本主义生产方式越来越不适应现代生产日益社会化、经济发展日益全球化的事实。正因为这样，越来越多的学者对资本主义的本质和发展趋势作出了预测。有的说，资本主义制度的逻辑就是：只要有利可图，即使反社会也在所不惜，而这就意味着将有许许多多人死于非命。① 有的指出，资本和工业生产的流程不断提速，朝向无穷无限的方向，好日子的"目的论"不再奏效。每一种行为都趋向极端，打破了伦常。资本主义因而是伤风败俗的。②

综上，我们不难理解马克思的判断："资本主义生产的真正限制是资本自身。"③ 无论是在交换领域的供求矛盾，还是在生产领域的比例失衡，归根结底都是资本主义社会生产力和生产关系之间的矛盾，即社会化大生产和生产资料资本主义私有制之间的矛盾。这是一个资本主义自身无法克服的基本矛盾。正是在这个意义上，习近平这样说：

> 有人说，马克思主义政治经济学过时了，《资本论》过时了。这个说法是武断的。远的不说，就从国际金融危机看，许多西方国家经济持续低迷、两极分化加剧、社会矛盾加深，说明资本主义固有的生产社会化和生产资料私人占有之间的矛盾依然存在，但表现形式、存在特点有所不同。国际金融危机发生后，不少西方学者也在重新研究马克思主义政治经济学、研究《资本论》，借以反思资本主义的弊端。④

> 事实一再告诉我们，马克思、恩格斯关于资本主义社会基本矛盾的分析没有过时，关于资本主义必然消亡、社会主义必然胜利的历史唯物主义观点也没有过时。这是社会历史发展不可逆转的总趋势，但道路是曲折的。资本主义最终消亡、社会主义最终胜利，必然是一个很长的历史过程。⑤

---

① ［英］伊格尔顿. 马克思为什么是对的［M］. 李扬，等译. 北京：新星出版社，2011：13.
② ［德］韩炳哲. 爱欲之死［M］. 宋娀，译. 北京：中信出版集团，2019：41.
③ 马克思恩格斯文集（第7卷）［M］. 北京：人民出版社，2009：278.
④ 习近平. 在哲学社会科学工作座谈会上的讲话［M］. 北京：人民出版社，2016.
⑤ 十八大以来重要文献选编（上）［M］. 北京：中央文献出版社，2014：117.

专题十一 资本主义必然灭亡的原因是什么？

专题小结

本专题重点分析了资本主义必然灭亡的原因，也揭示了资本主义生产的目的和必然趋势。资本主义生产本质上是剩余价值生产，生产剩余价值是资本主义生产方式的绝对规律。资本主义的生产过程具有两重性，是生产物质资料的劳动过程和生产剩余价值的价值增殖过程的统一。资本家剥削工人的剩余价值有两种基本方法，即绝对剩余价值的生产和相对剩余价值的生产。资本在剩余价值的生产中起不同的作用，其中，可变资本中的雇佣工人的劳动才是剩余价值的唯一来源。资本主义生产有对抗性，这种对抗性通过资本积累和资本主义再生产表现出来，其根源就在于资本主义的基本矛盾。随着资本主义生产的发展，资本主义内部的基本矛盾成为爆发经济危机和导致制度危机的根源，也就成为资本主义必然灭亡的根源。

也就是说，在资本家通过剥削工人的剩余价值而不断积累财富的过程中，资本主义社会的贫富悬殊不断加剧，社会矛盾不断积累，经济危机反复出现。历史证明，如果说，19世纪以前，以私利最大化追求为目标的资本主义在历史上的确起到促进整个人类社会发展的进步作用的话，那么，自19世纪初爆发第一次经济危机以来，资本主义制度的消极影响却日益凸显。它不仅导致人与人、人与社会、人与自身关系的紧张，而且其经济生产方式本身还导致了日益严重的生态危机。正是在这个意义上，法国经济学家托马斯·皮凯蒂在2019年出版的新书《资本与意识形态》中感叹"是时候超越资本主义了！"[1]

---

[1] 关于"资本与意识形态"，皮凯蒂这样说：是时候超越资本主义了 [EB/OL]. [2021-03-21]. https://news.sina.com.cn/o/2019-11-15/doc-iihnzahi1003721.shtml.

延伸阅读

1. 马克思. 资本论（第一卷）［M］//马克思恩格斯文集（第5卷）. 北京：人民出版社，2009：第十四章《绝对剩余价值和相对剩余价值》.

2. 恩格斯. 家庭、私有制和国家的起源（九）［M］//马克思恩格斯文集（第4卷）. 北京：人民出版社，2009.

3. 习近平. 坚持、完善和发展中国特色社会主义国家制度与法律制度［N］. 人民日报，2019-12-01（01）.

4. 卫兴华. 《资本论》的当代价值［N］. 光明日报，2017-07-27（16）.

思考题

1. 简述剩余价值及生产剩余价值的两种基本方法。
2. 如何理解不变资本、可变资本及其现实意义？
3. 如何理解资本主义生产自动化条件下剩余价值的生产？
4. 如何理解资本主义生产的对抗性质？
5. 试述马克思剩余价值理论及其意义。
6. 试述资本主义的基本矛盾、表现及结果。

（撰写人：沈文玮）

专题十二 为什么说垄断加速了资本主义的灭亡?

一、教学目的与要求

（一）知识目标

1. 把握资本主义从自由竞争到垄断发展的客观历史进程。
2. 了解国家垄断资本主义的产生、作用和实质。
3. 深刻认识经济全球化的实质和影响。

（二）能力目标

1. 提高运用马克思主义分析当代资本主义发展规律的能力。
2. 增强正确认识、理解和把握经济全球化的能力。

（三）情感和价值观目标

1. 通过认识当代资本主义，坚定社会主义理想信念。
2. 甄别各种"逆全球化"现象并与相关错误言行作斗争。

二、针对的学生主要思想困惑

1. 列宁所说的帝国主义就是垄断资本主义吗？
2. 经济全球化过程中为什么会出现"逆全球化"现象？

三、针对的错误思潮与模糊认识

1. 经济全球化是一种新殖民主义。
2. 经济全球化只对发达资本主义国家有利。

四、教学重点难点

1. 垄断资本主义的形成、发展及实质。
2. 经济全球化的表现及影响。

五、教学时数

3 课时

授课导入

同学们,你们在历史书或抗战类影视剧作品中经常会听到日本帝国主义、美帝国主义这样的说法,那么,我们要打倒和推翻帝国主义,到底是什么意思呢?它与资本主义是什么关系呢?

帝国主义是列宁在 1916 年写作《帝国主义是资本主义的最高阶段》(简称帝国主义论)中的提法。列宁指出,帝国主义是资本主义的最高阶段,是寄生的、腐朽的、垂死的资本主义。作为垄断的资本主义,帝国主义加速着资本主义的灭亡。在其后的"十月革命"中,这些论断在俄国成为现实。那么,资本主义经历了哪些历史阶段?为什么说垄断资本主义加速了资本主义的灭亡呢?

一、当代资本主义是垄断的资本主义

资本主义像人类社会的其他社会形态一样,也是不断发展的。从发展

专题十二　为什么说垄断加速了资本主义的灭亡？

阶段的性质上划分，它经历了自由竞争的资本主义和垄断资本主义两个发展阶段。

什么是垄断资本主义呢？从时间历程来看，19世纪70年代以前，资本主义的发展处于自由竞争阶段；从19世纪70年代开始，自由竞争资本主义逐步向垄断资本主义过渡，到了19世纪末20世纪初，垄断在社会经济生活中占了统治地位，资本主义发展为垄断资本主义。由此可见，垄断资本主义就是垄断在社会经济生活中占统治地位的资本主义。那么，什么是垄断呢？垄断是如何形成与发展的呢？

（一）资本主义从自由竞争走向垄断是客观规律

1. 生产集中与资本集中

自由竞争就是在资本主义发展初期，商品生产者之间为了争夺有利的生产和销售条件而进行的资本自由转移和不受限制的竞争。自由竞争的形式是部门内部的竞争和部门之间的竞争。这一阶段的特征展现的状态是什么样的呢？巴尔扎克所说的"不是你踩在别人的头上，就是被别人踩在脚下；不是你吃掉别人，就是被别人吃掉"，就很能表达那时资本主义的状态。其参与的商品生产者可以自由进出市场，也在此基础上采取改进技术、扩大规模等方式进行竞争，而在整个社会运行中依靠市场机制来调节，政府也只承担了守夜人的角色。在这一自由竞争状态下，就必然带来优胜劣汰、两极分化的结果。那么就会有部分工厂企业经营不下去，甚至倒闭；有部分工厂企业做大做强，出现企业规模逐渐扩大、生产资料、劳动力和商品生产不断汇聚于少数大企业之中，出现超级工厂。这种现象就是生产集中。生产集中就是指生产资料、劳动力和商品的生产日益集中于少数大企业的过程，其结果是大企业所占的比重不断增加。

【学习视频】《超级工厂》[①]

福特汽车公司的创始人亨利·福特一开始与其他资本家进行股份制合

[①] https://jingji.cctv.com/2013/09/03/VIDE1378183320478752.shtml.

营,后来买下其他合伙人的股份,使得这家公司成为福特的家族企业。1908 年,福特开发了举世闻名的 T 型车,他开始实施自己的大工厂计划,首创了汽车大规模流水线生产方式。

事实上,不仅在汽车领域出现生产集中的现象。从 19 世纪 70 年代到 20 世纪初,在电力、化工、汽车等部门都普遍进行了技术革新,逐渐采用大规模流水线生产方式,提高了该部门的劳动生产率水平,有效避免了如福特公司此前面临的股份制条件下各个合伙人追求个人利益最大化而出现的短视行为带来的窘境困扰。自此,生产集中的趋势日益明显。与此同时,美国企业还出现大量"并购"现象。表 12 - 1 是一组关于美国企业并购的五次浪潮数据。①

表 12 - 1 美国企业并购的五次浪潮

并 购	时 间	规模数量	特 点
第一次企业兼并浪潮	19 世纪末 20 世纪初	1898~1903 年 2653 家企业被兼并,涉及资本总额达 63 亿美元	以横向兼并为主
第二次企业兼并浪潮	20 世纪 20 年代	被兼并的企业达 12000 家	以纵向兼并为主
第三次企业兼并浪潮	20 世纪 60 年代	并购 25598 起,1953~1968 年工业并购资产占全部工业资产的 21%	以混合兼并为主
第四次企业兼并浪潮	1975 年至整个 20 世纪 80 年代	并购资产的规模增长迅速,核心业务相关的企业兼并	小企业并购大企业成为可能
第五次企业兼并浪潮	20 世纪 90 年代	仅美国国内企业并购交易总额就达 6.5 万亿美元,超过 20 世纪 80 年代总额的 4 倍	并购着眼于信息革命和开拓网上市场;跨国并购成为一种趋势

由以上数据可见,资本主义发展不仅伴随生产资料、劳动力和商品的生产日益集中于少数大企业的过程,即生产集中的过程,同时也伴随

---

① 李德林. 从企业层面看五次并购浪潮 [M]. 北京:中国经济社会科学出版社,2004.

专题十二　为什么说垄断加速了资本主义的灭亡？

着资本集中的过程。所谓资本集中就是指大资本吞并小资本，或由许多小资本合并而成大资本的过程，其结果是越来越多的资本为少数大资本家所支配。这里需要注意三点：首先，是自由竞争带来的两极分化，引发了生产和资本的集中；其次，是技术进步引发了原有商品的贬值，加快了生产和资本的集中；最后，经济危机的频繁爆发加剧了资本和生产的集中。因此，在资本主义发展的过程中，在追求私利最大化的过程中，生产与资本逐渐汇集于少数大企业手中，垄断的出现是一种必然的结果。正如列宁所指出的那样："集中发展到一定阶段，可以说就自然而然地走到垄断。"①

2. 垄断的内涵及成因

所谓垄断，是指少数资本主义大企业或大企业联盟，对某个或若干部门的生产和流通的独占或联合控制。掌握这个概念要注意把握以下几点：第一，垄断的主体是少数资本主义大企业或少数大资本家；第二，垄断的目的是获得高额垄断利润，尽可能增加剩余价值；第三，垄断方式是互相签订协议或达成口头协议；第四，垄断结果是控制一个或几个生产部门的商品生产、销售或价格，共同分享垄断利润。

【课堂提问】为什么会产生垄断？

垄断的产生大致有以下原因：第一，生产的集中和社会化必然要求资本的社会联合，极少数企业联合起来，操纵和控制本部门的生产和销售，就会形成垄断。第二，生产和资本的集中限制了企业的竞争，从而形成垄断。第三，企业之间为了避免在竞争中的两败俱伤，就会达成妥协，联合起来，实行垄断。科技的进步、生产力的发展、经济危机等都可能对垄断的出现起到直接或间接的推动作用。

3. 垄断条件下竞争的特点

【课堂提问】垄断从竞争阶段中形成，并作为竞争的对立面出现。那么，垄断是否就此完全取代竞争？或者说垄断就此消除了竞争呢？

---

① 列宁选集（第2卷）[M]. 北京：人民出版社，1995：585.

【案例点击】《高通垄断案》

2013年11月，因收到来自中国企业的投诉和举报，中国国家发展改革委启动了对高通公司的反垄断调查。经过多方面调查，国家发展改革委获得了相关证据和数据，高通公司负责人多次按要求到国家发展改革委接受调查询问。2015年2月10日，历时一年多的针对美国高通公司的反垄断调查有了结果。当日，中国国家发展和改革委员会裁决高通公司构成滥用市场支配地位实施排除、限制竞争的垄断行为，责令整改，并依法对高通公司处以其2013年度在中国市场销售额8%的罚款，计人民币60.88亿元。这一罚款数额创下了中国对单个企业反垄断罚款的最高纪录。①

其原因是，高通公司通过收取不公平的高价专利许可费、没有正当理由搭售非无线通信标准必要专利许可、在基带芯片销售中附加不合理条件等方式扰乱市场。②

通过以上案例，我们不难发现垄断条件下的竞争特点。

(1) 垄断并没有消除竞争，反而使竞争变得更加激烈。

这是因为：第一，垄断没有消除产生竞争的经济条件。竞争是商品经济的一般规律。只要私有制还存在，商品生产者就可以自由支配生产资料，支配自己的生产和销售，就会有竞争。第二，垄断必须靠竞争来维持。垄断出现以后，各个垄断组织要通过竞争来维持自己的垄断地位，否则，就可能丧失其垄断地位。第三，任何垄断都不能包罗万象。社会生产是复杂多样的，任何垄断组织都不可能把包罗万象的社会生产包下来，或者说，垄断组织不可能囊括所有的生产部门和企业。

(2) 垄断条件下的竞争同自由竞争相比有新特点。

自由竞争时期经济运行的主要特点是：其一，企业的数量多，规模小；其二，资金自由地进入和退出；其三，竞争的手段靠价格，主要是经

---

① 高通构成垄断被罚60.88亿元［EB/OL］. [2021-03-21]. http://ip.people.com.cn/n/2015/0213/c136655-26560702.html.

② 高通垄断"三宗罪"被处60.88亿罚款［EB/OL］. [2021-03-21]. http://caijing.chinadaily.com.cn/2015-02/10/content_19541861.htm.

专题十二 为什么说垄断加速了资本主义的灭亡?

济手段;其四,资本家获利主要是获得平均利润。但是,到了垄断时期,竞争出现了一些新的特点,具体表现为以下方面:

第一,在竞争目的上,谋求垄断利润和更大的垄断权力。相较于自由竞争中获取更多利润或超额利润,垄断阶段的竞争则更主要的是通过垄断地位获得高额垄断利润,获得更大的垄断权力,以实现对自己最有利的竞争。

第二,在竞争的手段上,手段更加残酷多样。在自由竞争阶段,竞争主要采取扩大规模、革新技术、提升产品生产效率及产品质量等经济手段来实现竞争优势;而垄断阶段的竞争除经济手段外,还采取非经济的手段,使竞争变得更加复杂与激烈。

第三,在竞争范围上,国内、国外竞争并举。在自由竞争阶段,竞争主要在国内市场进行,而在垄断阶段,竞争从国内市场扩展到国际市场,并且竞争领域也变得多种多样,竞争程度越发激烈。

总之,垄断条件下的竞争,不仅规模大、时间长、手段残酷、程度更加激烈,而且具有更大的破坏性。

 知识链接

一些常见的垄断组织

(1) 卡特尔。它是生产或销售某一同类商品的企业,为垄断市场,获取高额利润,通过在商品价格、产量和销售等方面订立协定而形成的同盟。参加这一同盟的企业在生产、商业和法律上仍然保持独立性。根据美国反托拉斯法,卡特尔属于非法。

(2) 辛迪加。参加辛迪加的企业,在生产上和法律上仍然保持自己的独立性,但是丧失了商业上的独立性,销售商品和采购原料由辛迪加总办事处统一办理。其内部各企业间参与争夺销售份额的竞争。

（3）托拉斯。由许多生产同类商品的企业或产品有密切关系的企业合并而成，旨在垄断销售市场、争夺原料产地和投资范围，加强竞争力量，以获取高额垄断利润。参加的企业在生产上、商业上和法律上都丧失独立性。托拉斯的董事会统一经营全部的生产、销售和财务活动，领导权掌握在最大的资本家手中，原企业主成为股东，按其股份取得红利。参加的资本家为分配利润和争夺领导权进行剧烈的竞争。

（4）康采恩，由 Concern 音译而来，含有"相关利益共同体"的意思。它由不同经济部门的许多企业联合组成，包括工业企业、贸易公司、银行、运输公司和保险公司等，旨在垄断销售市场、争夺原料产地和投资场所，以获取高额垄断利润。参加康采恩的企业形式上保持独立，实际上受其中占统治地位的资本家集团（一般是大银行资本家）通过参与制加以控制。它明显地表现出帝国主义时期银行资本和工业资本融合的特点。

（二）金融资本与金融寡头

随着私人垄断资本主义逐渐形成发展，银行领域也逐渐出现资本集中并走向垄断，工业垄断资本逐步依赖银行资本，促使大银行同大企业的金融联系更加密切，形成金融资本和金融寡头。

1. 金融资本的内涵

金融资本是指由工业垄断资本和银行垄断资本融合在一起而形成的一种垄断资本。工业资本与银行资本相融合的方式有资本交织和人事结合。要从两个方面理解这一概念：一方面，金融资本包含工业垄断资本。工业是资本主义发展的支柱产业，工业垄断资本是为促进工业发展服务的。另一方面，金融资本还包含银行垄断资本。银行是国家金融体系的细胞，服务于整个国家的发展。金融资本的形成是自由竞争的资本主义转化为垄断资本主义的主要标志之一。

在资本主义条件下，金融资本原本是服务于工业资本的，与工业资本相伴而生，靠工业资本的发展而发展。在金融资本发展初期，金融资本起

专题十二　为什么说垄断加速了资本主义的灭亡？

到帮助传播新技术的作用；但随着金融资本发展到成熟阶段，工业资本逐渐成为金融资本操纵和投机的对象，工业资本与金融资本几乎完全分离，金融资本增殖已经独立于生产过程，独立于剩余价值的生产，此时金融资本发展到了金融垄断资本阶段。

2. 金融寡头的内涵

【学习视频】《美国的财团》①

"如果他们打喷嚏，美国绝对会感冒"。这里指的就是美国十大财团。其中美国洛克菲勒财团与摩根财团就是金融垄断组织的典型代表。

金融寡头是指掌握金融资本，操纵国民经济命脉，并实际控制国家政权的少数最大垄断资本家集团。可以从以下几点去理解金融寡头：其一，金融寡头是掌握金融资本的人；其二，金融寡头是少数人或垄断资本家集团；其三，金融寡头操纵着国家的经济命脉；其四，金融寡头是当代资本主义社会的真正统治者。

3. 金融寡头的统治

金融寡头在经济、政治和思想文化各个方面进行统治。

第一，金融寡头在经济领域的统治主要是通过"参与制"实现的。所谓参与制，就是通过掌握一定数量股票额来对企业进行层层控制与支配，进而拓展至各个生产领域，就控制了整个国民经济。

第二，金融寡头在政治领域的统治是通过与政府的"个人联合"形式实现的。在经济领域掌握控制权后，金融寡头进而利用各种方式参与政府任职与议会选票、收买决策人和高级官吏来为其垄断利益所服务，还会通过建立政策咨询机构、新闻媒体等方式对政府决策施压，以左右国家各种政治措施的实施，从而实现其政治统治。

第三，在思想文化上，金融寡头通过控制舆论工具进行统治。通过控制新闻出版、广播电视、科学教育、文化体育等各个领域，金融寡头把他

---

① https://special.rhky.com/mobile/mooc/tocard/128179414?courseId=201786436&name=56E8DE0027BA2A0EAD5E3A71BC53F778BF530B8B31F05207&code=&type=1&cxs_toolbar=1&appId=1000.

们的触角伸向社会生活的各个方面，通过建立政策咨询机构等方式对政府的政策施加影响，以实现对全社会的统治。

由上可见，金融寡头才是当代资本主义社会真正的统治者。金融资本和金融寡头的确立，标志着资本主义完成了从自由竞争到垄断的转变，资本主义进入了帝国主义阶段。

4. 金融垄断资本的消极影响

金融垄断资本的发展与扩大，尽管在推动经济繁荣上作出突出贡献，但是对工业资本的发展带来了巨大打击，促使工业生产的水平与能力逐渐大幅缩减，呈现出去工业化的趋势，虚拟化、空心化的态势在资本主义垄断阶段已经初见萌芽。

自20世纪70年代，西方资本主义国家普遍大力发展金融业，使资本积累的金融化程度大大加深，金融垄断资本得到迅速发展。金融资本获取价值增殖的方式是通过实现资本直接自我增殖，在此可以不经过生产过程这一中介环节直接获取价值增殖。这样就促使所有实行资本主义生产方式的国家，都周期性地患有一种狂想病，企图不用通过生产过程作为媒介而赚钱。所以，金融垄断资本就此活跃于国内外股票债券市场及房地产等领域，其造就金融衍生物以获得价值增殖。但是，事实上，这种发展方式本身就是本末倒置的方式。金融经济本身就是建立在实体经济发展基础上才能具有恒续动力的，采取摒弃实体经济的金融经济发展尽管在一段时间内能够推动经济繁荣，但是长此以往带来的是金融领域的发展与实体经济的没落。由此脱离实体经济的单纯金融资本的繁荣必然带来经济发展丧失动力，使资本主义陷入更深的经济危机中不能自拔，最终走向衰败与崩溃。

二、垄断资本主义的发展

随着科学技术的进步和生产社会化程度的进一步提高，私人垄断资本与社会化生产之间的矛盾日益尖锐，严重阻碍了生产力的进一步发展，客观上推动了私人垄断资本主义与国家政权的结合，导致国家垄断资本主义的出现。

专题十二　为什么说垄断加速了资本主义的灭亡？

（一）私人垄断资本主义走向国家垄断资本主义

【课堂提问】美国经济大萧条时期，罗斯福采取了什么样的方法呢？罗斯福新政将美国带向何方？给美国带来怎样的影响？

【学习视频】《罗斯福新政》①

【教师讲解】1929~1933 年的资本主义经济危机是资本主义发展史上最严重的经济危机。罗斯福面对这一现状，采取了一系列国家干预措施，力图将美国从萧条中解救出来。这场经济危机极大地动摇了人们对 19 世纪以来自由放任主义经济政策的迷信，推动了国家垄断资本主义的发展，使资本主义国家在组织和协调社会生产、应对经济危机方面发挥更加积极的作用。可以想见，罗斯福新政是资本主义国家面对危机自我调整的一个成功案例，它在农业、工业、金融业和社会保障等方面采取的一系列措施，使美国经济走出低谷，广大民众的生活处境得到一定的改善，受到美国绝大多数人的赞许和欢迎。在更广的意义上，新政使美国避免了经济的崩溃和社会的激烈动荡，没有像德国、日本那样走上法西斯道路，为后来美国参加反法西斯战争创造了有力的环境和条件；而且新政开创了国家干预经济发展的新模式，并在一定程度上决定了"二战"以后美国等国家社会经济的发展方向。

资本主义这次经济危机标志着自由市场经济的终结，推动国家采取国家干预方式来实现经济再次发展与繁荣，而从发展模式上看，它也使资本主义从私人垄断资本主义阶段走向国家垄断资本主义阶段。那什么是国家垄断资本主义呢？

1. 国家垄断资本主义的内涵及成因

国家垄断资本主义，是指国家政权与私人垄断资本相结合而形成的一种垄断资本主义，是垄断资本利用国家政权的力量，以维护其垄断统治并保证获得稳定的高额垄断利润的手段。

---

① https://tv.cctv.com/2012/04/12/VIDE1355584520704514.shtml.

国家垄断资本主义的形成与发展并非无本之木。其是科学技术的巨大进步、生产社会化程度的提高以及资本主义基本矛盾的进一步尖锐化的必然结果。具体说来：其一，"二战"后，第三次科技革命和生产力的迅猛发展，使私人垄断形式失灵，迫切要求国家垄断和国家对经济的全面干预和调节。其二，资本主义生产关系方面的危机要求它进行变革，以寻求资本主义的出路。其三，社会各阶级和阶层之间的矛盾要求国家协调利益分配。

2. 国家垄断资本主义的主要形式与作用

国家垄断资本主义的主要形式有以下五种：国家所有并直接经营的企业；国家与私人共有、合营企业；国家通过多种形式参与私人垄断资本的再生产过程；宏观调控；微观规制等。

国家垄断资本主义是垄断资本主义的新发展，它在相当程度上缓和了资本主义基本矛盾，推动了资本主义经济的迅速发展。具体表现在以下方面：

其一，国家垄断资本主义是资本社会化的最高形式，因而在相当程度上克服了私人垄断资本社会化程度较低的局限性。

其二，国家垄断资本从垄断资本的整体利益、长远利益和全局观点考虑资本主义经济发展问题，从而在相当程度上克服了私人垄断资本只顾眼前利益和局部利益的局限性。

其三，国家垄断资本的实力雄厚，通过再分配手段，提高劳动人民生活水平。

其四，国家垄断资本对经济的宏观调节和计划管理，促进国民经济各个部门的发展和资本主义国家的现代化进程。

3. 国家垄断资本主义的实质

国家垄断资本主义的出现是垄断资本主义生产关系在自身范围内的部分质变，标志着资本主义发展进入了新的阶段。作为资产阶级国家力量同垄断组织力量结合在一起的垄断资本主义，国家垄断资本主义尽管在一定

专题十二 为什么说垄断加速了资本主义的灭亡？

程度上促进了生产力的发展和社会的繁荣稳定，但这并没有改变资本主义的本质。原因有二：

其一，国家垄断资本主义并没有从根本上消除资本主义的基本矛盾。国家垄断资本主义虽然是以国家的身份出现的，但大部分生产资料仍掌握在私人垄断资本家手中，生产资料的资本主义私有制性质并没有改变，因而不可能从根本上缓解生产力与资本主义生产关系之间的矛盾。

其二，国家垄断资本主义只是资产阶级国家对社会经济进行调节的一种形式。为了垄断资产阶级的整体和长远的利益，维护和巩固资本主义制度，资产阶级国家利用财政、税收、货币等手段对经济运行进行调节，有意识地影响社会再生产的局部比例和宏观比例，实现促进经济增长、增加就业、稳定物价和保持国际收支平衡的目的。

总之，国家垄断资本主义，只是资本主义生产方式范围内生产关系发生变化的一种新形式，不可能从根本上消除资本主义社会所固有的各种矛盾。尽管如此，必须注意的是，国家垄断资本主义的这种部分质变实际上加速了资本主义向社会主义转变的步伐。这一现象也告诉我们：资本主义的灭亡不仅有"暴力革命"的形式，还有非暴力、和平进入社会主义的可能。这种可能性随着资本主义的改革、随着资本主义的发展日益得到显现。正所谓"量变是质变的必要准备，质变是量变的必然结果"！当然，部分质变毕竟还不是整体性的质变，资本主义被社会主义取代的道路还非常漫长。

（二）垄断资本在世界范围的扩展

垄断资本在国内建立垄断统治后，必然要把其统治势力扩展到国外，建立国际垄断统治，这势必导致垄断资本在世界范围的扩展。

1. 国际垄断资本的出现

垄断资本在向世界范围扩展过程中产生了国际垄断资本，它主要是通过资本输出和跨国公司的形式来实现的。国际垄断资本产生的主要经济动因是：首先，资本无限增殖的本性要求资本向世界范围扩展。为了寻找有利的投资场所，资本必然要越出国界，在国际范围内运动。其次，将部分非核心技术转移，以取得在别国的垄断优势的需要。最后，争夺世界商品销售市场和原料能源的需要。

这些经济动因与垄断资本主义在政治上、文化上、外交上的利益紧密联系。

2. 垄断资本向世界范围扩展的社会经济后果

【课堂提问】垄断资本向世界范围扩展产生了怎样的社会经济后果呢？

垄断资本向世界范围的扩展，不论是对资本输出国来讲，还是对资本输入国来讲都产生了一系列的社会经济后果。

首先，在对资本输出国的影响方面：资本输出为垄断资本带来了高额利润和利息，攫取了巨大利益，增强了垄断资本的实力，进一步巩固和扩大了垄断优势地位。但是，资本输出也使某些国家出现产业空心化，加深了国家间的矛盾。

其次，在对资本输入国的影响方面：资本的输入为解决急需的发展资金以及先进的技术、工艺、设备、人员、经营管理理念提供了帮助。但是，资本输入也带来了包括加重环境和资源问题、挤占商品市场、加重债务负担、增加对外依赖性等负面影响，从而不利于发展中国家的经济发展和民族独立。

由此，垄断资本在世界范围的扩张，使发达国家实现对发展中国家的进一步压榨。资本主义剥削体系在全世界范围不断扩展。所以，垄断资本主义的扩张，会受到世界各国人民的反对与斗争，会激起被压迫国家的不断抗争，这种不断抗争同样有可能加速资本主义的灭亡。

（三）垄断资本主义的实质

【课堂讨论】如何看待列宁对垄断资本主义，即帝国主义的论断？

列宁根据自身所处时代，在《帝国主义是资本主义的最高阶段》一书中指出：资本主义发展到垄断资本主义，进而发展到帝国主义，便具有五个基本特征：（1）垄断组织在经济生活中起决定作用；（2）在金融资本的基础上形成金融寡头的统治；（3）资本输出有了特别重要的意义；（4）瓜分世界的资本家国际垄断同盟已经形成；（5）最大资本主义大国已把世界上的领土瓜分完毕。①

【教师讲解】列宁的论述集中反映了帝国主义的本质，也反映了垄断资本主义的发展状况、大国争霸格局与旧殖民体系的现状等。资本主义从自由竞争阶段发展到帝国主义阶段，尽管生产社会化水平提高了，但生产资料依旧是私人占有，而且生产社会化与生产资料私人占有的矛盾愈发尖锐，以此呈现出包括帝国主义国家内部的劳资矛盾、帝国主义国家间矛盾和其与殖民地半殖民地国家间矛盾日趋尖锐。这也为资本主义最终实现制度变革奠定基础，由此，正如列宁所说："帝国主义战争是社会主义革命的前夜。这不仅因为战争带来的灾难促成了无产阶级的起义（如果社会主义经济上尚未成熟，任何起义也创造不出社会主义来），而且因为国家垄断资本主义是社会主义的最充分的物质准备，是社会主义的前阶，是历史阶梯上的一级，在这一级和叫做社会主义的那一级之间，没有任何中间级。"②

尽管资本主义在现时期发生了许多新的变化，但是其实质并没有改变，列宁的这一论述依旧是我们认知当代资本主义的重要理论武器。

三、经济全球化及其影响

【学习视频】《世界是平的还是弯的》③

【课堂讨论】近年来，"逆全球化"之风盛行，如英国"脱欧"，美国在"自己优先"的思想下接连退出多个国际组织，这些都给世界带来了更多的不确定性。日本也开始了"跟风"。据《日本经济新闻》2020年6月30日报道，日本政府于当天正式从国际捕鲸委员会（IWC）退出，并从7

---

① 列宁专题文集：论资本主义[M]．北京：人民出版社，2009：176．
② 列宁选集（第3卷）[M]．北京：人民出版社，2012：266．
③ https://special.rhky.com/mobile/mooc/tocard/128179416?courseId = 201786436&name = 4147963BC4976BB3BAEE881B76A2A144E6705913A0D0DD046DF72304EF11CB04&code = &type = 1&cxstoolbar = 1&appId = 1000．

月1日起在领海和专属经济海域重启时隔31年的商业捕鲸活动。①

【课堂提问】这两个资料的不同之处是什么？经济全球化到底对谁有利？有人认为，当今的全球化是一种新殖民主义，怎么评价这种观点？

（一）经济全球化

【案例点击】一部苹果手机的生产就是经济全球化的生动缩影。

1. 经济全球化的内涵

所谓经济全球化是指在生产不断发展、社会分工和国际分工不断深化和国际化程度不断提高的情况下，世界各国、各地区的经济活动越来越超出某一国家和地区的范围而相互联系、相互依赖的过程。

马克思、恩格斯在《共产党宣言》中指出："资产阶级，由于开拓了世界市场，使一切国家的生产和消费都成为世界性的了。……过去那种地方的和民族的自给自足和闭关自守状态，被各民族的各方面的互相往来和各方面的互相依赖所代替了。"②

到20世纪80年代末90年代初，随着冷战结束，两大阵营对立局面不复存在，两个平行的市场不复存在，各国相互依存大幅增加，经济全球化加速发展演化。可见，经济全球化是由资本主义生产引起的，但不能理解为资本主义化，当然更不是新殖民主义化，因为经济全球化并不是对国家根本制度的改变，经济全球化只是生产超出一个国家或地区而相互作用、相互影响。

2. 经济全球化的表现

经济全球化具体表现在如下四个方面：

一是生产全球化。在全球化背景下，资本、技术、劳动、管理技术等生产要素实现了世界范围内的分工、协作和调配，形成世界性的生产网

---

① 兰顺正. 日本恢复商业捕鲸，"逆全球化队"又得一分？[EB/OL]. [2021-03-21]. https://www.360kuai.com/pc/9d141389f4f80aa53?cota=3&kuai_so=1&sign=360_57c3bbd1&refer_scene=so_1.

② 马克思恩格斯文集（第2卷）[M]. 北京：人民出版社，2009：35.

专题十二 为什么说垄断加速了资本主义的灭亡？

络。一个产品可能是由多个国家的若干个企业提供零部件，最后由一个国家组装而成的。

二是贸易的全球化。在全球化背景下，流通领域国际交换的范围、规模、程度增强，贸易自由化程度提高，参与贸易的国家急剧增加，全球贸易快速增长，国际贸易的增长速度高于世界经济的增长速度。

三是金融的全球化。随着科学技术的发展和各国对外开放程度的提高，国际融资的规模、速度在不断加快，国际直接投资超过国际贸易，金融创新活动不断涌现，金融市场高度一体化已经形成。

3. 经济全球化的动因

一是科学技术的进步和生产力的发展。特别是"二战"以后，高科技如此巨大地缩短了地理的和社会的距离。尤其是交通、通信技术的突飞猛进，使经济全球化的进程大大加快。但技术进步只是推动经济全球化的动力，不可能决定经济全球化的本质。

二是跨国公司的发展。跨国公司在全球范围内利用各地的优势组织生产，大大促进了各种生产要素在全球的流动和国际分工，并由此极大地推动了经济全球化进程。

三是各国经济体制的变革。发达资本主义国家为摆脱经济滞胀，转变以往与社会主义阵营的单纯的军事对抗方式，而采用"经济全球合作"的表现形式，加强市场机制的调节作用，给垄断资本披上了"正当性的外衣"。同时，传统社会主义国家也纷纷放弃计划经济体制向市场经济过渡，使经济全球化在更大国际范围内获得了事实认同和理念认同。

4. 经济全球化的影响

经济全球化作为一把双刃剑，既推动了全球经济社会发展，也带来了一系列的消极影响。

从积极影响方面看，经济全球化可以使发达国家从中获益，也对发展中国家带来促进作用：包括为发展中国家提供先进技术、管理经验、就业机会、贸易发展，促进发展中国家跨国公司的发展，促使发展中国家能够积极融入经济全球化的进程。

在消极影响方面，经济全球化使得发达国家与发展中国家在经济全球化过程中的地位和收益差距不断扩大，也使得发展中国家在资源与环境问题上加剧恶化，还在一定程度上承担了来自全球经济危机的风险。

【课堂讨论】当今世界的两种全球化

2002年7月14日西班牙《起义报》刊登了埃斯特万·巴伦蒂的《两种全球化》一文。文章指出："当今存在两种全球化：'富裕国家的全球化'和'贫穷国家的全球化'。这两种全球化正被看得见的高墙越来越明显地分隔开来。在这个高墙里面有不到30个国家，其强大核心是七国集团，在这里生活着占世界11%的人口，其国内生产总值占世界的70%。全球化对他们来说有利可图，因此他们努力把这种全球化变成全人类的一种经济和政治信仰。如果可能的话，还要把它变成永世长存的东西。高墙外面则是另一种全球化，是贫困全球化，落后全球化，不发达全球化。"

（二）经济全球化面临的挑战与中国应对

1．"逆全球化"现象的出现

逆全球化，顾名思义，即反对全球化进程，是采取与全球化背道而驰的言行。"逆全球化"起初是发展中国家出现的一股思潮。为了对抗西方发达资本主义国家的资本入侵，对抗世界资本对各国经济的剥削，一些发展中国家反对融入全球化。但是，随着中国经济加入到全球化的进程，特别是随着"人类命运共同体"观念逐渐获得认同，越来越多的发展中国家积极加入到经济全球化的过程中来。一些西方发达国家反而因为利益等因素变成"逆全球化"的拥趸者。特别是，美国原本是经济全球化的主导者和最大受益者，现在却成为国际经贸规则和经济全球化的破坏者。作为全球最大的经济体，美国在贸易政策上采取更加强硬且力度更大的保护主义措施。

【课堂提问】美国为什么实行贸易保护主义？

随着全球化的发展，以美国为代表的西方国家发现，虽然各种贸易规

专题十二　为什么说垄断加速了资本主义的灭亡?

则最初都是它们制定并主导的,却无法充分满足自己国家的利益要求,因而采取贸易保护主义行动,通过损害全球公平正义来维护自身的利益。或者说,美国实行贸易保护主义的主要原因是它认为当下经济全球化已不能再维护其垄断地位和超额利润,因而为了获取更多的利益而做出的"逆全球化"的选择。

【课堂提问】以美国在内的西方国家所采取的这种解决措施能否真正解决其自身问题? 这些问题是由全球化造成的吗?

习近平在2018年亚太经合组织工商领导人峰会上的主旨演讲中指出:

> 一个时代有一个时代的问题。问题本身并不可怕,关键是采取正确的办法来解决问题。走保护主义、单边主义的老路,不仅解决不了问题,还会加剧世界经济的不确定性。历史已经证明,只有坚持开放合作才能获得更多发展机遇和更大发展空间,自我封闭只会失去世界,最终也会失去自己。①

我们必须看到,当前全球面临诸多问题,但这并不是经济全球化造成,而是由资本过度逐利及金融监管不力带来的。归根结底,经济全球化是全球社会发展的必然趋势,而不是资本主义独有的产物。即使像2020年以来的新冠肺炎疫情这类全球性重大公共卫生事件,在短期内对经济全球化造成了一定的冲击,但从长期来看经济全球化仍然是大势所趋。采取何等面貌和方式来运用这一平台并顺应历史趋势才是我们应该思考和解决的问题。

2. 经济全球化的中国方案

【学习视频】《开放的大门不会关》②

经济全球化虽然局部受阻,但全局仍在发展,这是不可阻挡的客观规律,它体现了人类的需要,符合人类长远利益,是人类发展的方向。虽然

---

① 同舟共济创造美好未来——在亚太经合组织工商领导人峰会上的主旨演讲[EB/OL].(2018-11-18)[2021-05-25]. http://cpc.people.com.cn/n1/2018/1118/c64094-30406666.html.

② http://news.cctv.com/2018/04/09/ARTI4wewQpq348XLHTU2mLCa180409.shtml.

经济全球化确实带来了一些问题，但我们不能因此就全盘否定它，必须看到它对世界经济发展的积极推动作用。中国作为全球化的受益者和推动者，有责任、也有能力坚持全球化立场，与其他支持全球化的国家一道共同推动全球化的发展进程。正如习近平总书记所指出的：

> 世界经济的大海，你要还是不要，都在那儿，是回避不了的。想人为切断各国经济的资金流、技术流、产品流、产业流、人员流，让世界经济的大海退回到一个一个孤立的小湖泊、小河流，是不可能的，也是不符合历史潮流的。

> 人类历史告诉我们，有问题不可怕，可怕的是不敢直面问题，找不到解决问题的思路。面对经济全球化带来的机遇和挑战，正确的选择是，充分利用一切机遇，合作应对一切挑战，引导好经济全球化走向。①

中国实行对外开放，特别是加入世贸组织以来，把握了发展机遇，创造了"中国奇迹"，也为开放型世界经济发展提供了重要动力，贡献了世界经济发展与治理的中国方案。在此，中国是经济全球化的坚定捍卫者。目前，中国已经成为拉动全球经济增长的最强引擎。正如彼得森国际经济研究所创始人、现任名誉所长弗莱德·博格斯滕所说的，中国是全球经济增长最大的驱动力，中国经济增长对全球意义重大。美国耶鲁大学教授斯蒂芬·罗奇也认为，没有中国的世界经济将暗淡无光。中国方案引领全球化发展的新方向，倡导世界各国"以文明交流超越文明隔阂、文明互鉴超越文明冲突、文明共存超越文明优越"，"推动经济全球化朝着更加开放、包容、普惠、平衡、共赢的方向发展"。②

经济全球化是历史发展的必然趋势，中国将坚定不移引领经济全球化进程，引领建设一个开放、包容、普惠、平衡、共赢的世界，让经济全球

---

① 习近平. 共担时代责任，共促全球发展 [N]. 人民日报，2017-01-18.
② 习近平. 决胜全面建成小康社会 夺取新时代中国特色社会主义伟大胜利——在中国共产党第十九次全国代表大会上的报告 [M]. 北京：人民出版社，2017：50.

专题十二 为什么说垄断加速了资本主义的灭亡？

化更好造福世界各国人民，推动构建人类命运共同体，为世界经济发展贡献力量。

专题小结

当代的资本主义是一种垄断的资本主义，资本主义从自由竞争走向垄断是客观规律。自由竞争就是在资本主义发展初期，商品生产者之间为了争夺有利的生产和销售条件而进行的资本自由转移和不受限制的竞争。垄断则是指少数资本主义大企业或大企业联盟，对某个或若干部门的生产和流通的独占或联合控制。垄断的出现标志着自由竞争资本主义进入垄断资本主义发展阶段。

垄断资本主义在发展过程中出现了国家垄断资本主义，它是资产阶级的国家政权与私人垄断资本融合在一起的垄断资本主义，是垄断资本主义生产关系在自身范围内的部分质变，它标志着资本主义发展进入了新的阶段。国家垄断资本主义的形成和发展是科技进步和生产社会化程度进一步提高的产物，是资本主义基本矛盾进一步尖锐化的必然结果。作为资本社会化的更高形式，国家垄断资本主义增加了资本主义向社会主义过渡和加速灭亡的可能性。

资本主义生产必然会引起经济全球化。经济全球化并非资本主义化，更非新殖民主义化。它是社会生产力发展的客观要求和必然结果，具有推动社会生产发展的历史进步性。但对于不同的国家和地区来讲，经济全球化既是机遇，又是挑战。20世纪中期以后，为了维护资产阶级的统治，为了应对资本主义国家出现的各种危机，当代资本主义国家进行了一些新的改革，出现了一些新的变化，这些新变化能改变其必然灭亡的历史命运吗？请继续下一个专题的学习。

延伸阅读

1. 马克思. 资本主义积累的历史趋势［M］//马克思恩格斯文集（第5卷）. 北京：人民出版社，2009.

2. 列宁. 帝国主义是资本主义的最高阶段［M］//列宁专题文集：论资本主义. 北京：人民出版社，2009.

3. 习近平. 共担时代责任，共促全球发展［M］//习近平谈治国理政（第2卷）. 北京：外文出版社，2017.

思考题

1. 怎样理解资本主义从自由竞争走向垄断是客观规律？
2. 简述垄断的内涵、原因及垄断条件下竞争的特点。
3. 如何理解金融寡头是当代资本主义国家真正的统治者？
4. 为什么说国家垄断资本主义是资本主义生产关系的部分变质？
5. 试述经济全球化的含义、表现及影响。

（撰写人：焦冉）

专题十三 当代资本主义新变化能改变资本主义必然灭亡的历史命运吗?

一、教学目的与要求

（一）知识目标

1. 全面认识和把握当代资本主义的新变化及实质。
2. 了解 2008 年国际金融危机以来资本主义的矛盾与冲突。
3. 正确认识和把握资本主义的历史地位和发展趋势。

（二）能力目标

1. 提高正确理解和分析资本主义新变化的能力。
2. 提高把握资本主义必然灭亡的客观规律的能力。

（三）情感和价值观目标

1. 坚定资本主义必然被社会主义所取代的理想和信念。
2. 同"资本主义永恒论"等错误观点进行坚决的斗争。
3. 自觉投身于埋葬旧世界和建立新世界的社会主义实践。

二、针对的学生思想困惑

1. 资本主义的新变化是否意味着其本质发生了变化?
2. 资本主义新变化能不能改变资本主义必然灭亡的命运?

三、针对的错误思潮与模糊认识

1. 资本主义永恒论。
2. 资本主义与社会主义趋同论。

四、教学重点难点

1. 当代资本主义的新变化及实质。
2. 资本主义的历史地位和发展趋势。

五、教学时数

3 课时

授课导入

专题十二提到,当代资本主义主要是指自第二次世界大战结束以来西方发达国家的国家垄断资本主义。与第二次世界大战前的资本主义相比,当代资本主义发生了哪些变化?为什么会有这些变化?这些新变化是否改变了资本主义的本质?如何认识和对待当代资本主义新变化?同时,在经济全球化的时代背景下,马克思主义的"资本主义必然灭亡、社会主义必然胜利"的论断还是否成立?面对资本主义的新变化,我们应该如何把握资本主义发展的历史趋势?

正确揭示这些现阶段人们十分关注的重大问题,对于在新的历史条件

专题十三　当代资本主义新变化能改变资本主义必然灭亡的历史命运吗？

下深刻认识资本主义的本质，具有十分重要的意义。

一、第二次世界大战之后资本主义的变化及其实质

（一）变化的主要表现

第二次世界大战后，资本主义经济政治都发生了新变化。这些变化主要表现在以下几个方面。

1. 生产资料所有制的变化

当代资本主义在生产资料所有制方面的新变化，主要表现在资本占有的社会化程度不断提高，占有形式出现社会化的特点。

首先，资本家个人占有生产资料随着社会化生产发展变为股份公司联合占有使用，出现所有权与经营权分离。从历史发展来看，资本主义的生产资料所有制经历了一个不断发展演变的历史过程。在资本主义初期，个体资本所有制是占主导地位的所有制形式，其特点是生产资料的所有权与控制权统一于资本家自身。19 世纪末 20 世纪初，随着股份公司成为主要的企业组织形式，私人股份资本所有制取代个体资本所有制成为占主导地位的所有制形式，其特点是生产资料的所有权与控制权不再统一。

其次，国家资本所有制的形成及影响。第二次世界大战以后，随着国家垄断资本主义的发展，国家资本所有制形成并发挥重要作用。国家资本所有制是指生产资料由国家占有并服务于垄断资本的所有制形式。其特点是，国家作为出资人，拥有国有企业的所有权和控制权。在剥削方式上，体现为国家作为总资本家对雇佣工人的剥削。国有制在整个资本主义经济中所占的比重并不大，但是由于其主要存在于基础设施和公共事业部门，所以对整个社会经济的发展有着重要的影响。

最后，法人资本所有制及其特点。第二次世界大战以来，法人资本所有制崛起并成为居主导地位的资本所有制形式。在法人资本所有制条件下，各类法人（企业法人和机构法人）取代个人或家族股东成为企业的主要出资人，法人成为公司的大股东。法人大股东不再像过去分散的私人股

东那样更多地用在市场上抛售股票的方式对公司经营者实行间接控制,而是通过控制董事会直接参与公司重大决策,迫使公司经理阶层服从法人大股东的意志和利益,使公司资本的所有权与控制权重新趋于合一。法人资本所有制在性质上是一种基于资本雇佣劳动的垄断资本集体所有制,它并没有克服资本与劳动的对立,也没有从根本上改变资本雇佣劳动的资本主义性质。

在这里,我们看到随着资本主义所有制的变化,使资本主义私有制的性质越来越不纯粹,越来越朝着私有制相反的方向发生改变,这就意味着新的生产关系呼之欲出,意味着旧的生产关系必将逐渐被新的生产关系所取代,剩下的问题只是如何取代、通过什么方式取代的问题罢了。

2. 垄断资本形式的变化

"二战"后,随着实体经济发展停滞、利润率增长缓慢,资本家开始依赖金融市场获取和扩大自身资本,金融资本与资本主义生产日益融合,由此形成资本主义发展的新形态——金融资本主义。20世纪70年代以后,金融垄断资本势力呈现爆炸性增长态势,表现为金融市场交易日益膨胀、金融衍生产品增多、金融投机盛行等。金融资本不但掌握越来越多的社会财富,而且通过政府决策部门实现对整个国家的政治控制,利用国家机器维护自身的利益。金融资本主义是资本主义发展的必然产物,但它并没有从根本上缓解和消除资本主义危机,反而以新的金融危机的形式全方位加深社会危机,甚至借助经济全球化将危机扩展至全世界,给全球经济带来更大更深的灾难。1997年的东南亚金融危机、2008年席卷全球的金融危机都是这种危机的典型体现。

3. 劳资关系和分配关系的变化

随着科学技术的进步和社会生产力的发展,特别是随着工人阶级反抗力量的不断壮大,资本家及其代理人开始采取一些缓和劳资关系的措施,推行经济民主,实现收入分配的均等化和福利化,出现了如下新变化。

第一,职工参与企业决策制度。第二次世界大战以后,职工参与制在许多西方国家盛行，并已成为现代企业制度的必要组成部分。按照这种制度，有的国家在企业的监事会中，劳资双方各占一半席位，对企业重大问题共同进行决策。职工参与公司管理是在公司治理领域贯彻经济民主原则的重要体现。

第二，实行终身雇佣制度。终身雇佣制最早是战后日本企业的基本用人制度。它是指求职者一经企业正式录用直到退休始终在同一企业供职，除非出于劳动者自身的原因，企业主避免解雇员工的雇佣制度。终身雇佣制具有雇佣的稳定性，从而使员工对企业更加忠心耿耿，增强了工人对企业的归属感，从而更加自觉地服从资本家的统治。

第三，职工持股参与利润分配。这一制度旨在通过使职工持有一部分本公司的股份来调动工人的生产积极性，在生产中努力提高劳动生产率，增加剩余价值生产。

第四，推行社会福利制度。第二次世界大战后，为了避免两极分化导致社会剧烈冲突和动乱，保持社会的稳定，发达资本主义国家建立并实施了普及化、全民化的社会福利制度。

 知识链接

希腊的社会福利

希腊是世界上实行社会福利制度最早的国家之一，同时也是世界上社会福利最好的国家之一。目前，一个相当完善的社会福利网已覆盖全国。希腊福利种类多而齐全，是一个典型的高福利国家。公费医疗方面，凡是希腊的居民，有社会福利号码者均有权享受。在教育上，公立小学至大学全部免费。社会保障方面，希腊的公务员等800多个职业40岁以后就可以开始申请领取养老金，领取的多少将根据个人收入、资产而定，领取养老金的人可以得到优惠的医疗药品和其他卫生保健待遇。已经去

世的公务员的未婚儿女，可以继续领取父母的退休金直到死亡或者结婚。孕妇补贴方面，是从怀孕5个月至孩子3岁为止，每个母亲均可享受这项补助，希腊鼓励生育，生得多补得也多，母亲基本不用工作，国家补助足以支付日常生活的费用。如果在领取上述补助期间又怀孕，则可以同时领取两项补助，此外双胞胎、多胞胎，也可领取双份或多份补助。失业补助方面，众所周知的希腊经济危机，让部分岗位人员面临失业。但在希腊长期失业者的困难补助也很丰厚：（1）生活补助，失业者如经济困难可直接向政府有关部门提出申请补助；（2）失业者可以申请在缴房租、付电话费、电费或者贷款还款方面的困难补助；（3）最低生活保障金补助，失业金较低的人在领取失业金同时，可以领取最低生活保障的差额补助。对于丧偶后无经济收入者，可申请鳏寡补助。

在这里，我们看到资本主义由于自身的改革，已经或多或少开始具有了社会主义的因素，说明资本主义通过自身的改革而扬弃自身的可能性越来越大，这些变化不仅不能改变资本主义必然灭亡的历史命运，而且加快了资本主义被社会主义取代的步伐。

4. 社会阶层、阶级结构的变化

在当代资本主义生产关系中，阶级、阶层结构和就业结构发生了新的变化，表现为阶级结构出现了复杂化的特点。主要表现在以下方面。

第一，资本家不直接经营企业，成为食利者。随着大公司内部资本所有权与控制权发生分离，拥有所有权的资本家一般不再直接经营和管理企业，而是靠手中拥有和掌握的企业股票等有价证券的利息收入为生，最终成为以剪息票为生的食利者。

第二，高级职业经理人成为大公司经营活动的实际控制者。职业经理人是指受过专业训练，具有较高经营管理水平并享有优厚薪贴待遇的公司高级经营管理者。他们虽然不一定是企业的所有者，但凭借自己的经营管理才能，主持企业运作并对企业的经营绩效负责，因此，与企业的资本所

专题十三　当代资本主义新变化能改变资本主义必然灭亡的历史命运吗？

有者的利益是高度一致的。他们在企业中控制企业决策，组织和指挥生产，控制人事调动，处理劳资纠纷，因而具有控制企业的实际权力。

第三，知识型和服务型劳动者的数量不断增加，劳动方式发生了新变化。随着科学技术革命的不断深入，工人阶级的受教育水平和科技文化素质显著提高，西方发达国家的就业结构发生了明显变化：从劳动者在三大产业的分布来看，在工业和农业等物质生产部门就业的人数相对减少，从事服务业的人数大增，非物质生产部门的工人超过直接从事物质生产的工人。从脑力和体力劳动者的分布来看，蓝领工人减少，白领工人增多；"知识工人"增多，非"知识工人"减少。

这些变化缓和了无产阶级和资产阶级之间的矛盾，对社会稳定有一定的积极意义。但是，不能依此证明资本主义必然灭亡的历史命运得到了改变，只能说明无产阶级和资产阶级的矛盾由显性转化为隐性。但是，由于垄断资本主义寄生、腐朽等特点，由于垄断资本统治给人们带来了心理压力、人格扭曲、异化等日益严重的问题，更多的人，如生活在社会底层的群众、广大青年学生、广大知识分子，很可能加入反对垄断资本主义的新的大军，从而加速资本主义的灭亡。

5. 经济调节机制和经济危机形态的变化

一方面，经济调节机制的变化。第二次世界大战后，资本主义国家为尽快恢复国民经济，在继续发挥市场机制主导性作用的同时，开始对经济进行全面干预。国家承担起了实现经济增长和充分就业、保持经济稳定、提高社会福利水平以及维护市场秩序等重要职能。它与市场机制相辅相成，共同推动资本主义经济的运行和发展。但是，从20世纪70年代起，随着资本主义经济陷入"滞胀"和新自由主义思潮的泛滥，西方国家普遍走上强化市场调节、弱化政府干预的道路。

另一方面，经济危机形态的变化。随着政府干预经济能力的弱化，资本主义生产方式固有的局限性越来越突出，即难以化解生产社会化与生产资料资本主义私人占有之间越来越尖锐的矛盾，经济危机呈现新的特点：去工业化和产业空心化日趋严重，产业竞争力下降；经济高度金融化，虚拟经济与实体经济严重脱节;财政严重债务化,债务危机频繁爆发;两极分化和社会对立加剧;经济增长乏力,发展活力不足,周期性危机与结构性危机交织在一起;金融危机频发,全球经济屡受打击。例如,由美国次贷危机引发的2008年国际金融危机,对世界经济产生了巨大的破坏性作用,危机的阴影至今仍未消除。习近平指出:

> 国际金融危机发生10年后,世界经济再次来到十字路口。保护主义、单边主义持续蔓延,贸易和投资争端加剧,全球产业格局和金融稳定受到冲击,世界经济运行风险和不确定性显著上升,国际投资者信心明显不足。二十国集团是国际经济合作主要论坛。作为世界主要经济体领导人,我们有责任在关键时刻为世界经济和全球治理把准航向,为市场增强信心,给人民带来希望。我们要尊重客观规律。经济运行有其自身规律。只有充分尊重经济规律,发挥市场作用,扫除人为障碍,才能适应生产力发展要求,实现贸易畅通、百业兴旺。①

经济调节机制和经济危机形态的新变化,是资本主义国家为了缓解经济危机不得不采取的举措,如增强生产的计划性、加强宏观调控等。尽管经济危机的周期在延长,但资本主义基本矛盾是无法克服的,它必然灭亡的历史命运也是很难改变的,只有用新的生产关系来取代旧的生产关系,才有可能根本解决经济和金融危机。2008年源发于美国的金融危机,进一步充分地暴露了当代资本主义所面临的困境。

6. 政治制度的变化

第一,国家行政机构的权限不断加强。战后国家垄断资本主义的发展,使得资产阶级的政府在社会经济生活中的地位和作用不断加强,国家权力日益集中于政府首脑。

第二,政治制度出现多元化的趋势,公民权利有所扩大。当代资本主义国家的民主形式进一步扩大,在消除选举的种族、性别歧视并实现较为

---

① 习近平谈治国理政(第3卷)[M]. 北京:外文出版社,2020:473.

专题十三　当代资本主义新变化能改变资本主义必然灭亡的历史命运吗?

完整意义上的普选制的基础上，西方国家公民权利的内涵与外延有了新的拓展，公民权利相对地得到扩大。

第三，实现政治制度与法制的有效结合。西方政治制度，通常由议会制度、政党制度、选举制度、行政制度和司法制度组成。"二战"以后，这些制度的运行已经实现法律化。资产阶级国家通过宪法和法律，使国家权力构成、权力结构中各权力主体的关系和活动、官员的任免、提升、奖励和监督等，都纳入法制的范围。

第四，改良主义政党的影响力日益扩大。第二次世界大战以后，西方资本主义国家中的改良主义政党逐渐登上了政治舞台，开始影响西方资本主义国家的政治生活，并且这种影响日益扩大，成为一道靓丽的政治风景线。

这些新变化虽然在一定程度上促进了资本主义社会的稳定和发展，然而，只有彻底改变社会制度，才能从根本上解决问题，这些变化不过是新的社会制度在量上的积累，到了一定阶段发生质变是不可避免的。

(二) 变化的原因

当代资本主义的新变化是多种社会因素综合作用的结果。主要表现在如下几个方面。

1. 科学技术革命和生产力的发展是根本推动力量

当代资本主义的新变化与科学技术的发展密不可分。科学技术的巨大进步促进了资本主义国家劳动生产率的提高、产业结构的改善和经济的快速发展，进而引起了生产力的飞跃。而生产力的发展推动当代资本主义去调整生产关系和社会矛盾。战后在西方发达国家掀起的每一次科技革命的浪潮都大大地推动了资本主义生产力的发展，使资本主义国家缓和经济和社会危机的物质手段得到增强。

2. 工人阶级争取自身权力和利益的斗争是重要力量

从资本主义制度的建立开始，资本主义社会中无产阶级向资产阶级争取自身权益的斗争就没有停止过。第二次世界大战以后，西方发达国家的工人阶级为了提高工资、改善劳动条件和生活条件，反对垄断资本主义的侵略政策和战争政策，维护自身利益，继续同资产阶级展开斗争。工人阶级的斗争迫使资产阶级不断地进行自我调节和进行某些社会改革，而且这种调节和改革已深入到经济、政治和社会生活等各个领域。这是当代资本主义新变化的重要原因所在。

3. 社会主义制度初步显示的优越性发生了重要影响

社会主义国家的建立和发展对资本主义国家产生了深刻的影响，促使资产阶级在发展中也注意吸取和总结社会主义国家成功的经验，在制度允许的范围内对资本主义制度进行改良和调整。例如，重视国家对经济的干预，实行计划化管理；重视职工参与管理，实行经济民主等。

4. 资本主义的自我改良和自我调节是重要动力

第二次世界大战以后，一些改良主义政党在英、法、德等发达资本主义国家相继获得执政地位。他们凭借国家政权，在不触动资本主义基本制度的前提下进行了一定的改良和改革。一方面通过加强国家干预，对资本主义延缓衰老起了关键性作用；另一方面，通过体制改革缓解了制度危机，通过限制垄断，鼓励和保护自由竞争，使科技和社会生产力仍能获得较快发展。通过这些改良实施，资本主义制度得到了一定程度的调整，传统资本主义经济运行机制的缺陷得到了一定的修补，这对当代资本主义的新变化发挥了重要作用。

（三）变化的实质

当代资本主义的新变化，尽管在一定程度和一定层次上带有社会进步性，但是，我们稍加分析就会发现，这些变化在总体上并没有也不可能改变资本主义生产关系的实质，并没有克服资本主义的基本矛盾，并没有消除资产阶级对广大劳动人民的剥削和压迫。因而，这些变化也就不能最终改变资本主义必然灭亡的历史命运。

1. 新变化没有改变资本主义私有制的经济基础

从当代资本主义发展的实际情况来看，生产资料私有制依然是资本主

专题十三 当代资本主义新变化能改变资本主义必然灭亡的历史命运吗？

义的基本经济制度，作为资本主义生产方式本质特征的资本雇佣劳动的制度依然存在并运行着。以股份制的发展为例，在资本主义社会，虽然拥有股票的人越来越多，好像"人人都是资本家"了，但事实上，绝大多数股票还是掌握在少数资本家或资本财团手中，大多数股民只是持有很少股票的小股东。因此，工人持股以及劳资关系的改善仅仅是一种表象，生产资料私有制的资本主义所有制并没有发生改变，以资本雇佣劳动制度为本质特征的资本主义生产方式仍然是资本主义的基本制度。

2. 新变化没有改变资本主义的基本政治制度

资本主义社会的发展进入垄断时期以来，尤其是第二次世界大战以来，资本主义在政治方面进行了一些自我调整和改革，好像政治制度出现了多元化趋势，民主基础扩大了，人民获得了普选权等，但是，资本主义政治制度的基本特征没有改变，民主的虚假性依然存在，资本主义的民主仍然是金钱民主。以美国为例，"二战"以后历届总统、副总统及其政府、国会重要成员的背后无不存在垄断财团的支持，而且有些人本身就是巨富家族的成员。

3. 新变化没有改变资本主义生产关系的根本性质

当代资本主义虽然发生了许多新的变化，但这并没有从根本上改变资本主义制度的本质，因而也不可能改变资本主义制度的不合理性。工人阶级的地位较早期资本主义时期有所提高，但无产阶级和资产阶级的矛盾依然存在，工人阶级受雇佣的阶级地位并没有改变，资本主义国家贫富两极分化继续存在和扩大。

总之，资本主义国家为了缓和阶级矛盾，实行了调节劳资关系、开展失业救济、加强社会保险等一系列所谓的"福利"措施，但不能从根本上克服资本主义社会基本矛盾、改变资本主义的剥削本质。

正确认识当代资本主义新变化，必须反对完全否定和完全肯定当代资本主义新变化的两种错误倾向。首先，不能完全否定当代资本主义的新变化。当代资本主义国家的自我调整和自我改革，是科学技术不断进步和生产社会化程度不断提高的要求，从根本上说也是人类社会发展一般规律和资本主义经济规律作用的结果，给资本主义国家的广大人民带来了实实在在的好处，因而应该肯定其历史进步性，那种完全否定当代资本主义新变化及其意义的做法是不可取的。其次，也不能完全肯定当代资本主义的新变化。当代资本主义发生的变化是在资本主义制度基本框架内的调整，并不意味着资本主义生产关系的根本性质发生了变化。资产阶级之所以接受或者促成这些变化，说到底是为了维护自己的政治统治，维护资本主义社会的稳定。它没有也不可能从根本上解决资本主义的内在矛盾，社会主义代替资本主义仍然是当今世界历史发展的大趋势。因此，把资本主义的部分变化夸大为资本主义的质的根本变化的认识是片面的、不科学的。

（四）2008年国际金融危机以来的资本主义困境

由美国次贷危机引发的2008年国际金融危机是20世纪30年代大萧条以来最严重的全球性经济危机，在这场危机的影响下，西方国家的经济、政治生活和民生等方面都出现了各种问题。

1. 经济发展失调

具体表现为：一是虚拟经济与实体经济发展失衡。西方国家金融经济过度膨胀，导致实体经济逐渐空心化。二是福利风险增加。在福利制度发达的国家，部分民众领取的救济金比正常工作的薪水还高，导致失去工作的意愿和动力。国际金融危机之后，福利制度使国家财政不堪重负。三是债务负担沉重。西方国家的大部分国民长期形成的借债消费习惯和高支出的福利制度，以及为解救金融危机而采取的大量救市措施，使得政府债务越来越沉重而负担积重难返。

2. 政治体制失灵

具体表现为：一是西式选举往往难以选贤任能。西方选举制度对政治人物的考察往往主要不是着眼于其治国能力，而是选举能力。二是政党利益可能会被置于国家利益之上。政客为取悦舆论或部分特定选民，往往采用特立独行或走极端的行为，导致缺乏理性和包容的"否决政治"盛行，从而加剧政治极化和朝野矛盾。三是"民主陷阱"会阻碍国家治理。主要表现为政府决策的短视化、少部分人的利益或非理性的民意，常常会以民主的名义来绑架社会公益，从而阻碍国家治理和建设。四是传统精英政治走向衰落。2008年国际金融危机以来，西方资本主义国家的经济长期萎靡不振，贫富差距日益悬殊，民众不满情绪逐渐上涨，欧美主流的政治精英在竞选中提不出吸引选民的方案，在执政中也开不出应对国际金融危机和全球化挑战的有效改革良方。大众政治与精英政治的对立日趋严重，民粹主义思潮的泛起使西方精英政治陷入困境。

3. 社会融合机制失效

具体表现为：近年来，西方社会不断出现不同群体和不同阶层的矛盾与冲突，导致社会动荡连连。一是社会极端思潮抬头。一些欧洲国家出现右翼政党"登堂入室"的势头。二是社会流动性退化。主要是贫富差距不断扩大，中产阶层萎缩，社会各阶层之间的健康流动凝固化。三是社会矛盾激化。西方社会"群体性事件"增多，2011年美国爆发的"占领华尔街"运动，不仅参与人数多，持续时间长，并且迅速从纽约蔓延到了美国各大主要城市。

知识链接

美国"占领华尔街"运动

自华尔街因自身不负责任的行为酿成2008年国际金融危机以后，美国社会对华尔街的非议和责难就从未平息。许多美国民众认为，政府的救援让华尔街并未因自身的贪婪而受到惩罚。如今，华尔街已恢复元气，却未能和普通民众共度时艰，反而热衷于内部分红，这使得积蓄已久的民怨最终爆发。2011年"占领华尔街"运动的直接导火索正是华尔街大银行要向消费者收取更高的账户费用，从而转嫁2010年通过的金融监管改革法给银行带来的成本负担。

> 由于内外因素的影响,美国经济持续疲软,失业率仍维持在 9% 以上,导致贫困人口大量增加。美国人口普查局发布的报告显示,2010 年美国贫困率为 15.1%,贫困人口达到 4620 万人,为 52 年来最高。与此同时,社会财富高度向以华尔街为代表的少数富有的美国人集中。有数据显示,最富有的 5% 美国人拥有全国 72% 的财富。贫富差距进一步拉大,必然导致社会矛盾深化。①

二、资本主义新变化不能改变其必然灭亡的历史命运

从 2008 年国际金融危机来看,资本主义新变化尽管改变了经济危机的形态和周期,但是,由于无法克服的基本矛盾始终存在,危机一旦爆发,其深度和广度及造成的危害可能更加巨大。这说明,资本主义新变化不能改变其必然灭亡的历史命运。尽管如此,我们还是应该对资本主义有一个比较全面的和辩证的分析。

(一)资本主义的历史进步性及其历史局限性

1. 资本主义的历史进步性

资本主义社会的产生和发展是由人类社会发展的一般规律所决定的,是不以人们的意志为转移的客观过程。与此前的其他社会制度相比尤其是与封建社会相比,资本主义制度全面破坏了封建主义的社会关系和意识形态,推动了生产力的发展,并在社会生活的各个领域引起了一系列革命性的变革,因而又具有巨大的历史进步性。对此,马克思、恩格斯在《共产党宣言》中指出:

> 资产阶级在它的不到一百年的阶级统治中所创造的生产力,比过去一切世代创造的全部生产力还要多,还要大。自然力的征服,机器

---

① 占领华尔街 [EB/OL]. [2021 - 03 - 21]. https://baike.baidu.com/item/占领华尔街/6174179? fr = aladdin.

专题十三　当代资本主义新变化能改变资本主义必然灭亡的历史命运吗?

的采用，化学在工业和农业中的应用，轮船的行驶，铁路的通行，电报的使用，整个大陆的开垦，河川的通航，仿佛用法术从地下呼唤出来的大量人口——过去哪一个世纪料想到在社会劳动里蕴藏有这样的生产力呢？①

这种进步性具体表现在以下几个方面：

第一，资本主义将科学技术转变为强大的生产力。资本主义私有制的出现，克服了小生产规模狭小、经营分散的弊端，使生产资料和劳动力得到大规模的集中，为社会化生产的迅速发展提供了制度基础。而资本主义社会化大生产的发展，客观上为先进科学技术的产生和利用提供了基础和空间。科学技术不断应用于生产实践，生产实践又反过来推动科学技术的进步。每一次科学技术的巨大变革都极大地推动了社会生产力的发展。

第二，资本追求剩余价值的内在动力和竞争的外在压力推动了社会生产力的迅速发展。资本主义以前的社会形态，都是以使用价值的获取和物质生活需要的满足为主要目标的，这大大限制了生产经营者的生产动力和社会生产规模，从而不利于社会生产力的发展。而在资本主义条件下，资本对剩余价值的追求没有止境，这使得资本家为追求剩余价值，敢于冒任何风险。同时，资本主义市场经济优胜劣汰的竞争规律的作用，也迫使资本家不断提高劳动生产率，扩大生产，以增强竞争力。正是资本无限追求剩余价值的内在动力和资本家间激烈竞争的外部压力，推动了资本主义社会的科学技术和社会生产力的迅速发展。

第三，资本主义意识形态和政治制度在历史上曾经具有进步性。资本主义的意识形态和政治制度作为上层建筑在战胜封建社会自给自足的小生产的生产方式，保护、促进和完善资本主义生产方式方面起着重要作用，从而推动了社会生产力的迅速发展，促进了社会进步。在思想领域，资产阶级以"自由、平等、博爱"以及"天赋人权"为口号，冲破了中世纪以来封建专制的精神枷锁，给人类带来了一次思想大解放，从而创造了比以

---

① 马克思恩格斯文集（第2卷）[M]．北京：人民出版社，2009：36.

往更高的文化艺术，使科学、教育、文化的发展呈现了前所未有的新局面。在政治制度方面，资本主义的民主制度是与资本主义生产方式相适应而发展起来的。它虽然本质是为资产阶级服务的，但资本主义摆脱了奴隶社会和封建社会对劳动者的经济强制，以及劳动者对统治阶级的人身依附，实现了自然经济瓦解后人类社会历史上首次法律上的平等和自由。这与奴隶制和封建制国家相比，无疑是人类社会政治生活上的一大进步。

2. 资本主义的历史局限性

尽管资本主义制度的建立打破了束缚生产力发展的封建所有制生产关系，为生产力的发展开辟了广阔道路，但它是以一种私有制代替了另一种私有制，以一种剥削制度代替另一种剥削制度，因而同历史上的其他剥削制度一样，它不可避免地有其历史局限性。

第一，资本主义制度推动生产力发展的局限性。资本主义制度存在的基础是私有制基础上的雇佣劳动制度。只要雇佣劳动制度存在，资本主义生产力的进步与资本主义私有制度的对立就存在，资产阶级依靠其占有的生产资料对劳动阶级的剥削就不可避免。因而，资本主义制度下的生产力进步最终成为资产阶级剥削工人、自己致富的手段和物质力量，它的发展总是伴随着对劳动人民剥削的加深，它与劳动人民的对立是显而易见的。

第二，资本主义制度促进人类物质文明发展的局限性。资本主义创造了巨大的社会财富，同时又带来了社会财富的巨大浪费和破坏，造成了财富占有的两极分化。资本主义提供了造福人类、解放人类的物质条件，但利用这种物质条件破坏了人类的进一步解放，把人类又推向灾难的深渊。

第三，资本主义制度促进人类精神文明发展的局限性。资本主义制度一方面促进了人类科学、文化、教育事业的大发展，另一方面又使社会风气腐败，精神道德颓废，社会治安恶化，表现了其促进人类文明发展的有限性。

上述局限性决定了在资本主义的经济、政治、文化和社会等各个领域以及全球范围内必然产生冲突、动荡和危机。这些局限性在资本主义生产方式范围内是不可能根本消除的，它决定了资本主义生产方式的历史过

专题十三　当代资本主义新变化能改变资本主义必然灭亡的历史命运吗？

渡性。

（二）资本主义被社会主义所代替的历史必然性

1. 资本主义基本矛盾是资本主义灭亡的根本原因

资本主义的基本矛盾是生产的社会化与生产资料的资本主义私人占有制之间的矛盾。这一矛盾在生产领域主要表现为资本主义生产目的与资本主义生产手段的对立以及个别企业中生产的有组织性和整个社会生产的无政府状态之间的对立；在生产与消费、流通之间关系上表现为剩余价值生产条件和剩余价值实现条件的对立；在阶级关系上表现为无产阶级和资产阶级的对立。

这些矛盾集中表现为生产力"绝对发展"与生产关系对生产力"特有限制"之间的矛盾。这些矛盾激化的结果就是资本主义经济危机的爆发。马克思、恩格斯认为，经济危机至少证明了这两点："一方面，资本主义生产方式暴露出它没有能力继续驾驭这种生产力。另一方面，这种生产力本身以日益增长的威力要求消除这种矛盾，要求摆脱它作为资本的那种属性，要求在事实上承认它作为社会生产力的那种性质。"①

只有用社会主义生产方式取代资本主义生产方式，才能根本解决资本主义的基本矛盾。

2. 资本积累推动资本主义基本矛盾不断激化并最终否定自身

资本主义为建立社会主义制度准备了物质条件，这种物质条件就是高度发达的生产力和社会化大生产。资本的本性就是资本的不断积累，这种积累把以往的小生产逐步转变为社会化大生产，从而推动了生产力不断向前发展。但是，第一，资本不断积累将使社会生产规模不断扩大，必然会冲破私人对生产过程的控制；第二，资本不断积累必然提高生产的社会化程度，必然会导致生产集中和资本集中，使资本的社会化占有成为可能；第三，资本不断积累势必导致生产过程管理的社会化，从而弱化甚至排斥

---

① 马克思恩格斯文集（第3卷）[M].北京：人民出版社，2009：557.

私人资本在管理中的地位和作用。总之，资本主义积累过程的历史趋势，客观上为公有制取代私有制、社会主义取代资本主义准备了物质基础。

3. 国家垄断资本主义为社会主义的出现准备了物质条件

资本的社会化是在资本主义社会的生产力和生产关系的矛盾运动中发展的。资本主义的资本所有制形式，经历了从资本家的个人所有制，到单个资本联合投资的股份资本，再到法人资本所有制和国家资本所有制，资本所有制形式的演变反映了资本社会化形式的进一步发展。而资本社会化包含着对资本主义的私人产业的扬弃。在国家垄断资本主义条件下，国家作为"理想的总资本家"，代表着垄断资产阶级的整体利益，在一定范围内突破了私人垄断资本的狭隘眼界，使生产社会化、资本社会化和管理社会化都到了资本主义生产方式的更高程度，从而为全社会共同占有生产资料和共同组织社会化生产准备了充分的物质条件和经济条件。

4. 无产阶级反对资产阶级的斗争推动着资本主义走向灭亡

随着资本主义经济的发展，资产阶级逐渐由生产力的推动者变为生产力的阻碍者，而作为现代大工业产物的无产阶级，代表着先进生产力的发展要求，必将成为促进生产力进一步发展的推动力量。在资本主义的生产关系中，当资产阶级和无产阶级的矛盾发展到不可调和的地步时，无产阶级将在其政党的领导下，推翻资产阶级的统治，废除资本主义私有制，资本主义在阶级矛盾的对抗中走向灭亡。

（三）社会主义代替资本主义是一个长期的历史过程

资本主义向社会主义的过渡必然是一个复杂的、长期的历史过程，主要原如下。

第一，任何社会形态的存在都有相对稳定性，从产生到衰亡都要经过相当长的时间跨度。从历史上看，社会形态的交替往往需要较长的时期才能完成。历史上社会形态交替所经历的时间：奴隶制取代原始公社制，在中国用了1900年左右，在古罗马用了1000多年，在印度用了1000年左右，从世界范围整体看经历了3000年左右的时间；封建制度取代奴隶制

专题十三　当代资本主义新变化能改变资本主义必然灭亡的历史命运吗？

度，在中国和印度大约用了 500 年，在西欧也大约用了 500 年，从世界整体看用了大约 1000 年；资本主义制度取代封建主义制度，英国、法国用了 200 多年，俄国用了近 200 年，从世界整体看经历了约 500 年的时间。所以，社会主义代替资本主义也需要一个长期的过程。

第二，资本主义发展不平衡性决定了过渡的长期性。资本主义各国间经济政治的发展是不平衡的，特别是到了垄断资本主义阶段，这种垄断资本主义国家之间发展的不平衡性更明显，社会主义革命有可能在资本主义链条中的某些薄弱环节，在一国或数国首先发生，而另外一些资本主义国家则可能继续存在和发展。不发达的资本主义国家若没有特殊的矛盾和革命形势，则要经过资本主义发展的较长历程，为社会主义过渡的物质基础才会逐步发展完备。因此，从世界范围来看，资本主义向社会主义过渡必将是从个别国家逐步向更多国家扩展的相当长的历史过程。

第三，当代资本主义的发展显示出生产关系对生产力的容纳空间，说明资本主义为社会主义所代替尚需长期的过程。目前发达资本主义国家还处于科技发达、经济相对繁荣的时期，它们在科技、经济、军事等方面具有显著的优势，对生产力的发展还有容纳的空间，所以还不可能立即灭亡。正是在这个意义上，习近平指出：

> 这里还要说到马克思提出的"两个决不会"，马克思说："无论哪一个社会形态，在它所能容纳的全部生产力发挥出来以前，是决不会灭亡的；而新的更高的生产关系，在它的物质存在条件在旧社会的胎胞里成熟以前，是决不会出现的。"马克思的这一重要论点，可以帮助我们理解为什么资本主义至今没有完全消亡，为什么社会主义还会出现苏联解体、东欧剧变那样的曲折，为什么马克思主义预见的共产主义还需要经过很长的历史发展才能实现。学懂了这一认识和研究社会历史发展的科学世界观和方法论，我们就能坚定理想的主心骨、筑牢信念的压舱石，保持强大的战略定力。我们要坚定中国特色社会主义道路自信、理论自信、制度自信，不断提高我国社会生产力发展水平和人民生活水平，使我国社会主义制度优越性不断显现和丰富起

来，使中国特色社会主义道路越走越宽广。①

专题小结

当代资本主义在经济、政治、社会领域都发生了新变化，这些变化从根本上说是人类社会发展一般规律和资本主义经济规律共同作用的结果，是资本主义生产方式为适应生产力发展要求而做出自我调节的结果。

虽然当代资本主义发生了一些新变化，但是这些变化并没有改变资本主义制度的本质，也没有克服资本主义的基本矛盾，更没有改变马克思主义关于资本主义基本论断的科学性，根源于资本主义基本矛盾的金融危机和经济危机依然是资本主义不可克服的痼疾。所以，资本主义新变化改变不了资本主义必然灭亡的历史命运，反而加速了社会主义取代资本主义的进程。

资本主义社会同历史上曾经出现过的一切其他社会制度一样，其产生、发展以及最终为另一种更高级的社会制度所代替，都是由人类社会发展的一般规律决定的，是客观的不以人的意志为转移的自然历史过程。从人类社会发展的长河看，资本主义终究要被社会主义所取代，这是历史发展的基本趋势。那么，取代资本主义的社会主义又是怎样的呢？社会主义经历了怎样的历史进程？请继续下一个专题的学习。

延伸阅读

1. 习近平. 共担时代责任，共促全球发展 [M] //习近平谈治国理政（第2卷）. 北京：外文出版社，2017.

2. 习近平谈治国理政（第3卷）[M]. 北京：外文出版社，2020.

3. 资本主义新变化及其本质上的腐朽性——二论资本主义发展的历史

---

① 习近平. 坚持历史唯物主义不断开辟当代中国马克思主义发展新境界 [J]. 求是，2020 (2).

专题十三 当代资本主义新变化能改变资本主义必然灭亡的历史命运吗？

进程[J]. 求是，2001（4）.

思考题

1. 如何正确认识和理解当代资本主义的新变化？
2. 如何全面认识和评价资本主义的历史进步性和历史局限性？
3. 怎样理解资本主义被社会主义所代替的历史必然性？

（撰写人：李伟斌）

专题十四 社会主义经历了怎样的历史进程？

教学设计思路

一、教学目的与要求

（一）知识目标

1. 认识空想社会主义的三个发展阶段及其局限性。
2. 掌握科学社会主义诞生的标志及其与空想社会主义的区别。
3. 了解社会主义从理想到现实中的理论突破及其重大意义。
4. 认识苏东剧变的原因和中国特色社会主义蓬勃兴起的意义。

（二）能力目标

1. 增强辩证思维能力和对矛盾分析法的运用。
2. 提高历史思维能力和对历史主义方法的应用。
3. 深化对事物前进性和曲折性相统一规律的认识和把握。

（三）情感和价值观目标

1. 坚定中国特色社会主义的理想信念。
2. 自觉批判各种在社会主义发展问题上的错误思潮。
3. 努力投身于中国特色社会主义的实践。

专题十四 社会主义经历了怎样的历史进程?

二、针对的学生思想困惑

1. 空想社会主义和科学社会主义究竟有什么区别?
2. 苏东剧变是否意味着社会主义的失败?

三、针对的错误思潮与模糊认识

1. 历史终结论。
2. 社会主义失败论。

四、教学重点难点

1. 苏东剧变的根本原因。
2. 中国特色社会主义的历史必然性。

五、教学时数

3 课时

专题十三结束了对资本主义社会基本规律的考察,结论是资本主义被社会主义取代是历史的必然。有人或许会说,资本主义必然灭亡的结论就是从马克思主义理论中得出的,那就大错特错了。其实,早在资本主义原始积累时期,早在资本主义制度还没有普遍建立之前,就已经有人看到了资本主义的野蛮性和残酷性,看到了资本主义灭亡的不可避免性,这就是空想社会主义思潮的出现。只不过由于各种原因,空想社会主义对资本主义必然灭亡的断定带有一定的空想性。马克思主义接过了空想社会主义的接力棒,立足实践,对这一问题继续开展深入的探讨,得出了资本主义必然灭亡的科学结论。从这一专题开始,我们就带着同学们梳理展现社会主义的发展进程,进一步领悟社会主义向共产主义发展的基本规律。对资本

主义的批判，对美好社会的向往，对未来新社会基本原则的确定，早在16世纪就开始了，从16世纪到现在，社会主义已经走过了五百年的历程。在这漫长的岁月中，社会主义经历了从空想到科学、从理想到现实、从一国到多国、从苏东剧变到中国特色社会主义的蓬勃兴起，已经出现四次重大的转变或质变。其间经历了许多的曲折，特别是20世纪80年代末90年代初，发生东欧剧变、苏联解体的历史悲剧以后，有些人欢呼"社会主义失败了""马克思主义终结了"，日裔美国学者弗兰西斯·福山的《历史的终结及最后之人》是其中最典型的代表，还有一些人虽然没有像福山那样彻底否定社会主义，但是对社会主义的未来也充满了迷茫和困惑。本专题的学习就从一个困惑开始。

授课导入

社会主义过时了吗？失败了吗？

2003年2月，《参考消息》转载了墨西哥《标志》周刊上的一篇文章《社会主义有没有过时？》。文章的主要观点是：第一，社会主义过去和将来永远不会过时。尽管社会主义的歌曲不唱了，那种风格也不使用了，但毫无疑问，不能把社会主义看作过时的东西。第二，社会主义运动是一场不可逆转的和完美的世界性变革。这一事业来源于不合理的社会制度。所以，只要不合理的制度存在一天，社会主义就会存在一天。第三，现实社会主义运动中确实存在一些问题，充满着巨大的空白和矛盾，但人们思考的关键问题是"去检查那把打开通向社会主义幸福大门的钥匙为什么没有起作用，或者说为什么没有起到预期的作用"。文章的结论是："社会主义没有过时。为实现一个更为美好的世界而进行的斗争没有过时。你可以把所有的花朵都剪掉，但是春天还是会如期到来的。"

这篇文章的观点很具有代表性，它代表了很多理性而客观地看待社会主义制度的人们的心声。但是，要真正理解其中的观点，我们就要在熟悉前面相关知识的基础上，也就是在熟悉资本主义社会相关知识的基础上，

专题十四 社会主义经历了怎样的历史进程?

进一步了解社会主义的含义与历史。本专题的主要内容就是介绍和回顾社会主义走过的五百年历程。我们将会看到,无论理论还是实践、无论一国还是多国,始终贯穿着一条主线,那就是人们对"什么是社会主义"和"怎样建设社会主义"两大问题的思考和追寻。这两个问题也是学习和把握科学社会主义内涵的重要线索。

一、社会主义从空想到科学

所谓社会主义从空想到科学是指,社会主义理论经历了从空想社会主义到科学社会主义的转变,这种转变是质的飞跃。空想社会主义产生于16世纪初期,到19世纪上半叶达到顶峰。这300多年正是欧洲从封建主义生产方式向资本主义生产方式转变的关键时期。随着资本主义不断发展成熟,社会主义思想也不断走向成熟,实现了从空想到科学的飞跃。

(一)空想社会主义的历史演变

空想社会主义的发展经历了三个阶段,即16~17世纪的早期空想社会主义、18世纪的空想平均共产主义和19世纪初期批判的空想社会主义。

1. 16~17世纪的早期空想社会主义

它的开山之作是1516年英国人托马斯·莫尔写的《乌托邦》一书。16~17世纪是资本主义生产方式开始形成、资本进行原始积累的时期。伴随着资本主义时代的到来,社会的贫富差距不断拉大,社会不公问题越来越严重,一些站在时代前列的思想家就开始了对资本主义的批判和对理想社会的探索,由此提出了对未来社会——社会主义的构想。16~17世纪的空想社会主义的基本特征是:用文学描述的方式描绘未来的理想社会;提出了社会主义(或共产主义)的原则,如公有制、人人劳动、按需分配等,但还只是一个粗糙而简单的轮廓;以手工工场为原型设计未来的理想社会方案。例如,莫尔在《乌托邦》中就描绘了这样一个美好的社会:在那里,没有私有财产和剥削,人们有计划地从事生产,城乡之间没有对立,不需要商品、货币和市场,产品实行按需分配。意大利康帕内拉《太阳城》也做过类似描述。

2. 18世纪的空想平均共产主义

这一思想的代表是法国的摩莱里和马布利,他们的代表作分别是《自然法典》和《论法制或法律的原则》。这一思想的历史背景是:英国、法国先后爆发资产阶级革命,建立资产阶级政权,资本主义进入飞速发展的时期,作为资产阶级的对立面——无产阶级——在数量和力量上也都有了长足的发展。这一时期空想社会主义的主要特征是:对社会主义的认识进入理论探讨和论证阶段。思想家们试图探索人类社会的发展规律,批判私有制、特别是资本主义私有制,对私有制引发的经济上不平等、进而导致的政治上的不平等现象进行分析和批判;他们重视法的作用;但绝对平均主义、禁欲主义又是这一时期空想社会主义的突出特征。例如,摩莱里和马布利利用自然法作为理论武器论证了私有制到公有制转变的必然性,以法律条文的形式阐述了理想社会的纲领和原则,但他们又主张禁欲苦行,宣称"富贵会使我们堕落"。为了防止贪欲和堕落,马布利甚至主张限制生产和消费。所以,恩格斯称这一思想为"禁欲主义的、禁绝一切生活享受的、斯巴达式的共产主义"。①

3. 19世纪初期批判的空想社会主义

这一思想的代表人是法国的圣西门、傅立叶和英国的欧文。这一时期空想社会主义的历史背景是:19世纪初,英、法两国已经基本完成产业革命,机器大工业已经代替手工业。随着资产阶级时代的到来,整个社会日益分裂为两大敌对的阶级,即资产阶级和无产阶级。这一时期空想社会主义思想的基本特征是:理论上提出了经济状况是政治制度的基础,私有制产生阶级和阶级剥削等观点,并利用这种观点去分析历史和现状;在设计未来社会蓝图时以大工厂为原型,力图使社会主义变成一种具有高度物质文明和精神文明的社会;社会主义的两大目标——生产力目标和社会公正的价值目标——第一次被统一起来。虽然三位伟大的空想社会主义者对资

---

① 恩格斯. 社会主义从空想到科学的发展 [M]. 北京:人民出版社,2014:38.

专题十四 社会主义经历了怎样的历史进程？

本主义旧制度做了辛辣的批判，其中包含许多天才的见解，但这并不能改变他们"空想"的事实，空想社会主义的这些局限和不成熟是与当时资本主义生产状况的不成熟相联系的。它虽然提供了启发工人觉悟的宝贵材料，但不是科学的思想体系。

（二）科学社会主义的诞生和与空想社会主义的区别

1. 科学社会主义的诞生

19世纪中叶，随着社会化大生产的发展和资本主义生产方式在欧洲各国普遍确立，资本主义社会中的生产社会化与生产资料私人占有之间的矛盾不断激化，无产阶级反抗资产阶级的斗争也越来越激烈。这些新变化为科学社会主义的诞生提供了主观需要和客观条件。马克思、恩格斯适应社会的需要，在新的历史条件下创立了唯物史观和剩余价值学说，为社会主义从空想到科学的飞跃奠定了坚实的理论基础。1848年2月《共产党宣言》的发表，是科学社会主义理论诞生的标志。

具体地说，唯物史观揭示了人类历史发展的一般规律，指出了人民群众的历史主体地位，揭示了阶级斗争在阶级社会发展中的巨大作用，从而把社会主义建立在对社会发展客观规律的科学认识之上，克服了空想社会主义者不懂得历史规律的根本缺陷。剩余价值学说的作用在于深刻揭示了资本家剥削工人的秘密，揭示了无产阶级与资产阶级利益的根本对立，科学论证了无产阶级推翻资本主义、建设社会主义的历史使命，使人们找到了变革社会的有效途径和可依靠的阶级。两大学说的结合共同解决了空想社会主义者没有解决的"为什么要推翻资本主义""谁来推翻资本主义"和"怎样推翻资本主义"三大问题，实现了社会主义从空想到科学的伟大飞跃。

2. 科学社会主义与空想社会主义的主要区别

科学社会主义之所以是科学的，主要不在于提出了一些未来社会的基本原则，如未来的社会生产关系实行公有制、分配制度是按需分配、实行有计划的管理、人人平等、没有剥削和压迫、消灭了由于固定分工所造成的差别、教育和生产实践相结合、人们的觉悟极大提高等,它与空想社会主义的主要区别有三点。

第一,资本主义必然灭亡的原因。科学社会主义看到并抓住了资本主义必然灭亡的经济根源,即资本主义社会的基本矛盾,这是资本主义必然灭亡的根本原因;空想社会主义尽管对资本主义进行了辛辣的讽刺或批判,却没有看到其必然灭亡的根本原因,往往归结为一些精神、道德方面的因素。

第二,资本主义必然灭亡的动力。科学社会主义看到并抓住了埋葬资本主义的力量是无产阶级;而空想社会主义往往依靠一些天才或英雄人物来改变资本主义社会。例如,有人想通过立法、有人想通过建立实业制度、有人还做了实验等,但遗憾的是,这些办法都空想,不可能真正变现实。

第三,资本主义必然灭亡的道路。科学社会主义看到并抓住了"暴力革命"的道路,通过推翻反动统治,建立无产阶级专政和社会主义制度,并向共产主义社会过渡;与之相反,空想社会主义没有找到能够实现理想社会的现实道路,所以,必然是空想。当然,科学社会主义在抓住"暴力革命"的同时,并没有放弃资本主义"和平"进入共产主义社会的可能性。

总之,正是由于以上主要区别,才使社会主义理论从空想变成了科学、使理想能够成为现实,为其后社会主义国家的出现进行了扎实的理论铺垫。

二、社会主义从理想到现实

所谓社会主义从理想到现实是指,社会主义本来是人们一直追求的未来社会的理想目标,由于科学社会主义的诞生使这种理想目标成为现实,出现了社会主义国家。换句话说,科学社会主义理论诞生以后,在与工人运动的结合中不断完善和发展,社会主义也就从理想变成了现实。社会主义从理想到现实的过程,既有理论上的发展,又有实践上的与时俱进,是

专题十四 社会主义经历了怎样的历史进程？

这两个方面努力的必然结果。

(一) 理论上的发展

1. 从"同时发生论"到"一国胜利论"

在分析无产阶级革命的发生问题时，马克思、恩格斯从自由竞争的资本主义时代条件出发，认为无产阶级革命至少将在几个主要的资本主义国家同时发生。我们因而把它叫作"同时发生论"。在《德意志意识形态》中，马克思、恩格斯说：

> 交往的任何扩大都会消灭地域性的共产主义。共产主义只有作为占统治地位的各民族"一下子"同时发生的行动，在经验上才是可能的，而这是以生产力的普遍发展和与此相联系的世界为前提的。①

在他们看来，欧洲各国的经济政治发展由于基本上处于同一个历史阶段，因而联系紧密、相互影响很大，革命不会孤立进行，而是应该几乎同时进行、同时胜利。当然，这里的"同时"不是指同一天或同一时刻，而是指同一历史发展时期，可能是几年，也可能是几十年，甚至是相差百年。

20世纪初，本着马克思主义的基本立场、观点和方法，根据资本主义社会变化了的新情况，列宁又提出了社会主义革命有可能首先在一个或者几个国家获得胜利的设想，这就是"一国胜利论"。这是列宁以资本主义进入到帝国主义阶段经济政治发展不平衡规律为依据的，是符合当时的实际情况的。1915年，他在《论欧洲联邦口号》一文中明确指出：

> 经济和政治发展的不平衡是资本主义的绝对规律。由此就应得出结论：社会主义可能首先在少数甚至在单独一个资本主义国家内获得胜利。②

1916年，列宁又在《无产阶级革命的军事纲领》一文中说道：

---

① 马克思恩格斯文集（第1卷）[M].北京：人民出版社，2009：538-539.
② 列宁专题文集：论社会主义[M].北京：人民出版社，2009：4.

资本主义的发展在各个国家是极不平衡的。而且在商品生产下也只能是这样。由此得出一个必然的结论：社会主义不能在所有国家内同时获得胜利。它将首先在一个或者几个国家内获得胜利，而其余的国家在一段时间内将仍然是资产阶级的或资产阶级以前的国家。①

需要注意的是，"同时发生论"和"一国胜利论"是马克思、恩格斯和列宁基于不同时代资本主义发展形势所做的判断，它们从不同的角度对推翻资本主义的途径和阶段进行了探索。因此，它们不是相反相对的，而是一种互为补充的关系，体现了资本主义发展的阶段性和复杂性。在共产主义运动史上，正是在"一国胜利论"的引领下，列宁领导俄国十月革命，建立了第一个社会主义国家苏联，社会主义从此作为一个崭新的社会形态和社会制度登上了历史舞台。

2. "暴力革命"与"和平过渡"的关系

在革命发展的道路问题上，科学社会主义理论也在不断丰富和发展，起初，人们特别强调"暴力革命"的重要性，有人甚至认为暴力革命是实现社会主义道路的唯一形式。特别是"十月革命"胜利后，这种思想影响力极大。后来，随着社会的发展，随着资本主义社会的改革与前进，越来越多的人认识到存在资本主义向社会主义"和平过渡"的可能性。换言之，我们不能把革命仅仅等同于暴力革命。马克思主义虽然重视暴力，但并不认为暴力是革命的唯一手段，和平的方式与暴力的方式往往是相互联系的。暴力是无产阶级革命的基本形式和根本保障，但也不反对在特定情况下的和平过渡的可能。在总的暴力革命过程中，包含着若干方面的和平手段使用的可能。而和平手段之所以能够存在和实现，又依赖于马克思主义政党已经拥有的领导暴力革命的能力和已有成果。

马克思主义经典作家并没有否认以和平的方式实现无产阶级革命的可能性和意义。马克思在19世纪70年代，曾经认为英、美有可能用和平方式实现社会主义。恩格斯晚年也很关注德国和法国无产阶级政党在议会选

---

① 列宁专题文集：论社会主义 [M]．北京：人民出版社，2009：8.

专题十四 社会主义经历了怎样的历史进程？

举中的成绩。列宁在二月革命后出现两个政权并存的局面时，也曾经认为革命有和平发展的可能。当然，这些最终都没有成为现实。然而，现实中也确有通过和平选举取得政权的事例。例如，摩尔多瓦共产党通过选举上台执政，印度共产党也通过选举长期在两个邦执政。对此，我们应该用一种开放的心态来看待，认识到革命的目的是不变的，但革命策略可以变，而且也应该变。

(二) 实践上的与时俱进

社会主义之所以能够从理想到现实，同马克思、恩格斯、列宁等无产阶级革命家亲自实践，亲自参加革命斗争分不开的，是一代又一代马克思主义者在尊重客观规律基础上发挥主观能动性的结果。

1. 巴黎公社起义

1848年，欧洲爆发了资产阶级革命，无产阶级力量也随之而壮大。1864年，国际工人协会（第一国际）诞生，马克思是第一国际的灵魂。在他的指导下，第一国际大力支援各国的工人运动，支持反封建的民主运动和民族解放运动，影响不断扩大。马克思主义在工人运动中的指导地位初步确立。

1871年爆发的巴黎公社革命是无产阶级夺取政权的第一次伟大尝试。虽然公社仅存在了72天就在国内外敌对势力的联合镇压下失败了，但马克思高度评价了巴黎公社的意义，认为公社的原则是永存的。巴黎公社失败后，欧洲各国工人运动转入低潮，第一国际不得不自行解散。1889年7月，在恩格斯的指导下，第二国际建立。它组织和积聚革命力量，反对资本主义和军国主义，在促进工人运动发展方面做了大量的工作，取得了重大成就。但遗憾的是，恩格斯去世后，在第二国际内部，机会主义和和修正主义逐渐占据上风，最终导致第二国际的解体。

需要特别注意的是，巴黎公社已经开始了建立无产阶级政权的尝试：他们废除了资产阶级议会制，代之以"巴黎公社"作为政权机构；取消了征兵制和常备军，代之以"国民自卫军"作为唯一的武装力量；还进行了一系列改革,如建立革命秩序、恢复生产、男女平等、政教分离等;还实行了全面的选举制与撤换制,取消高薪制、保证工人权益等。这些尝试为后来的无产阶级政权建设提供了宝贵的经验。

2."十月革命"与苏联社会主义国家的出现

在理论与实践的多次互动中,社会主义者不断总结经验,最终将理想变为了现实。它的标志就是十月革命的胜利及第一个社会主义国家苏联的建立。这一成果是与列宁对马克思主义理论的坚持和发展分不开的。

"十月革命"胜利以后,实现了社会主义从理想到现实的伟大飞跃,其意义是巨大的:第一,建立了第一个社会主义国家政权。这是理想到现实飞跃的标志。从此以后,世界上开始有了人民当家做主的社会主义制度,它从根本上废除了人剥削人、人压迫人的旧制度。第二,出现了维护世界和平发展的中坚力量。社会主义国家的出现,打破了资本主义的一统天下,成为维护世界和平与发展的重要力量和推动者。第三,推动了殖民地半殖民地的民族解放运动。在社会主义国家出现以后,特别是在苏联社会主义国家的推动下,刺激了殖民地半殖民地人民的解放运动,中国社会主义制度的建立就是这场民族解放运动的重大成果。第四,改变了世界格局。从此,世界上有了社会主义的声音,有了与资本主义抗衡的社会主义力量,这种力量越来越发挥着自己应有的巨大威力。一言以概之,"十月革命"的胜利和苏联第一个社会主义国家的出现,其意义是巨大而深远的。

三、社会主义从一国到多国

所谓社会主义从一国到多国是指,苏联作为第一个社会主义国家出现以后,对世界发生了重大影响,在苏联的推动下又出现了一系列社会主义国家,出现了社会主义阵营。苏联社会主义国家诞生以后,曾经遭到过十几个资本主义国家的联合入侵与进攻,资产阶级试图把这个红色政权扼杀在摇篮中,在列宁的英明领导下,苏联人民团结一致终于打败了入侵者,取得了保卫红色政权的伟大胜利。不仅如此,在苏联为首的第三国际积极

专题十四 社会主义经历了怎样的历史进程？

推动下，苏联社会主义革命和建设的成功，极大地推动和影响了世界，推动了各国社会主义运动的发展，出现了社会主义从一国到多国的飞跃。

（一）苏联的社会主义实践

1. 列宁对社会主义道路的探索

列宁领导的苏维埃俄国对社会主义道路的探索，大体经历了三个时期：一是进一步巩固苏维埃政权时期；二是外国武装干涉和国内战争时期，即战时共产主义时期；三是新经济政策时期。其中特别值得一提的是新经济政策时期列宁对苏维埃俄国如何建设社会主义问题的思考，主要包括以下几点：第一，建设社会主义是一个长期探索、不断实践的过程。第二，社会主义必须要把大力发展生产力、提高劳动生产率放在首要地位。第三，在多种经济成分并存的条件下，利用商品、货币和市场发展社会主义经济。第四，利用资本主义建设社会主义。此外，列宁还非常重视马克思主义执政党建设，论述了思想文化建设的重要意义，提出了加强社会主义民主等一系列重要措施。这些探索是弥足珍贵的，为各社会主义国家的建设提供了重要经验。

晚年的列宁虽然疾病缠身，但始终没有停止对社会主义事业的思考。在被列为"政治遗嘱"的文章和书信中，列宁继续对社会主义建设问题提出一系列构想，例如用合作社的形式将农民引向社会主义道路；发展大工业，实现工业化和电气化；学习和利用资本主义一切有价值的东西；进行文化革命，大力发展社会主义文化教育事业；进行党和国家机构的改革，努力提高干部的素质和能力；维护党的团结；等等。这些构想是列宁对马克思主义的重大贡献，也是他留给后人的最宝贵的思想遗产。

2. 斯大林领导下的苏联社会主义探索

列宁逝世后，联共（布）党内及理论界在苏联社会主义发展道路问题上出现了严重分歧，最终斯大林的理论和政策主张占据了主导地位。1928年10月，苏联开始实行第一个五年计划，优先发展以重工业为中心的社会主义大工业。1932年第一个五年计划完成之时，苏维埃俄国不仅实现了预期的工业建设目标,而且完成了农业合作化,在广大农村建立了社会主义的制度基础。1936年12月,苏维埃八次非常代表大会通过的宪法宣布苏联已经建成社会主义。正是在社会主义新生政权建立和巩固过程中,影响深远但又争议很大的苏联模式逐渐形成了。

必须肯定的是,在新生苏维埃政权建立之初,社会主义苏联模式促进了社会主义制度的巩固和发展,推动了社会生产力的高速发展,确保了重工业特别是国防工业的发展,为处在帝国主义包围中的苏联社会主义建设奠定了坚实的物质基础,人民的物质和文化生活水平也有了极大的提高。在第二次世界大战中,这一模式还为苏联反法西斯战争的胜利立下了汗马功劳。因此,无论何时,苏联模式曾经有过的积极意义和历史贡献都是不容否定的,它包含的一些促进社会经济发展的积极因素也都是值得借鉴的。正是这些积极因素的影响,激励了其他社会主义国家的出现与发展。

（二）社会主义发展到多国

1. 社会主义在多国建立

俄国十月革命的成功,苏联社会主义建设取得的巨大成就,让世界上仍然生活在水深火热中的人民看到了希望。在十月革命的影响下,包括中国在内的一些国家先后发动了社会主义革命,建立了社会主义政权。仅1944~1949年,欧洲和亚洲就有十几个国家在无产阶级政党的领导下,先后走上了社会主义道路。在世界社会主义取得重大发展的时期,即"二战"胜利后,社会主义越出苏联一国范围,向东欧和东亚扩展,不仅在地理上连成一片,而且成为一种世界性的制度和体系,拥有世界1/3人口和1/4土地。也就是说,世界上有近1/3的人口和1/4的土地一度生活在社会主义制度中。社会主义力量的增强,打破了资本主义的一统天下,加速了世界范围内帝国主义殖民体系的瓦解,深刻改变了国际力量对比和世界格局。

2. 社会主义阵营的形成

反法西斯战争胜利后,在欧亚出现了苏联、南斯拉夫、波兰、罗马尼亚、捷克斯洛伐克、保加利亚、阿尔巴尼亚、德意志民主共和国、越南、朝鲜、蒙古、中国等十几个人民民主国家。20世纪60年代，拉丁美洲的古巴走上社会主义道路。1975年印度支那半岛人民抗美战争取得胜利后，柬埔寨、老挝也走上了社会主义道路。至此，共产党领导的社会主义国家形成了一个社会主义阵营。

这些国家，在意识形态上都以马克思列宁主义为指导，在政治上都坚持马克思主义政党领导，在军事上通过双边条约和《华沙条约》组成共同防御同盟，在经济上通过双边条约和经济互助委员会组织互助合作，建立起社会主义世界市场。欧亚拉美一系列人民民主国家的建立，是世界社会主义运动的又一次历史性胜利。它大大发展了十月社会主义革命的成果，丰富了科学社会主义的理论与实践，充分显示了社会主义制度的巨大优越性和旺盛的生命力。

四、从苏东剧变到中国特色社会主义的蓬勃兴起

在苏联取得巨大成就的同时，"苏联模式"的弊端也逐渐显露出来，最终导致了"苏东剧变"。有人以此否定社会主义国家取得的成就，甚至认为社会主义已然成为历史，但中国特色社会主义的蓬勃兴起又令世界震惊，给上述观点以沉重打击。不过，在社会主义发展史上，苏东剧变是始终绕不过的话题。那么，苏东剧变究竟为什么会出现呢？由于东欧国家的社会主义建设都是以苏联模式为蓝本的，其优点与弊端与苏联没有太大差异，所以，为了聚焦起见，我们以苏联作为重点来讨论苏东剧变的起因后果。

（一）苏东剧变

世界上任何事物的发展都不可能是一帆风顺的。社会主义作为新生事物也同样如此。在社会主义革命和建设过程中，人们需要不断地探索。在此过程中，遇到困难、经历曲折是在所难免的。苏联社会主义政权建立、巩固、发展、最终解体的历史悲剧就是一个值得人们反复思考、引以为戒的反例。

【课堂实践活动】 如何看待苏东剧变？

【建议操作步骤】 课前安排学生预习教材相关内容，分组确定主题，从不同角度查找社会主义苏联模式的相关文献资料，思考这一模式的优劣得失，同时，可以利用学习通软件，设计课前的线上讨论，在课上则以小组为单位展示学习成果，学生相互打分，教师点评总结。

1. 苏东剧变的直接原因

苏东剧变的直接原因就是戈尔巴乔夫推行错误的改革路线。1987年，戈尔巴乔夫出版了《改革与新思维》一书，书中充分表达了他对社会主义改革的理解，阐述了他所谓"改革"的"新思维""新理念"。"新思维"的实质就是两种制度的趋同论和阶级斗争熄灭论。基本思想是：第一，强调社会主义制度是以人为中心的制度，人道的制度，排除任何阶级和政党的专政；第二，应将全人类利益和价值摆在优先地位；第三，摧毁和打碎十月革命以后建立的社会主义体制及有关的一切东西；第四，最大限度的民主化、政治多元化、多党制和毫无限制的公开性，主张苏共只起议会党的作用；第五，全面改革所有制关系，实现私有化。

"新思维"造成了极为严重的后果：第一，一手搞垮了苏联共产党。苏共被看作推行改革的障碍，一些人提出要改变党在国家政治机构中的地位和作用，正式取消原宪法规定的苏共领导地位，实行"政治多元化"和"多党制"，主张"公开化、民主化、意识形态多元化"。其结果就是，纵容各种西方思潮泛滥，动摇了人们的社会主义信念，从思想上、组织上瓦解苏共。从1988年开始大批党员退党、党内矛盾愈演愈烈、党内思想混乱。第二，难以摆脱的经济危机。改革并没有缓解经济危机、促进经济发展，而是出现负增长，日用消费品短缺、财政状况恶化、通货膨胀严重，人民实际生活水平下降。第三，严重的政治危机。西方自由主义思潮广泛蔓延，苏共党内党派丛生，反对派的示威活动频繁，夺权活动日趋激烈，社会动乱不断发生。第四，积重难返的民族危机。民族矛盾和冲突空前激烈，分离倾向严重，各加盟共和国与中央矛盾尖锐化；1990年3月至1991年8月19日，7个共和国宣布独立。第五，社会危机迭起迭发。文化部门

专题十四 社会主义经历了怎样的历史进程？

取消党和政府的领导，各种社会丑恶现象滋生蔓延，"宗教热"过分膨胀。第六，受制于西方的末日帝国。1991年，在苏联最后的岁月里，苏联接受了美国为其"量身定制"的"哈佛计划"（又称500天"休克计划"），要求实行广泛的私有化、消除国家垄断，放开价格，取消对西方贸易的限制，并决定接受西方监督，每半年同西方协调、汇报一次执行改革计划的情况。

2. 苏东剧变的历史原因

新生社会主义政权建立以后，纷纷比照苏联模式巩固和建设本国的社会主义，这一模式的弊端也在这些国家中越来越凸显。随着经济社会的发展，它的弊端逐步显现，主要表现在：集中过多、管得过死、否定市场的作用，严重束缚企业和劳动者的积极性。具体地说，在经济领域，苏联模式实行单一的公有制、僵化的计划经济体制和"农、轻、重"比例严重失调的经济结构；在政治领域，实行自上而下的干部任免制和职务终身制，民主监督和制约机制比较薄弱；在文化领域，领袖言论是判断真理的唯一标准，思想文化高度集中，思想文化管理高度政治化、行政化等。这些弊端不仅严重影响着苏联后期的经济社会发展，而且直接阻碍了模仿苏联进行社会主义建设的东欧社会主义建设的顺利进行。

斯大林去世之后，面对过于集中和僵化的社会主义建设模式，苏联的各届领导人虽然意识到了其弊端，但改革步伐始终停滞不前。特别是到50~70年代，第三次科技革命在欧美国家如火如荼地进行，资本主义经济社会飞速发展，苏联模式僵化的弊端却没有丝毫改变，它严重制约着苏联经济社会的发展。东欧各社会主义国家在沿用这种模式以后，70年代以后同样出现了经济社会发展滞缓、举步维艰的问题。

3. 苏东剧变的外因

苏东剧变的外因就是西方国家从外部推行和平演变战略。从根本上说，苏东剧变是内因即苏联模式本身的问题。但是，苏东剧变还有一个外因的影响。这就是各帝国主义国家（特别是美国）长期坚持的和平演变策略。1988年美国总统尼克松写了一本书叫《1999：不战而胜》，书中写道："苏联人追求的是不战而胜，我们也应追求不战而胜。苏联人矢志不移地追求的要实现建立共产主义世界的目标，我们则矢志不移地要实现建立自由世界的目标。"任何人都想不到，没等到1999年，苏共真的就不战而败。"和平演变"一词是美国乔治·凯南（驻苏大使）于1947年7月提出的概念。他预言"实行和平演变的战略，最终必然导致苏维埃政权的瓦解"。1953年斯大林去世，赫鲁晓夫上台以后，西方开始实施这一策略，西化和分化苏联，用自由、民主、人权等西方价值观去影响苏东。戈尔巴乔夫上台后，他的"新思维"明显带有西方价值观色彩，这与他上大学期间接受西方价值观的宣传不无关系。

总的来看，西方演变手段包括：第一，利用大众传播媒体，大举进行意识形态渗透。第二，利用经济贸易、技术援助，诱导苏联进行"改革"。第三，利用人权问题干涉苏联内政。第四，插手民族问题，破坏民族关系，在苏联内部制造动乱。第五，支持苏共内部反叛势力，制造苏共掘墓人。

4. 苏东剧变的根本原因

导致苏联解体、东欧剧变最根本的原因是政治方向出了问题：放弃了社会主义道路，放弃了无产阶级专政，放弃了共产党的领导地位，放弃了马克思列宁主义，把社会主义建设和党的建设中的失误归咎于领袖个人，把纠正领袖的错误发展成全盘否定党的奋斗历史，直到丑化和歪曲历史，从根本上动摇了原来的理想信念，结果使得已经相当严重的经济、政治、社会、民族矛盾进一步激化，最终酿成了制度剧变、国家解体的历史悲剧。

苏东剧变，在西方资本主义国家看来，是个天大的好事，它说明了社会主义的失败和资本主义的"永世长存"。① 但是，在世界进步人民和各国

---

① ［美］弗兰西斯·福山. 历史的终结及最后之人 [M]. 黄胜强，等译. 北京：中国社会科学出版社，2003：380.

专题十四　社会主义经历了怎样的历史进程？

共产党人看来，苏联东欧剧变只意味着社会主义苏联模式的最终失败，是以往对社会主义的错误理解的失败，而不是整体社会主义的失败，它并不能改变资本主义必然被社会主义所取代的历史发展规律。只要善于总结教训，社会主义事业依然会发展壮大起来。我们只有用马克思列宁主义的立场、观点和方法来分析苏联东欧的剧变，才能得出正确的结论。

【课堂讨论】观看《居安思危》《苏联亡党亡国的历史教训》等视频，引导学生进一步思考：社会主义苏联模式的失败是不是意味着社会主义的失败？

【教师讲解】究竟应该如何评价社会主义苏联模式呢？拂去历史的尘埃，我们看到，苏联、东欧社会主义国家的失败，只是苏联模式的失败，而不是社会主义本身的失败。社会主义具有强大生命力，这种生命力归根结底是真理的力量，也是道义的力量。邓小平在分析苏联解体这一重大历史事件时说："不坚持社会主义，不改革开放，不发展经济，不改善人民生活，只能是死路一条。"[①] "一些国家出现严重曲折，社会主义好像被削弱了，但人民经受锻炼，从中吸取教训，将促使社会主义向着更加健康的方向发展。"[②]

一些西方学者也认为，苏联解体、东欧剧变绝不是福山所说的"历史的终结"和社会主义的终结，而只是这一模式的终结。美国学者詹姆逊说："今日的资本主义并没有发生根本性的变化，从而庆贺马克思主义的死亡是不合逻辑的。"德国大哲学家哈贝马斯说："没有理由因为苏东社会主义的垮台而披着丧衣哭泣。"英国的吉登斯也说："不要因为共产主义制度的消逝，而放弃推动其前进的那些价值和理想。"习近平在分析苏联解体的原因时说道：

苏联为什么解体？苏共为什么垮台？一个重要原因就是意识形态领域的斗争十分激烈，全面否定苏联历史、苏共历史，否定列宁，否

---

① 邓小平文选（第3卷）[M]. 北京：人民出版社，1993：370.
② 邓小平文选（第3卷）[M]. 北京：人民出版社，1993：383.

定斯大林，搞历史虚无主义，思想搞乱了，各级党组织几乎没任何作用了，军队都不在党的领导之下了。最后，苏联共产党偌大一个党就作鸟兽散了，苏联偌大一个社会主义国家就分崩离析了。这是前车之鉴啊！①

同时，他又强调社会主义的胜利是一个必然的历史趋势：

尽管世界社会主义在发展中也会出现曲折，但人类社会发展的总趋势没有改变，也不会改变。②

社会主义发展历史已经证明，也终将证明，苏联模式只是特定历史条件下的社会主义建设模式，而并不是社会主义的唯一模式。在这一模式之外，中国特色社会主义道路就是迄今为止仍然散发着强大生机活力的社会主义建设模式。

（二）中国特色社会主义的蓬勃兴起

1. 中国社会主义制度的建立

俄国十月革命的胜利，给中国送来了马克思主义。1921年7月，中国共产党成立，中国的社会主义运动从此有了坚强的领导力量。在党的领导下，社会主义事业经过了新民主主义革命、社会主义革命、社会主义建设和改革开放的发展历程，在百年奋斗中不断发展壮大，在21世纪焕发出勃勃生机。

1949年新中国成立以后，党中央带领全国各族人民，医治战争创伤，恢复国民经济，进行了社会主义改造，建立和巩固了社会主义基本制度。中国人民以极大的热情投身到社会主义建设事业中来，掀起了一次次建设热潮。然而，对中国究竟应该如何进行社会主义建设的问题，却是一个需要不断探索的过程。最开始，我们选择学习苏联模式，但很快就察觉到这一模式的缺陷和不足。毛泽东提出要吸取苏联的经验教训，独立探索适合

---

① 习近平. 关于坚持和发展中国特色社会主义的几个问题 [J]. 求是，2019（7）.
② 习近平. 在纪念马克思诞辰200周年纪念大会上的讲话 [M]. 北京：人民出版社，2018.

专题十四　社会主义经历了怎样的历史进程？

中国国情的社会主义建设道路。然而，由于认识和实践的局限，我们在建设社会主义过程中还是出现了这样那样的曲折，甚至出现了"文化大革命"那样的严重挫折。尽管如此，新中国三十年的探索还是在社会主义建设经验、物质基础等方面取得了很大的成绩，其中的曲折和教训也为新时期开创中国特色社会主义提供了宝贵的经验和精神财富。

2. 中国特色社会主义的出现

1978年12月，党的十一届三中全会确立了解放思想、实事求是的思想路线。邓小平明确提出要搞清楚"什么是社会主义、怎样建设社会主义"这个重大理论和实践问题，他说："把马克思主义的普遍真理同我国的具体实际结合起来，走自己的道路，建设有中国特色的社会主义，这就是我们总结长期历史经验提出的基本结论。"[1]

在邓小平的带领下，我们党提出了社会主义初级阶段理论，第一次系统而初步地回答了在中国这种经济文化相对落后的国家如何建设社会主义、如何巩固和发展社会主义的基本问题，翻开了中国社会主义建设的新篇章。

3. 中国特色社会主义的成功

此后，在中国特色社会主义思想的指引下，中国不断深化改革开放，促进社会主义现代化建设，取得了一系列理论和实践的成就。1992年，我国确立了社会主义市场经济体制，成功地把中国特色社会主义推向21世纪。党的十六大又确立了全面推进中国特色社会主义经济、政治、文化、社会和生态文明建设的思想路线。中国人民从此踏上了全面建设小康社会的新征程。党的十八大以后，以习近平同志为核心的党中央继续团结带领全国人民统筹推进"五位一体"总体规划和协调推进"四个全面"战略布局，进一步推动当代中国取得了历史性成就，发生了历史性变革。

中国特色社会主义的成功，不仅是中国人民的大事，是中华民族发展史上具有重大意义的事情，对世界社会主义的发展和人类社会的发展也具

---

[1] 邓小平文选（第3卷）[M]. 北京：人民出版社，1993：3.

有重大意义。正如习近平所指出的：

> 由于中国特色社会主义不断成功，冷战结束后世界社会主义万马齐喑的局面得到很大程度的扭转，社会主义在同资本主义竞争中的被动局面得到很大程度的扭转，社会主义优越性得到很大程度的彰显。①

改革开放四十年，中国特色社会主义取得了举世瞩目的成就，它不仅证明了科学社会主义理论的正确性，也意味着中国特色社会主义现代化建设取得了阶段性成果；它不仅使中国人民向中华民族伟大复兴中国梦更靠近了一步，还为全人类解决共同面对的社会建设、经济发展等难题贡献了中国智慧和中国方案。总之，中国特色社会主义是科学社会主义在当代中国的成功实践，充分表明了社会主义在世界上人口最多的国家成功开辟出通向繁荣昌盛的正确道路，鲜明地展现了社会主义的优越性，标志着世界社会主义正在踏上新的历史征程。

对比中苏两国社会主义发展模式，还可以得出这样的结论：谁真正坚持了马克思主义及科学社会主义基本原则，并与时俱进地与本国国情相结合，谁就会真正使国家富强民主文明；什么时候真正坚持了科学社会主义基本原则，这一时期的社会主义道路就会相对平坦、少走弯路。那么，究竟什么是科学社会主义基本原则、应当怎样坚持这些基本原则呢？我们将在下一专题学习和研究。

专题小结

社会主义是作为资本主义的对立面出现的新型社会制度。随着资本主义的成熟，社会主义也不断成熟，经历了从空想到科学、从理想到现实、从一国到多国、从苏东剧变到中国特色社会主义的蓬勃兴起的发展。尽管在20世纪末，社会主义出现了重大曲折，发生了"苏东剧变"的历史悲剧，但是，我们不必因此悲观失望。因为这一历史事件只能说明社会主义

---

① 习近平.学习马克思主义基本理论是共产党人的必修课[J].求是，2019（22）.

专题十四　社会主义经历了怎样的历史进程？

苏联模式的失败，并不意味着社会主义的失败。只要资本主义还存在一天，只要人们还不断向往和追求美好生活，社会主义就会有远大的前途和生命力。

从社会主义五百年的发展历程，我们可以看到"什么是社会主义""怎样建设社会主义"一直是人们讨论和追寻的问题，在其中，究竟如何理解和探索社会主义发展道路是社会主义建设过程中始终无法逃避的问题，这个问题留给下一个专题进行研究吧！

延伸阅读

1. 恩格斯. 社会主义从空想到科学的发展［M］//马克思恩格斯文集（第3卷）. 北京：人民出版社，2009.

2. 恩格斯. 共产主义原理［M］//马克思恩格斯文集（第1卷）. 北京：人民出版社，2009.

3. 习近平. 关于坚持和发展中国特色社会主义的几个问题［J］. 求是，2019（7）.

思考题

1. 空想社会主义经历了哪些阶段及如何评价？
2. 简述科学社会主义与空想社会主义的区别。
3. 怎样理解社会主义从理想到现实、从一国到多国的历史意义？
4. 如何全面认识苏东剧变？这一剧变是否意味着社会主义的失败？
5. 如何理解中国特色社会主义成功的历史意义和世界意义？

（撰写人：董新春）

专题十五 为什么社会主义要在探索中开拓前进？

教学设计思路

一、教学目的与要求

（一）知识目标

1. 掌握并正确理解科学社会主义的基本原则。
2. 理解经济文化相对落后国家建设社会主义的长期性。
3. 理解社会主义发展道路的多样性的原因。
4. 如何探索符合本国国情的社会主义发展道路。

（二）能力目标

1. 提高深刻认识和全面理解社会主义的能力。
2. 提高把马克思主义普遍真理同中国实际相结合的能力。
3. 自觉同违背科学社会主义基本原则的各种思想进行斗争。

（三）情感和价值观目标

1. 树立对建设中国特色社会主义的高度认同和坚定信念。
2. 自觉将"小我"融入"大我"，投入中国特色社会主义实践。

二、针对的学生思想困惑

1. 科学社会主义与中国特色社会主义之间是什么关系？
2. 如何理解社会主义发展的长期性和复杂性？

三、针对的错误思潮与模糊认识

1. 社会主义建设"速成论"。
2. 社会主义道路"一元论"。

四、教学重点难点

1. 正确认识和把握科学社会主义的基本原则。
2. 经济文化相对落后国家建设社会主义的长期性与艰巨性。
3. 结合自身实际情况，思考怎样坚持中国特色社会主义道路。

五、教学时数

3 课时

教 学 正 文

授课导入

"什么是社会主义""怎样建设社会主义"是本专题需要探讨的重要问题，它们同时也就是"如何正确理解并探索社会主义发展道路"的问题。专题十四介绍了苏东剧变取决于苏联僵化模式所造成的弊端。那么，中国特色社会主义的成功实践又取决于什么呢？了解这个问题，必须首先弄清楚什么是社会主义、如何正确理解社会主义。

一、坚持科学社会主义基本原则

2013 年 1 月 5 日，习近平在中央党校开班式上说：

中国特色社会主义是社会主义而不是其他什么主义,科学社会主义基本原则不能丢,丢了就不是社会主义。我们党始终强调,中国特色社会主义,既坚持了科学社会主义基本原则,又根据时代条件赋予其鲜明的中国特色。①

尽管习近平讲的是"中国特色社会主义",然而,中国特色社会主义也是"社会主义",具有同其他社会主义所具有的共同特征,坚持共同的基本原则。那么,如何正确理解社会主义呢?要想正确理解社会主义,就要首先理解科学社会主义的基本原则。

(一)科学社会主义基本原则的主要内容

对科学社会主义基本原则的认识有一个历史过程,这种认识从马克思主义创始人就开始了,甚至从空想社会主义就开始探索了。但是,长期以来人们对社会主义的认识还比较模糊、并不明确,经过一代又一代社会主义者不断地进行探索和实践,社会主义基本原则才逐渐地明晰起来,在此过程中"中国特色社会主义理论"的提出者也作出了巨大的贡献。那么,科学社会主义基本原则有哪些主要内容呢?

第一,资本主义必然灭亡,社会主义必然胜利。这一原则体现了科学社会主义基本原则的理论逻辑,是现实社会主义国家赖以建立的理论根据。

第二,无产阶级是最先进最革命的阶级,肩负着推翻资本主义旧世界、建立社会主义和共产主义新世界的历史使命。这一原则指出了社会主义取代资本主义的历史主体,体现了科学社会主义理论蕴含的强大的道义力量。

第三,无产阶级革命是无产阶级进行斗争的最高形式,以建立无产阶级专政的国家为目的。这一原则指出了社会主义取代资本主义的方法和目标。

---

① 习近平. 关于坚持和发展中国特色社会主义的几个问题 [J]. 求是, 2019 (7).

第四,社会主义社会要在生产资料公有的基础上组织生产,以满足全体社会成员的需要为生产的根本目的。这一原则是对社会主义基本经济制度及其根本目的的界定。

第五,社会主义社会要对社会生产进行有计划的指导和调节,实行按劳分配原则。这一原则是对社会主义经济运行机制和分配制度的界定。

第六,社会主义社会要合乎自然规律地改造和利用自然,努力实现人与自然的和谐共生。这一原则是关于中国特色社会主义生态文明建设的界定。

第七,社会主义社会必须坚持科学的理论指导,大力发展社会主义先进文化。这一原则是关于中国特色社会主义精神文明建设的阐述。

第八,无产阶级政党是无产阶级的先锋队,社会主义事业必须始终坚持无产阶级政党的领导。这一原则是关于中国特色社会主义政治文明建设的领导核心的阐述。

第九,社会主义社会要大力解放和发展生产力,逐步消灭剥削和消除两极分化,实现共同富裕和社会全面进步,并最终向共产主义社会过渡。这是对社会主义最终目标的阐述。

第十,共产主义是人类最美好的社会,实现共产主义是共产党人的最高理想。

科学社会主义的基本原则既相对独立又内在相连,是辩证统一的整体。它们从不同角度阐述了社会主义的理论依据、道义根据、实现主体、实现手段、领导力量、丰富内涵及最终目标,共同构成科学社会主义的基本原则。这些原则不是少数政治精英主观设定的,而是社会主义革命和建设长期实践经验教训的总结,是社会主义事业得以顺利进行的重要保证。

(二)正确把握科学社会主义基本原则

马克思、恩格斯创立了科学社会主义理论,同时提出了正确对待基本原则的科学态度。马克思强调一定要对具体情况做具体分析。在对待社会主义的态度上,恩格斯说:"所谓'社会主义社会'不是一种一成不变的东西，而应当和任何其他社会制度一样，把它看成是经常变化和改革的社会。"①

他们的论述为认识和对待科学社会主义基本原则提供了科学的方法指导。

（1）必须始终坚持科学社会主义基本原则，反对任何背离科学社会主义基本原则的错误倾向。科学社会主义基本原则虽然揭示了资本主义生产方式的基本矛盾，阐明了社会主义代替资本主义的历史必然性，为社会主义事业的发展指明了方向，但是，实践总是比理论更复杂。在社会主义建设过程中，我们既不能急躁冒进，无视具体情况而试图快速超越社会主义、迈向共产主义，也不能因为社会主义建设遇到了一时的困难和挑战就放弃和背离这些原则。必须看到，人们虽然在实践中发现和总结了科学社会主义的基本原则，但这并不意味着社会主义建设就会一帆风顺。社会主义是一个前无古人的伟大事业，遇到困难和挫折，甚至出现短暂的退步都是在所难免的，关键是认清科学社会主义本质、坚持科学社会主义基本原则、坚定社会主义必胜的信心。只有这样，才能在波涛汹涌的历史长河中增强定力，勇往直前。

（2）要善于把科学社会主义基本原则与本国实际相结合，创造性地回答和解决革命、建设、改革中的重大问题。马克思、恩格斯多次指出，他们的理论不是教条，而是行动的指南。科学社会主义基本原则虽然源自人类的生产生活实践，但它毕竟是一般性的理论阐述，是从大量事实中抽取归纳出来的普遍性原则，揭示的是一般性规律，不是提供解决特殊问题的具体方案，往往不能直接与现实相对接，而是需要结合时代与国情对具体问题做具体分析和处理。处理好理论与实践、一般性与特殊性的关系，始终是共产党人在将科学社会主义基本原则运用于社会主义革命、建设、改革过程的制胜法宝。

苏联社会主义政权的建立和巩固与列宁坚持理论与实践的结合是分不

---

① 马克思恩格斯文集（第10卷）[M]．北京：人民出版社，2009：588.

专题十五 为什么社会主义要在探索中开拓前进?

开的。列宁强调,各国的具体国情和文化传统不同,在追求社会主义目标时的道路也理应有所不同,马克思的理论"所提供的只是总的指导原理,而这些原理的应用具体地说,在英国不同于法国,在法国不同于德国,在德国又不同于俄国"。① 正是在这种具体问题具体分析的思路引领下,苏联才取得了社会主义革命的胜利,并在"战时共产主义"政策不适应新情况时,列宁果断地采取了"新经济政策",使得新生社会主义政权得以巩固,粉碎了资本主义国家联军的军事围攻、企图推翻社会主义新生政权的阴谋。中国社会主义革命、建设和改革开放的成就也是科学社会主义基本原则与中国实际相结合的典范,是中国共产党根据本国实际情况和不断变化的实际情况做出的选择。

与这些正面范例相反,20世纪的社会主义发展史中也多次出现过理论脱离实践、最后招致失败和重大失误的反面案例。"二战"后的苏联在理应调整经济社会建设思路,纠正权力过于集中的弊端,却选择无视人民群众的现实需要和社会经济发展客观规律,顽固坚持僵化的社会主义模式,最终导致70年代以后经济社会滞缓、人心思变的恶果。新中国成立以后,也曾出现无视生产力水平比较落后的现实国情,急躁地推行"一大二公"的政策,企图短时间内超英赶美,最终招致"大跃进"、阻碍社会主义建设顺利进行的后果。

正反两方面的案例表明,理论来源于实践但又高于实践。理论要转化为物质力量、达到预期目标,必须因时因地、具体问题具体分析。什么时候理论与实践结合得好,什么时候实践就会顺利、理论就具有说服力;反之,什么时候无视客观实际情况地用理论拔高现实或剪裁现实,什么时候就会招致实践的失败,理论也会因此被质疑和否定。

(3)紧跟时代和实践的发展,在不断总结新鲜经验中进一步丰富和发展科学社会主义基本原则。理论来源于实践,又随着实践的发展而发展,科学社会主义基本原则也不是一成不变的教条,而是随着社会主义实践而

---

① 列宁专题文集:论马克思主义[M]. 北京:人民出版社,2009:96.

不断丰富和发展的学说。19世纪中期，马克思、恩格斯创立了科学社会主义，但他们从没有止住前进的脚步，而是不断把研究推向深入，不断对自身的理论进行批判和自我批评。列宁在20世纪初领导俄国社会主义革命和建设过程中，也突出强调要在新的实践中不断推进科学社会主义。他指出，"现在一切都在于实践，现在已经到了这样一个历史关头：理论在变为实践，理论由实践赋予活力，由实践来修正，由实践来检验"，不能"为死教条而牺牲活的马克思主义"。① 在中国，毛泽东在领导社会主义革命过程中，针对党内一些人顽固坚持教条主义的现象，专门写作《本本主义》进行批判。邓小平也特别强调指出："绝不能要求马克思为解决他去世之后上百年、几百年所产生的问题提供现成答案。列宁同样也不能承担为他去世以后五十年、一百年所产生的问题提供现成答案的任务。"②

历史经验表明，正确把握科学社会主义基本原则至关重要，它决定着社会主义的成败和国家的繁荣稳定。中国特色社会主义之所以成功，就在于它很好地实现了科学社会主义基本原则与当代中国实际、中华优秀传统文化的有机结合，③ 形成了毛泽东思想、中国特色社会主义理论体系和习近平新时代中国特色社会主义思想这三大马克思主义中国化的重大理论成果。当前，中国特色社会主义进入新时代，面临新问题、新情况，中国共产党人就更需要旗帜鲜明地反对教条主义，坚持一切从实际出发，不断地深化认识、总结经验，推进理论创新和实践创新，推进当代中国马克思主义、21世纪马克思主义。

总而言之，社会主义是亿万人民群众的伟大实践，科学社会主义基本原则是在人们不断追问"什么是社会主义""怎样建设社会主义"过程中不断充实和完善的。必须看到，社会主义作为新生事物符合广大人民群众的利益和愿望，得到了人民群众的支持和拥护，其前途是光明的。但作为

---

① 列宁专题文集：论马克思主义［M］．北京：人民出版社，2009：301，169．
② 邓小平文选（第3卷）［M］．北京：人民出版社，1993：291．
③ 中国共产党第十九届中央委员会第六次全体会议文件汇编［M］．北京：人民出版社，2021：46．

专题十五　为什么社会主义要在探索中开拓前进？

一种新生事物，人们对社会主义的探索又必定是曲折的，会出现某种由于复杂情况导致的曲折甚至倒退的情况。邓小平用"摸着石头过河"形象地描述了社会主义探索的艰难性。我们只有用开拓奋进的精神状态、迎接各种困难的心理准备，不断完善和发展社会主义，社会主义的道路才会越走越宽。那么，我们如何正确探索社会主义发展道路呢？

二、在实践中探索社会主义发展规律

【授课导入】

1. 学习视频：《中国共产党为什么行？》

2. 课前安排组织学生从不同方面、结合自己家乡的变化比较改革开放前后中国的巨大变化，分析这些变化产生的原因。

【课堂讨论】 中国的改革开放为什么能够成功？

（一）充分认识社会主义发展道路的长期性和多样性

马克思主义经典作家马克思、恩格斯曾经设想在资本主义最发达的国家率先进行社会主义革命、建立社会主义政权。只有这样，才可能在资本主义原有经济和生产力发展基础上重新进行社会主义性质的财产分配，在继承和促进社会主义经济高速发展的同时解决资本主义两极分化、社会分配不公的问题，使所有社会成员共享人类文明成果。然而，在现实社会主义运动史上，率先进入社会主义社会的却是俄国、中国以及其他经济文化相对落后的国家。社会主义革命的成功不意味着社会主义建设就可以一帆风顺。在社会主义建设过程中，这些国家不可避免地都遇到了一系列困难与问题，使这些国家的社会主义建设不能不带有长期性。

1. **经济文化相对落后国家建设社会主义的长期性**

第一，生产力发展状况的制约。由于现实社会主义国家都是在经济文化相对落后国家建立的，因此，在一个相当长的历史时期内，这些社会主义国家必然在经济上落后于发达资本主义，有的甚至落后很远。这就决定了在社会主义制度下必须把大力发展生产力作为根本任务，完成别的国家在资本主义条件下实现的工业化和生产社会化、商品化、现代化。要完成这个任务，赶上和超过发达资本主义国家，必然需要很长时间的努力，不可能一蹴而就、很快成功。我们必须对这种长期性有足够的心理准备。

第二，经济基础和上层建筑发展状况的制约。受生产力发展较低状况的制约，经济文化相对落后的国家在取得革命胜利、建立社会主义政权以后，首先要解决的就是广大人民群众的物质需要满足问题。为此，要发展公有制经济，改造小农经济，建立、巩固和完善社会主义的经济基础。由于这是一个前无古人的事业，因此，过程不可能一帆风顺，需要人们根据实际情况在摸索中前进，其中一定会遇到无数的挫折和坎坷、犯无数大大小小的错误，才能最终使社会主义经济基础逐渐巩固和发展。

同时，经济文化的相对落后也必然会影响社会主义民主政治建设和思想文化建设。虽然从理论上说，社会主义取代资本主义，建立了广大人民群众当家作主的社会，就意味着人类历史上最高类型的民主的实现。但是，在现实社会主义建设中，社会主义民主不可能一开始就达到尽善尽美的地步，它也有一个不断完善和发展的过程。同时，必须看到，社会主义民主建设还受制于文化条件的严重制约，而人们思想文化水平的提高又不是一朝一夕的事，有它自己的相对独立性和惯性，因此，必定会面临许多现实的问题和困难，这都决定了社会主义民主政治建设和思想文化建设都将是一个长期的过程。

第三，国际环境的严峻挑战。如果说前两点是从现实社会主义国家内生矛盾角度解释社会主义发展的长期性的话，那么，这些社会主义国家所处的外在严峻的国际环境也是不容忽视的因素，它也决定了社会主义国家建设的长期性。现实社会主义国家虽然取得了社会主义革命的成功，但这并不意味着社会主义政权的长期稳固。在社会主义国家的周围环绕着强大的资本主义世界，始终受到资本主义列强的遏制，他们会想方设法地把新生社会主义政权扼杀在摇篮之中。如果说在社会主义国家成立之初，国际资本主义对社会主义的进攻主要是武力方式，那么在社会主义建设取得重大成就、社会主义制度有了长足发展以后，其进攻方式往往转变为以"和

专题十五 为什么社会主义要在探索中开拓前进？

平演变"为主。其主要手段是：（1）通过军事、政治压力和有条件的经济科技合作，迫使社会主义国家屈从于资本主义国家经济政治发展战略的要求，以图达到促使社会主义国家改变制度的目的。（2）通过强大的文化机器和文化产品进行文化渗透，在社会主义国家内部制造经济、政治、思想的混乱，阻挠和破坏社会主义国家的发展，支持和操纵这些国家内部的反对力量，一旦时机成熟，就使社会主义国家改变社会制度。

实践证明，社会主义国家只有尽快发展经济，提高综合国力，才能摆脱落后挨打的局面。虽然社会主义国家经过几十年的艰苦奋斗取得了举世瞩目的成就，落后面貌显著改变，但从总体实力看，发达资本主义国家仍然比发展中的社会主义国家要强大。因此，社会主义建设道路将仍然是长期的、艰巨的。

第四，马克思主义执政党对社会主义发展道路的探索和对社会主义建设规律的认识，需要一个长期的过程。社会主义制度的优越性为创造出比资本主义更高的生产率提供了可能。然而，要使这种可能变为现实绝非易事，因为社会主义建设是一个前无古人的事业，人们在很大程度上还对社会主义建设规律知之甚少，执政的共产党对社会主义发展道路的探索和对社会主义建设规律的认识，只能是一个长期摸索的过程。其中可能会走弯路、走错路，甚至走邪路。因此，我们必须不断以史为鉴，反复回顾社会主义革命的初心，坚持科学社会主义基本原则，根据不断变化的国内外实际情况，加强理论研究，开创社会主义建设新局面。

正是由于以上几方面原因，对于经济文化相对落后国家建设社会主义的艰巨性和长期性，必须有充分的估计。社会主义制度的出现只有 100 年的时间，在人类历史的长河中不过是短暂的一瞬间。无产阶级取得政权只是万里长征走完了第一步，社会主义政权的巩固和完善还将任重而道远，我们必须对此既要有充分的信心，也要有必要的心理准备，随时迎接来自各方的挑战和困难。

2. 社会主义发展道路的多样性

苏东剧变给人们的启示之一是：社会主义发展道路应该是多种多样

的，不应该只有一种道路、一种模式，每个国家都应该找到适合自己发展的道路。社会主义发展道路多样性的原因主要有以下几点。

第一，各个国家的生产力发展状况和社会发展阶段决定了社会主义发展道路具有不同的特点。实践证明，不仅是社会主义建设，即使是社会主义革命的道路也是千差万别的，俄国城市暴动取得成功由俄国当时的具体条件所决定；中国采取农村包围城市的道路，这是符合中国实际情况的。所以，在社会主义发展道路问题上，不可能都是一样的。

第二，历史文化传统的差异性，是造成不同国家社会主义发展道路多样性的重要条件。由于历史文化传统不一样，每个社会主义国家的发展道路势必会受到本国文化传统的影响，出现不同的特点，只有把马克思主义普遍真理同自己的国情相结合才能取得成功。

第三，时代和实践的不断发展，是造成社会主义发展道路多样性的现实原因。随着实践的发展，随着时代的变化，随着每个国家遇到和解决的重点问题不同，社会主义发展道路也不可能完全一样。每个国家都会有自己特殊的任务、目标，如中国首先要解决"三座大山"的问题，而俄国就不是这样的问题。所以，社会主义发展的道路是多样的。

需要指出的是，尽管社会主义发展道路是多种多样的，坚持社会主义的基本原则却是统一的，否则，有可能背离了社会主义。所以，社会主义发展道路的多样性和坚持社会主义基本原则的统一性是一致的。既然社会主义发展道路具有多样性，我们应该如何正确探索社会主义发展道路呢？

（二）努力探索符合本国国情的社会主义道路

1. 探索符合国情的社会主义发展道路的必要条件

国际共产主义运动的历史表明，在无产阶级如何进行社会主义革命、夺取政权、建立社会主义制度的问题上，一些国家已经找到了自己的道路，积累了相当多的经验，但在取得政权以后如何建设社会主义的问题上还需要长期而艰苦的探索。由于每个国家的生产力发展状况和社会发展阶段不同、历史文化传统不同、时代和实践不同，社会主义发展道路必定是多样的，不可能千篇一律，关键问题是如何把科学社会主义基本原则与本国实际相结合找寻一条符合本国国情的发展道路。那么，正确探索社会主义发展道路的必要条件是什么呢？

第一，探索社会主义发展道路，必须坚持对待马克思主义的科学态度。马克思主义经典作家只是提供了科学社会主义的基本原则而没有提供各国社会主义发展道路的现成方案。恩格斯在《资本论》第一卷出版时说，一些读者可能会以为他将从这本书里得知共产主义到底是什么样子，并指望得到这种乐趣，那就大错特错了。① 马克思、恩格斯只提供看待世界、研究未来的科学方法，而不直接提供直接利用的结论，一切都必须因时因事而定，这才是符合唯物辩证法的科学态度。

第二，探索社会主义发展道路，必须从当时当地的历史条件出发，"走自己的路"。科学社会主义基本原则的实施必须立足国情和时代，走自己的路。这是社会主义历史经验的总结。各国的国情不同，情况又在不断变化，因此，马克思主义基本原理在不同时间、不同国家的实际运用，也理应不同。"什么是社会主义，怎样建设社会主义"，将始终是社会主义国家的执政党和当代马克思主义者不断思考和回答的问题。

第三，探索社会主义发展道路，必须充分吸收人类一切文明成果。社会主义要赢得与资本主义相比较的优势，就必须大胆吸收和借鉴人类社会创造的一切文明成果，包括资本主义国家一切反映现代化生产规律的先进经营方式和管理方法。毕竟，当今世界是一个开放的世界，所有的国家和民族越来越密切地联系在一起。任何国家要发展，都不能再闭关锁国，封闭只能导致落后。发展社会主义，既不能照搬苏联模式，更不能照搬西方资本主义国家模式，只能立足时代和本国国情，广泛吸收和借鉴人类所有文明成果，才可能扬长避短，更好地发展社会主义。

2. 以自信担当、开拓奋进的姿态走向社会主义光明未来

纵观社会主义的发展历史，可以看到一个突出特点，即社会主义总是

---

① 马克思恩格斯全集（第21卷）[M]. 北京：人民出版社，2003：316.

在实践中开拓前进的。社会主义是以亿万人民群众为主体的伟大实践，由于它是一项前无古人的事业，因而只能是一个不断探索的过程，实践探索中出现的某些曲折并不能改变社会主义的前进趋势，只要我们始终遵循人类社会发展规律、社会主义建设规律和共产党执政规律，就一定能够以自信担当、开拓奋进的姿态，创造社会主义的光明未来。

首先，正确认识21世纪世界社会主义的形势。东欧剧变、苏联解体的确使世界社会主义走入了低谷。但它们的失败，只是苏联模式的失败，而不是社会主义本身的失败。社会主义仍具有强大的生命力，这种生命力归根结底是真理的力量，也是道义的力量。中国改革开放四十多年取得的伟大成就表明，社会主义制度能够从根本上克服生产资料资本主义私有制对生产力发展的束缚，为生产力的发展提供广阔的前景；社会主义制度能够从根本上消除资本主义导致的两极分化和不公平、不公正现象，为人的发展提供可靠的保障。应该看到，社会主义不仅在低潮中坚持了下来，而且在不断积聚力量，实现了新的发展。近年来，世界社会主义运动已经开始复苏，并出现区域性强劲发展，中国特色社会主义成为世界社会主义运动的主要推动力量。在欧美国家，社会主义在法国"黄马甲运动"和G7峰会场外的游行示威中也反复出现。

其次，充分估计中国特色社会主义的成功实践对世界社会主义发展的意义。经过几十年的实践探索，中国特色社会主义取得了举世瞩目的辉煌成就，人们的物质生活水平有了很大的提高，国家实力不断增强。在中国特色社会主义进入新时代以后，当今的中国正日益走近世界舞台的中央，国际影响力不断提升。这些成就在世界社会主义发展史上具有重要的意义，它让全世界人民看到了社会主义的强大活力，极大地鼓舞了人们对社会主义的信心。

最后，坚定信心，振奋精神，以开拓奋进的姿态走向社会主义光明未来。任何事物的发展都不可能是一帆风顺的，社会主义的前进道路同样不可能是平坦的，但只要共产党人和人民群众坚定社会主义信念，敢于在实践中开拓前进，世界社会主义就一定能在不远的将来走向复兴，任何力量

专题十五 为什么社会主义要在探索中开拓前进？

都阻挡不了社会主义前进的步伐。社会主义在中国走过了"雄关漫道真如铁"的昨天，走到了"人间正道是沧桑"的今天，正在走向"长风破浪会有时"的明天。我们相信，在中国特色社会主义的新时代，只要我们有逢山开路、遇河架桥的精神，有锐意进取、大胆探索的实践，就一定能把社会主义事业不断推向前进，走向社会主义的光明未来。

专题小结

本专题重点探讨了"如何正确理解和探索社会主义发展道路"的问题，"正确理解社会主义"就是要把握科学社会主义的基本原则。它从九个方面对社会主义进行了界定。它们既是对社会主义500年发展的历史经验总结，也是区别社会主义和非社会主义的标准，又是社会主义建设顺利进行的保证。

"正确探索社会主义发展道路"，就是要充分认识社会主义发展道路的长期性和多样性，努力探索符合本国国情的社会主义道路。在这里，既要弄清楚探索符合国情的社会主义发展道路的必要条件，又要以自信担当、开拓奋进的姿态走向社会主义光明未来。在我国，对社会主义的认识经历了一个非常曲折的过程，走过了很多弯路，但在经历无数挫折之后，中国人民最终选择了把科学社会主义基本原则与中国实际情况相结合的道路，即中国特色社会主义道路。这是中国人民过上幸福美好生活的保证，也是继续坚持和完善社会主义、迈向共产主义的保证。社会主义发展的归宿就是共产主义。那么，什么是共产主义？共产主义社会有哪些基本特征？社会主义与共产主义之间是什么关系？这些问题都将在下一个专题中得到解答。

延伸阅读

1. 邓小平. 在武昌、深圳、珠海、上海等地的谈话要点 [M] //邓小平文选（第3卷）．北京：人民出版社，1993．

2. 胡锦涛．论构建社会主义和谐社会［M］．北京：中央文献出版社，2013．

3. 习近平．毫不动摇坚持和发展中国特色社会主义［M］//习近平谈治国理政（第1卷）．北京：外文出版社，2018．

思考题

1. 科学社会主义的基本原则是什么？
2. 如何正确认识和把握科学社会主义基本原则？
3. 如何认识经济文化相对落后国家建设社会主义的长期性？
4. 如何认识社会主义发展道路的多样性？
5. 如何理解中国特色社会主义实践对世界社会主义发展的贡献？

（撰写人：董新春）

专题十六　为什么共产主义一定会实现？

一、教学目的与要求

（一）知识目标

1. 了解共产主义丰富内涵和共产主义社会的基本特征。
2. 掌握马克思主义经典作家预见未来社会的科学立场和方法。
3. 深刻认识实现共产主义的历史必然性和长期性。
4. 把握共同理想和远大理想的辩证统一。

（二）能力目标

1. 增强运用科学方法预测社会发展趋势或规律的能力。
2. 提高运用科学共产主义原理把握 21 世纪人类社会发展前景的能力。

（三）情感和价值观目标

1. 坚定共产主义必然实现的崇高理想。
2. 树立投身中国特色社会主义伟大事业的决心。
3. 提高自觉同各种错误思潮进行斗争的信心。

二、针对的学生主要思想困惑

1. 共产主义和共产主义社会有什么区别？

2. 马克思、恩格斯是怎样预见共产主义新社会的？

3. 共产主义理想为什么会实现？

三、针对的错误思潮与模糊认识

1. 共产主义"乌托邦论"。

2. 共产主义"渺茫论"。

3. 共产主义"速成论"。

四、教学重点难点

1. 共产主义的内涵。

2. 共产主义理想实现的必然性和长期性。

3. 共产主义远大理想与中国特色社会主义共同理想的关系。

五、教学时数

3 课时

授课导入

我们已经了解社会主义五百年的发展历程，明白了如何正确理解和探索社会主义发展道路，那么，社会主义发展的最高目标是什么？社会主义同最高目标的关系又是怎样的呢？这就是专题十六重点讨论的问题。

2007年9月4日，时任国务院总理温家宝在《人民日报》文艺副刊上发表《仰望星空》一诗。全诗流露着对探索真理、正义和自由的思考，对国家、民族和人类未来命运的深沉观照：

我仰望星空，

它是那样寥廓而深邃；

专题十六　为什么共产主义一定会实现？

　　那无穷的真理，
　　让我苦苦地求索、追随。

　　我仰望星空，
　　它是那样庄严而圣洁；
　　那凛然的正义，
　　让我充满热爱、感到敬畏。

　　我仰望星空，
　　它是那样自由而宁静；
　　那博大的胸怀，
　　让我的心灵栖息、依偎。

　　我仰望星空，
　　它是那样壮丽而光辉；
　　那永恒的炽热，
　　让我心中燃起希望的烈焰、响起春雷。

　　一个人的成长进步既要脚踏实地，又要胸怀高远理想，一个有希望的国家和民族也不能只关心脚下的事，还需要立足当下去"仰望星空"。"仰望星空"不是倡导人们坐而论道清谈梦想，也不是倡导人们构建虚幻的空中楼阁，而是在科学理想信念的支撑下从全人类的长远利益出发，对人类的前途命运进行彻底的反思和关怀。今天我们所谈论的这个科学理想信念是人类共同祈盼、共同需要的价值目标和价值追求——共产主义！共产主义就是社会主义运动的最高目标，是社会主义合乎逻辑、合乎规律发展的必然结果。

　　历经革命战争洗礼的几代人，他们对共产主义的理想与信仰从来不是问题，但在经济高速发展、社会深刻转型的今天，从小就唱着《我们是共产主义接班人》的当代青年,似乎对这个曾经既熟悉又亲切的词语逐渐变得模糊和冷漠,这个我们曾为之慷慨激昂过的歌声仿佛已飘向千里之外,共产主义在遗忘中也幻化为渺然的海市蜃楼。问题是,共产主义真是虚无缥缈、遥不可及的吗?在今天坚持共产主义理想信念真的不合时宜吗?共产主义理想真的与今天的你我通通无关吗?实现共产主义需要我们做些什么?带着这一系列疑问,我们开启今天的学习,看是否能够找到满意的答案。

一、共产主义和共产主义社会

"共产主义"是一个内涵非常丰富的概念,而共产主义社会是一种美好的或理想的社会制度,很多人把这两个概念混为一谈。所以,了解共产主义社会为什么一定会实现,必须首先把这两个概念区分开来。

习近平指出:

> 共产主义远大理想激励了一代又一代共产党人英勇奋斗,成千上万的烈士为了这个理想献出了宝贵生命。"砍头不要紧,只要主义真","敌人只能砍下我们的头颅,决不能动摇我们的信仰",这些视死如归、大义凛然的誓言生动表达了共产党人对远大理想的坚贞。理想之光不灭,信念之光不灭。①

党的十八大以来,习近平反复强调要坚定共产主义远大理想。无论是在重大场合的重要讲话,还是在关键节点的理论文章,无论面对党内各级领导干部,还是与青年学子的频频互动,一次次谆谆告诫、一次次殷殷嘱托,无不彰显一位大国领袖钢铁般的坚定信仰。

那么,共产主义的内涵是什么?我们为什么需要共产主义理想?共产主义社会究竟是怎么样的?很显然,只有正确回答这些问题,才能科学理解共产主义和共产主义社会,才能澄清对共产主义社会的种种误解,才能明辨各种"非马克思主义"甚至反马克思主义的"共产主义思潮"。搞清

---

① 习近平. 在庆祝中国共产党成立95周年大会上的讲话[N]. 人民日报,2016-07-02.

专题十六 为什么共产主义一定会实现?

楚这些问题,有助于我们在新时代以整体性视角把握社会主义建设规律,牢固树立唯物主义历史观。

(一) 什么是共产主义

"共产主义"一词源于拉丁文 communis,本义是公共的、普遍的。"共产主义是马克思恩格斯创立的关于无产阶级解放的性质、条件和一般目的的学说,具有科学性和阶级性。"① 马克思主义认为,社会主义经过长期的发展,在高度发达的基础上,最终将走向共产主义。共产主义不仅是一种科学的理论和这种理论指导下的现实运动,而且是一种未来的社会制度和社会形态,还是一种最崇高的社会理想。实现共产主义是人类历史发展的必然趋势,是马克思主义最崇高的社会理想。全面理解共产主义的丰富内涵,需要我们重点厘清这样几个问题。

1. 作为一种理论的共产主义

在马克思提出共产主义之前,就有关于共产主义思想的萌芽。比如15世纪捷克胡斯革命运动、16世纪德国农民战争、17世纪英国资产阶级革命时期等,都流传着财产公有、人人劳动、满足社会成员需求这样的思想。马克思、恩格斯批判地继承和吸收了历史上关于共产主义思想的一切优秀成果,在总结欧洲工人运动革命实践经验的基础上,经过艰苦的理论工作,使共产主义从空想变为科学,创立了科学社会主义(共产主义)理论。在1848年2月发表的《共产党宣言》中,马克思、恩格斯基于唯物主义历史观,对共产主义理论作了全面系统的阐述。恩格斯在《共产主义原理》中更明确地说:"共产主义是关于无产阶级解放的条件的学说。"② 共产主义理论不仅在揭示人类社会发展一般规律的基础上指明社会发展的方向,而且在剖析资本主义旧世界中阐发未来新社会的特点。在科学理论的指引下,国际共产主义运动风起云涌,社会主义也从理论走向现实、从一国走向多国,尤其是中国特色社会主义的成功实践,一再证明了科学理

---

① 徐光春. 马克思主义大辞典 [N]. 北京:崇文书局,2017:208.
② 马克思恩格斯文集(第1卷) [M]. 北京:人民出版社,2009:676.

论的伟力。

作为一种理论,共产主义与马克思主义是统一的。众所周知,马克思主义由马克思主义哲学、马克思主义政治经济学和科学社会主义三个基本部分构成,其中,科学社会主义是核心。所以,有时把共产主义也称为科学社会主义理论。由于共产主义理论具有阶级性,代表了无产阶级利益,有时还可以称共产主义是无产阶级的思想体系,或关于无产阶级解放条件的学说。

2. 作为一种运动的共产主义

【学习视频】《共产主义在路上》①

共产主义是一种运动,早在马克思、恩格斯领导共产主义者同盟和第一国际的时候就已经开始了,他们在《德意志意识形态》中表明,"我们所称为共产主义的是那种消灭现存状况的现实的运动。"② 而我国的共产主义运动,在中国共产党成立和领导新民主主义革命的时候也开始了。今天,我国的共产主义运动已经发展到为全面建成小康社会和实现中华民族伟大复兴的中国梦而奋斗的新时代,统筹推进"五位一体"总体布局、协调推进"四个全面"战略布局也就成为当前实践着的共产主义运动,这也充分表明,共产主义并不是渺然的幻想,它就存在于我们每个人的实践活动中。从运动的角度看,共产主义是每时每刻在我们身边发生的事情,无论战争、建设或改革时期,总有共产主义人、共产主义事出现,关键是我们是否具有共产主义的眼睛,所以,"共产主义乌托邦论"或"共产主义渺茫论"是不正确的!

3. 作为一种制度的共产主义

共产主义是最终实现人们共同占有社会资源、没有剥削和压迫、每个人自由全面发展的人类最理想的社会新制度。共产主义社会形态的到来,

---

① https://mooc1-2.chaoxing.com/nodedetailcontroller/visitnodedetail?courseId=201398771&knowledgeId=130509542.

② 马克思恩格斯文集(第1卷)[M]. 北京:人民出版社,2009:539.

建基于社会主义生产力的高度发达,是社会主义社会充分发展的产物。中国特色社会主义进入新时代,只有全面深化改革,坚持和完善中国特色社会主义制度,推进国家治理体系和治理能力现代化,坚定中国特色社会主义制度自信,才能全面释放社会主义的制度优势,进而将制度优势转化为治理效能,推进共产主义现实运动。共产主义作为一种美好的社会制度,其实现是需要很多条件的,这是一个长期的过程,不能一蹴而就,因此,"共产主义速成论"也是不足取的。

4. 作为一种崇高理想的共产主义

共产主义是一种最崇高的社会理想,它之所以崇高是因为它致力于实现的理想社会是使每个人都能得到全面、自由和充分发展的社会。正是由于这种崇高的理想,它成为人们(特别是共产党人)的信仰和追求。正如习近平所指出的那样:

> 对马克思主义、共产主义的信仰,对社会主义的信念,是共产党人精神上的"钙"。没有理想信念,理想信念不坚定,精神上就会得"软骨病",就会在风雨面前东摇西摆。[1]

任何信仰都自以为神圣、自视为崇高。这是人类信仰的一大特点。同一切以唯心主义、有神论为基础,引导人们寄托命运于神灵大师、希望于彼岸世界的非科学信仰相对立,共产主义信仰以尊重和发挥人的能动性为前提,以每个人自由而全面的发展为目标。因而,共产主义第一次将科学与信仰有机统一了起来,实现了人类信仰史上的伟大变革。100年来,无数的中国共产党人依靠对共产主义的坚定信仰,一切从实际出发,实事求是,紧紧依靠人民群众,创造了一个又一个的人间奇迹。

(二)共产主义社会的基本特征

当我们说"共产主义一定会实现"的时候,是指未来的那种理想的社

---

[1] 习近平. 在纪念陈云同志诞辰110周年座谈会上的讲话[N]. 人民日报,2015-06-13(02).

会制度一定会实现。作为一种理论的共产主义则是一种发展或与时俱进的运动。那么，共产主义社会有哪些基本特征呢？

1. 物质财富极大丰富，消费资料按需分配

共产主义社会是每个人全面、自由发展的社会，生产力的高度发展、物质财富的极大丰富是实现这种发展的必要条件，也是共产主义社会的重要特征。与生产力高度发展相适应，共产主义社会的生产关系废除了私有制而实行普遍的生产资料公有制。在这样的社会里，生产是有计划进行的，克服了因盲目生产出现的经济危机给人们带来的困扰。同时，共产主义的旗帜上写着"各尽所能、按需分配"，这是剥削阶级社会所无法想象的。

2. 社会关系高度和谐，人们精神境界极大提高

古人说"仓廪实知礼节、衣食足知荣辱"。在生产力高度发展、物质财富极大丰富的共产主义社会，人和人的关系也将高度和谐。在共产主义社会，阶级和国家消亡，战争不复存在，工农、城乡、体脑之间的差别亦不存在，人和自然界也达到了高度的和谐。在这样的条件下，人们的精神境界极大提高，共产主义道德调节着人们的社会生活。

3. 实现每个人自由而全面的发展，人类从必然王国向自由王国飞跃

共产主义社会之所以美好，就在于给每个人自由而全面的发展提供或创造了条件。"每个人自由而全面的发展"既是共产主义社会的根本特征，也是马克思主义追求的根本价值目标。在共产主义社会，由于旧式分工的消除，由于自由时间的不断增加，劳动成为第一需要而不再是谋生的手段，这就为人的自由而全面的发展创造了条件，人类也因此实现了从必然王国向自由王国的飞跃。

所谓"必然王国"是指，人们由于没有认识和把握自然、社会和自身发展的规律，而盲目地受自然规律、社会规律和自身发展规律的限制，使人处于不自由的状态。所谓"自由王国"则是指，由于人们认识和把握了自然、社会和自身发展的规律，能够利用规律为自己谋幸福的状态。这

时，人们可以自觉地和自由地创造自己的历史。共产主义社会，就是由必然王国向自由王国的飞跃。

总之，共产主义和共产主义社会是两个不同的概念，我们说共产主义社会一定会实现，是就"未来的理想社会制度"而言的。

二、预测未来社会的方法论原则和需要澄清的几个误解

共产主义社会为什么会实现？根据什么得出的这一结论？这就要考察预测未来新社会的方法论原则，澄清几个误解。

（一）预见未来社会的方法论原则

1. 在揭示人类社会发展一般规律的基础上指明社会发展的方向

列宁说："马克思丝毫不想制造乌托邦，不想凭空猜测无法知道的事情。马克思提出共产主义的问题，正像一个自然科学家已经知道某一新的生物变种是怎样产生以及朝着哪个方向演变才提出该生物变种的发展问题一样。"①

马克思、恩格斯立足于无产阶级立场，运用科学的方法，致力于研究人类社会特别是资本主义社会，第一次揭示了社会发展的一般规律和资本主义社会发展的特殊规律，从而对共产主义社会作出了科学的展望。

2. 在剖析资本主义旧世界的过程中阐发未来新世界的特点

纵观世界社会主义五百多年的发展历程，人们对未来社会的预判往往起因于对资本主义苦难现实的反思与批判。但马克思、恩格斯对资本主义批判的高明之处，在于他们不是只看到资本主义的社会弊端，而是进一步揭示了弊端的根源，揭示出资本主义发展中自我否定的力量，发现资本主义的矛盾运动中孕育着新的社会因素，并以此作出对未来社会特点的预见。

---

① 列宁专题文集：论社会主义［M］. 北京：人民出版社，2009：25.

3. 在社会主义社会发展中不断深化对未来共产主义社会的认识

习近平指出:"中国特色社会主义,既是我们必须不断推进的伟大事业,又是我们开辟未来的根本保证。"[①] 共产主义社会与社会主义社会是辩证统一的,马克思、恩格斯生活的年代还没有社会主义社会,他们对社会主义的预见源于对资本主义社会及其运动规律的研究。我国的社会主义制度建立已有 70 余年,在建设社会主义的探索中,我们逐渐深化了对社会主义的认识,也对实现共产主义社会的长期性有了新的认识。

4. 立足于揭示未来社会的一般特征,而不可能对各种细节做具体描绘

【学习视频】《正道沧桑——社会主义 500 年》(02) 太阳之城[②]

空想社会主义者对未来社会的描绘大部分是从头脑中预测出来的社会方案,完全脱离了现实状况,这就注定了他们关于未来社会的构想只能成为空想,并且越是制定得详尽周密,越是要陷入纯粹的幻想之中。而马克思、恩格斯立足于唯物史观,在揭示资本主义运行规律的基础上,他们仅是指出未来社会的发展趋势、原则和基本特征,主张对于未来社会的具体情形和运作机制留给后人的实践去回答。

(二) 澄清对共产主义社会基本特征的几个误解

1. 按需分配不是按欲分配

需求不等于欲求。按需分配的理论前提是废除私有制和强制性的分工劳动,实践前提是各尽所能基础上的物质财富极大丰富与人类精神境界的极大提高。按需分配的目的是保证每个人都能实现自由而全面的发展。因此,理解按需分配,就是要按照每个人合理的、满足其生存特别是发展的需要来分配个人消费品。它针对不同个体"自由而全面的发展"的不同需求,强调的是分配的真正平等,而不是需要内容的完全等同。

---

① 习近平. 在庆祝中国共产党成立 95 周年大会上的讲话 [N]. 人民日报, 2016 – 07 – 02.
② https://tv.cctv.com/2013/12/19/VIDE1387438935777558.shtml? spm = C55924871139.PiBcPr7RBv8W.0.0.

2. 人的自由全面发展不等同于物质享受

在未来共产主义社会中,我们不仅要超越物质享受,甚至也要超越精神享受。"如果仅仅从'享受'的维度理解和思考共产主义理想,那共产主义社会就成为一个享乐场,一个大游乐场。这将是一种社会的终极静止状态,只有享受,没有创造,也会失去发展的动力。"① 我们不否认享受对于美好生活的意义,但共产主义社会中的人不能停留于对生活的享受层面,而是在更高的生产力水平上积极创造,实现自我价值,获得更高的幸福体验。

3. 重建个人所有制不是恢复私有制

在马克思主义看来,个人所有制是通过对资本主义私有制的否定而形成的一种公有制经济形态,而非任何意义上的私有制。从财产关系层面看,重建个人所有制就是重建消费资料的劳动者个人所有制;从生产关系层面看,重建个人所有制则是重建联合起来的个人对生产资料的占有;从分配关系层面看,重建个人所有制更是重建劳动总产品的劳动者个人所有制,其体现就是,劳动者个人联合对生产、分配、交换、消费各环节乃至整个再生产过程进行支配。这才是重建个人所有制的本义。

4. 科学认识人类命运共同体对实现自由人联合体具有重大意义

人类命运共同体,是推动全球治理体系变革与促进国际格局完善的当代理念,是人类对社会发展趋向的时代展望。它坚持了马克思主义的立场、观点和方法,既是对自由人联合体的理论承继,又是对自由人联合体的理论创新。在人类文明的演进过程中,自由人联合体是最高理想,人类命运共同体是时代追求。正确看待人类命运共同体与自由人联合体的理论张力,要求我们既不能割裂二者的有机联系,更不能把二者混为一谈。随意对二者进行理论切割,不仅会使自由人联合体丧失时代价值,亦会使人类命运共同体迷失方向。简单把人类命运共同体当作自由人联合体的"现

---

① 逄锦聚. "马克思主义基本原理概论"课重点难点问题研究 [M]. 北京:高等教育出版社, 2015:407.

代版",会打破两种理论之间的边界进而造成理论混乱。

生命健康是人类永恒的追求,面对全球大流行的新冠肺炎疫情,我们比以往任何时候都迫切地感受到构建人类卫生健康共同体的重要性和紧迫性。习近平反复呼吁,人类是一个命运共同体,在人类共同的敌人面前,打造人类卫生健康共同体,推动疫情防控的国际合作。事实上,"人类卫生健康共同体"理念有着深厚的马克思主义理论底蕴,特别是马克思的"真正共同体"思想、世界历史理论等。总之,科学理解共产主义社会的基本特征,必须深入当前的社会实践,在理论与实践的密切结合中获得理性把握。

三、共产主义实现的必然性和长期性

材料1:"资产阶级的灭亡和无产阶级的胜利是同样不可避免的。"①

材料2:"无论哪一个社会形态,在它所能容纳的全部生产力发挥出来以前,是决不会灭亡的;而新的更高的生产关系,在它的物质存在条件在旧社会的胎胞里成熟以前,是决不会出现的。"②

【课堂讨论】马克思的上述两个判断是否矛盾?如何科学把握上述"两个不可避免"和"两个决不会"的关系?

对这两个问题的回答,是我们正确理解共产主义未来发展趋势的关键。

(一) 共产主义实现的必然性

习近平指出:"马克思坚信历史潮流奔腾向前,只要人民成为自己的主人、社会的主人、人类社会发展的主人,共产主义理想就一定能够在不断改变现存状况的现实运动中一步一步实现。"③

为什么共产主义理想一定会实现呢?

1. 共产主义的实现是人类社会发展规律的必然结果

共产主义理想一定会实现,是以人类社会发展规律和资本主义基本矛

---

① 马克思恩格斯文集(第2卷)[M].北京:人民出版社,2009:43.
② 马克思恩格斯文集(第2卷)[M].北京:人民出版社,2009:592.
③ 习近平.在纪念马克思诞辰200周年大会上的讲话[M].北京:人民出版社,2018:16.

专题十六 为什么共产主义一定会实现?

盾发展为依据的。马克思主义不仅从社会形态的依次更替上论述了共产主义社会的到来，而且，通过对资本主义社会的批判预测了未来理想社会即共产主义社会产生的必然性。马克思主义的唯物史观告诉我们，人类社会的发展是不以人的意志为转移的客观过程。共产主义是能够实现的社会理想，它与一切空想和幻想有着本质区别。共产主义作为一种社会理想，是在把握人类社会发展规律的基础上设想的发展目标。

2. 社会主义的长期实践证明了共产主义实现的历史必然性

社会主义运动的实践，特别是社会主义国家的兴起和不断发展，已经并正在证明共产主义理想实现的历史必然性。社会主义从空想到科学、从理想到现实、从一国到多国、从苏东剧变到中国特色社会主义的蓬勃兴起，无一不证明着实现共产主义的历史必然性。在马克思、恩格斯那里，共产主义有高级阶段和低级阶段之分，列宁等人把社会主义看作共产主义低级阶段，二者在本质上是统一的。

3. 实现共产主义社会是人民群众的共同愿望

共产主义因其美好而转化为崇高的社会理想，又因崇高的社会理想而成为人民群众的共同追求，甚至成为很多人（特别是共产党人）的共同信仰。有了人民群众的拥护、支持和推动，共产主义理想就一定会实现，这是不以个人的意志为转移的。共产主义理想代表了广大被压迫阶级的愿望，也代表了广大人民群众的利益所在，而人民群众组成的"合力"是无法抗拒的。

4. 无产阶级是实现共产主义理想的主体

共产主义的实现需要有人来完成，这就是现代工人阶级或无产阶级。"工人阶级"是从职业上讲的，"无产阶级"是从社会地位上讲的，他们都是新生产力的代表，也是旧社会中的被剥削、被压迫阶级，每个人自由而全面发展的共产主义社会的实现当然离不开他们。工人阶级或无产阶级的反抗愿望、强烈的斗争意识、求得解放的迫切心情，无一不推动着共产主义社会的早日实现。

5. 无产阶级的解放与全人类的解放是一致的

无产阶级特殊的社会地位和历史使命，决定了它只有解放全人类才能最终解放自己。所以，实现共产主义，不仅是无产阶级彻底解放的标志，而且是全人类解放的根本要求和重要体现。历史是人民群众创造的，人民群众推动着历史滚滚向前，不断奔向共产主义。

从以上可以说明，共产主义理想是必然会实现的，"共产主义渺茫论"或"共产主义空想论"是错误的。我们必须坚定共产主义信念，为早日实现共产主义社会而不懈奋斗。共产主义的实现离不开人们的自觉追求！

【课堂提问】既然共产主义是历史发展的必然趋势，那是不是意味着我们只要顺其自然，共产主义就会主动到来？

【教师讲解】答案当然是否定的。没有人的主观努力，共产主义不可能自然而然地实现。习近平指出：

> 在新的长征路上，我们一定要保持理想信念坚定，不论时代如何变化，不论条件如何变化，都风雨如磐不动摇，自觉做共产主义远大理想和中国特色社会主义共同理想的坚定信仰者、忠实实践者，永远为了真理而斗争，永远为了理想而斗争。①

社会规律与自然规律虽然都具有客观性，但社会规律只有通过人的实践活动才能形成并表现出来，其必然性作用的发挥、必然性结果的实现也必须借助人的主动参与和自觉追求。实现共产主义也是这样，我们不能认为共产主义是历史发展的必然趋势，就不发挥人的主观能动性，静待共产主义的主动到来。社会主义理论从空想到科学的转变，就是由马克思、恩格斯自觉地理论探索和实践活动来实现的，有了马克思主义科学理论的指导，从此启迪了现代无产阶级的阶级意识，无产阶级运动也开始自觉追求共产主义理想，经过艰苦的革命斗争，社会主义从理论走向实践、从一国发展到多国，直到今天中国特色社会主义在世界的东方大放异彩。事实

---

① 习近平谈治国理政（第2卷）[M]．北京：外文出版社，2017：50.

上，取得这些成就，既离不开我们对历史必然性的科学把握，更源于我们越来越自觉的理想追求。进入新时代，坚定中国特色社会主义道路自信、理论自信、制度自信、文化自信，就能进一步树立共产主义理论自觉和理想自觉。

（二）共产主义实现的长期性

【材料点击】 2016年11月，在一场名为《改变世界——中国杰出企业家管理思想访谈录》节目中，刘强东接受采访时指出，"咱们中国提出共产主义，过去很多人都觉得共产主义遥不可及。但是通过这两三年我们的技术布局，我突然发现其实共产主义真的在我们这一代就可以实现。"①

【材料点击】 美国著名左翼理论家迈克·哈特（Michael Hardt）认为，当前资本主义主导性的生产方式是非物质的或生物政治生产（观念、信息、图像、符码、影像、数据和情感等方面的生产），这种生产的内在逻辑是共享和共有，而共有财产是共产主义的特征。因而，当前资本主义所处的时代，实现共产主义事业的条件和武器比以往任何时候都更加成熟和完备。

【课堂提问】 当代资本主义有诸多新的变化，人类步入信息化时代，共产主义真的在我们这一代就能实现吗？

要科学回答这个问题，我们应该从以下几个角度进行整体把握。

1. 人类社会形态的更替过程从来就不是一帆风顺的

每一种社会形态的发生、发展、成熟、衰落、灭亡都有一个相对稳定的过程，要实现新旧社会形态的更替，往往需要具备多种社会条件。纵观整个人类史，一方面，社会形态的更替大都需要较长的历史时期才能完成。从原始公社制到奴隶制、从奴隶制到封建制再到资本主义制度，每一新社会形态取代旧社会形态，少则几百年，多则上千年，因而，社会主义要取代资本主义社会同样需要长期的曲折的过程。习近平指出：

---

① https://www.sohu.com/a/166029737115207.

中国共产党人追求的共产主义最高理想，只有在社会主义社会充分发展和高度发达的基础上才能实现。想一下子、两下子就进入共产主义，那是不切实际的。①

另一方面，社会形态的更替充满了艰难曲折，在新旧社会形态的交替过程中，旧制度不会主动退出历史舞台，甚至经常会发生回潮复辟的现象，新制度只有在长期的斗争中才能确立自己的统治地位。就像列宁所指出的那样，"设想社会历史会一帆风顺、按部就班地向前发展，不会有时出现大幅度的跃退，那是不辩证的、不科学的，在理论上是不正确的。"②

由此可见，共产主义的实现不能一蹴而就，它也会经历较长的历史时期。

2. 社会主义代替资本主义是一项艰巨而长期的工程

共产主义只有在社会主义社会充分发展和高度发达的基础上才能实现，而要实现这种充分发展和高度发达，不仅需要社会主义社会不断地自我革命，更需要在和资本主义的长期较量中获得。纵观整个社会主义运动史，资本主义对社会主义的围追堵截和全面压制长期存在。当代资本主义虽然矛盾丛生、危机重重，但它依然具有强大的生产能力。从资本社会化和全球化角度看，资本的不断扩张为当代资本主义的生存提供了有力保障；从资本主义社会整体的经济体量、发展水平和相关实力占比看，以发达资本主义国家为代表的资本主义制度仍然占据主导地位；从资本主义向世界传递的文化价值观及其方式的角度来看，文化帝国主义和霸权主义的不断扩张成为维系资本主义的潜在力量。总之，当代资本主义尚未达到退出历史舞台的程度，它仍将与社会主义长期并存。

3. 当前国际社会存在诸多阻碍共产主义实现的因素

近年来，国际社会存在诸多不利于共产主义运动的因素，一些西方资本主义国家在冷战思维和零和思维的支配下，通过霸凌主义行径蓄意挑起

---

① 十八大以来重要文献选编（上册）[M]. 北京：中央文献出版社，2014：115.
② 列宁专题文集：论辩证唯物主义和历史唯物主义 [M]. 北京：人民出版社，2009：263.

国际贸易争端，一再破坏国际贸易规则，阻碍全球经济的繁荣，民粹主义、贸易保护主义和单边主义抬头，成为影响国际合作和世界经济复苏的不稳定因素。当前，面对全球蔓延的新冠肺炎疫情，一些西方资本主义国家的种族主义甚嚣尘上，在政治算计和经济利益的驱使下，他们不思专心本国疫情防治，反而疯狂推诿塞责，借疫情传播"政治病毒"，这些做法一再消解着凝聚全球战"疫"的合力，成为阻碍和破坏疫情防控国际合作的最大不利因素。

四、共产主义远大理想与中国特色社会主义共同理想

1. 坚持和发展中国特色社会主义是中华民族通向共产主义的必由之路

【学习视频】《疫情防控凸显中国制度优势》①

实现共产主义还要经历长期的历史过程，但长期绝不是无期。在当代中国，坚持和发展中国特色社会主义，就是真正坚持社会主义，也是中华民族通向共产主义的必由之路。党的十八大以来，以习近平同志为核心的党中央，团结带领全国各族人民总结实践、展望未来，深刻回答了新时代坚持和发展什么样的中国特色社会主义，怎样坚持和发展中国特色社会主义，积极推进国家治理体系和治理能力现代化，取得了举世瞩目的辉煌成就。特别是在突如其来的新冠肺炎疫情防控阻击战中，充分彰显了中国特色社会主义的制度优势。历史必将证明，只有沿着这条道路前进，中国特色社会主义才能取得成功，社会主义制度的优越性才能得到充分体现，社会主义社会才能在充分发展和高度发达基础上，逐步迈向共产主义社会。

2. 正确认识和把握共产主义远大理想和中国特色社会主义共同理想的关系

习近平指出：

> 如果大家都觉得这是看不见摸不着的东西，没有必要为之奋斗和牺牲，那共产主义就真的永远实现不了了。我们现在坚持和发展中国

---

① http://tv.cctv.com/2020/03/02/VIDES2UvhwQi77n9aq5rJfmy200302.shtml.

特色社会主义，就是向着最高理想所进行的实实在在努力。①

整体来讲，共产主义远大理想是实现中国特色社会主义共同理想的重要精神条件，建设中国特色社会主义共同理想是实现共产主义远大理想的必要前提和现实基础，二者是辩证统一的。

从时间上看，中国特色社会主义共同理想与共产主义远大理想是阶段性理想与最终理想的关系。建设中国特色社会主义，是现阶段全国各族人民的共同理想，也是迈向共产主义最高理想的一个阶段。

从层次上看，远大理想与共同理想的关系是最高纲领与最低纲领的关系，实现共产主义社会制度的远大理想，是中国共产党的最高纲领；推进中国特色社会主义事业则是中国共产党的最低纲领，需要共产主义远大理想指明前进方向。

从范围来看，远大理想与共同理想的关系也是全人类理想与全体中国人民理想的关系。共产主义远大理想体现的是全人类解放的共性，是面向全人类的，中国特色社会主义共同理想则是属于中国人民的。因此，中国人民不仅要树立共同理想，也需要树立远大理想。

【课堂讨论】实现中华民族伟大复兴的中国梦与共产主义远大理想有什么关系？

【教师讲解】一方面，中国梦为共产主义理想的实现奠定基础。中国特色社会主义制度具有三大能力：集中力量办大事、成熟定型成大事、融合发展干大事；又能极大地推动中国特色社会主义建设，在经济、政治、文化、社会、生态等各方面取得成效，缩短与共产主义社会的距离。

另一方面，中国梦是共产主义不断中国化的具体体现。只有坚持马克思主义、共产主义，中国梦才能实现，因为中国梦的一切历史前提就是在马克思主义中国化的现实条件中进行的，离开马克思主义基本原理，就没有中国梦的历史前提。实践必将证明，只有在以共产主义为最高理想的中国共产党的领导下，中华民族才能实现中国梦，走向伟大复兴。

---

① 习近平谈治国理政（第2卷）[M]．北京：外文出版社，2017：143．

3. 新时代青年要坚定理想信念投身中国特色社会主义事业

【学习视频】《战"疫"青春——不负韶华的抗疫"90后"》①

在我国新冠肺炎疫情防控的人民战争、总体战、阻击战中，各领域各行业的青年积极投身抗"疫"一线，他们用自己的实际行动书写了无悔的青春。在湖北保卫战中，全国各地的4.2万多名医护人员驻鄂驰援，这其中就有1.2万多名是"90后"，相当一部分还是"95后"甚至"00后"。2020年3月15日，习近平在《给北京大学援鄂医疗队全体"90后"党员的回信》中，高度肯定了新时代中国广大青年在疫情防控斗争中的突出表现，赞扬他们是好样的，是堪当大任的，勉励青年要在党和人民最需要的地方绽放绚丽之花！2020年5月3日，在五四青年节来临之际，习近平再次称赞全国各族青年在疫情防控战争中表现出的担当精神，寄语新时代青年要坚定理想信念，站稳人民立场，练就过硬本领，投身强国伟业！

青年强则国强，青年奋进则国奋进。中国特色社会主义进入新时代，广大青年"要以实现中华民族伟大复兴为己任，增强做中国人的志气、骨气、底气，不负时代，不负韶华，不负党和人民的殷切期望"，② 将"小我"融入"大我"，才能不辜负伟大时代赋予的极为有利的历史机遇。青年一代要以勇于担当的精神，做走在新时代前列的奋进者、开拓者、奉献者；要以只争朝夕、时不我待的奋斗状态，做新时代共产主义理想的传承者、信仰者、践行者。历史的接力棒终将在一代又一代青年人的手中接续传递，广大青年只有坚定共产主义远大理想和中国特色社会主义共同理想，既脚踏实地又仰望星空，做好当前的事，走好脚下的路，在实现中华民族伟大复兴中国梦的新长征路上奋勇搏击，共产主义就一定能够实现。

【结束】全体起立共唱《国际歌》

---

① http://www.nhc.gov.cn/xcs/yhfc/202003/18ce9b0d7d2c49218e97c3e4d772b6c6.shtml.
② 习近平. 在庆祝中国共产党成立100周年大会上的讲话［M］. 北京：人民出版社，2021：21.

专题小结

本专题探讨了"共产主义"的丰富内涵,说明了共产主义社会作为社会主义社会高级阶段的基本特征,把"共产主义"和"共产主义社会"进行了区分,阐明了预测未来社会的方法论原则,澄清了几个误解,论证了共产主义社会实现的历史必然性和长期性,说明了如何把共产主义远大理想同中国特色社会主义共同理想统一起来等重要问题。

总的来说,共产主义不仅是一种科学的理论和这种理论指导下的现实的运动,而且是一种未来的社会制度和社会形态,还是一种最崇高的社会理想。实现共产主义社会是人类历史发展的必然趋势,也是中国共产党人最崇高的社会理想。当代大学生应该把握历史发展的规律,树立中国特色社会主义共同理想和共产主义远大理想,从自我做起,从现在做起,在追求崇高理想的过程中实现自己的人生价值。

延伸阅读

1. 马克思. 哥达纲领批判［M］//马克思恩格斯文集(第3卷). 北京:人民出版社,2009.

2. 恩格斯. 共产主义原理［M］//马克思恩格斯文集(第1卷). 北京:人民出版社,2009.

3. 习近平. 关于坚持和发展中国特色社会主义的几个问题［J］. 求是,2019(7).

4. 习近平. 在实现中国梦的生动实践中放飞青春梦想［M］//习近平谈治国理政(第1卷). 北京:外文出版社,2014.

专题十六 为什么共产主义一定会实现?

思考题

1. 简述共产主义的丰富内涵和共产主义社会的基本特征。
2. 试论共产主义实现的必然性和长期性。
3. 简述预见未来社会的科学方法和原则。
4. 为什么说共产主义"乌托邦论""渺茫论""速成论"都是错误的?
5. 既然共产主义理想的实现是历史的必然,为什么还要人们去努力追求?
6. "只有把小我融入大我,才会有海一样的胸怀,山一样的崇高。"请谈谈对这句话的理解。

(撰写人:王斌)

后 记

本教学详案是天津师范大学马克思主义学院原理教研室教师合作编写而成。作为全国重点马克思主义学院建设项目的重要组成部分，教案在编写过程中得到了学院领导的大力支持和多方指导。教案不仅是教研室所有教师多年教学经验的总结与提升，也是我院"三题三入"教学特色的贯彻、落实与推广。多年的教学实践表明，这种问题导入—课题深入—专题进入的教学模式，增强了教学的问题意识，回答了学生的思想困惑，澄清了各种模糊认识，较好地实现了教材体系向教学体系的转化，增强了《马克思主义基本原理》教学的思想性、理论性、亲和力与针对性。

本教学详案遵循专题写作、专人负责、多遍审稿、反复修订的原则。吴建永、师文兵、马凤阳、王艳秀、杨晓东、黄亚明、薛晋锡、周晓桂、于丹、董璐璐、沈文玮、焦冉、李伟斌、董新春、王斌负责各专题的主笔撰写工作。杨仁忠、王桂艳、刘海军、张建霞、吴渐、朱叶参与教案的审核修改工作。秦龙、姜晓梅、王金宝、杨东柱、陈家驹为教案的框架搭建和内容修订建提供了宝贵意见。特别感谢陈英、刘维、林城几位退休教师。他们虽然已经离开了讲台，但仍然欣然应允，以认真负责的态度为教案的编写出谋划策，特别是林城老师，在他刚刚退休、还没有来得及享受轻松愉快的退休生活之时，就主动请缨承担所有专题的审读工作，并把自己多年积累的典型案例、教学思想融入教案之中，丰富了教案内容，提升了教案质量。

本教学详案的正式出版只是万里长征的第一步。原理教研室的全体教师将会在未来的教学与研究工作中，不断对各专题进行补充与完善，在高校"原理"课教学的岗位上，完成好立德树人的光荣任务。